अतल का अन्तरीप

अतल का अन्तरीप

परमानन्द श्रीवास्तव

वाणी प्रकाशन

वाणी प्रकाशन
4695, 21-ए, दरियागंज, नयी दिल्ली 110 002

शाखा
अशोक राजपथ, पटना 800 004

फ़ोन: +91 11 23273167 फ़ैक्स: +91 11 23275710

www.vaniprakashan.in
vaniprakashan@gmail.com

ATAL KA ANTREEP
by Parmanand Shrivastav

ISBN : 978-93-5072-363-0
Criticism

प्रथम संस्करण

मूल्य : ₹ 350

न्यू कृष्णा ऑफ़सेट, दिल्ली-110093 में मुद्रित

वाणी प्रकाशन का लोगो मक़बूल फ़िदा हुसेन की कूची से

महाअरण्य की माँ
महाश्वेता देवी के लिए

जिन्होंने कहा था :

लिखो और लड़ो – लेखक का कुछ निजी नहीं है।

अनुक्रम

उत्तर-आधुनिक समय में आधुनिकता की चुनौतियाँ

हमारे इसी समय के एक चिन्तक विचारधाराओं का अँधेरा देखकर कुछ-कुछ अचरज में थे और एक हद तक हताश भी। वे अब भी शायद चैन से न बैठ पा रहे होंगे कि लोग छलाँग लगाकर इक्कीसवीं सदी में जा पहुँचे हैं और उत्तर-आधुनिक समय के मुहावरे न सिर्फ उनकी जबान पर हैं, बल्कि विचारधारा और मूल्यदृष्टि का रास्ता छोड़कर वे आधुनिकता को विगत का स्मरण भर मान रहे हैं। उसकी चुनौतियों को लेकर किसी तरह व्यग्र या बेचैन नहीं हैं। आधुनिकता ने सन्देह करना या प्रश्न करना सिखाया था। उत्तर-आधुनिक समय में लोगों के पास न सिर्फ़ कम्प्यूटर और इंटरनेट का ताम-झाम है, साइबरस्पेस में रहने, बल्कि बस जाने का सुख है और तमाम बेढब सवालों के लिए उत्तर ही उत्तर हैं। फिक्र करने के लिए न समय है न अटपटे सवाल हैं। अजब समय है। क्षेत्रीयता और जात-पाँत को लेकर पास-पड़ोस में ही रोज-रोज के हत्याकांड हैं, पर सपनीली आँखों में उत्तर-आधुनिक दौर का भूमंडलीकरण है, विश्व ग्राम है, मुक्त बाजार है, विकृत उपभोक्तावाद है, यौन मुक्ति है और जवाबदेही किसी के पास नहीं है। यह वह दौर है जब उत्तर-आधुनिकता चरम मुक्ति का अनुभव है, प्रदर्शन की चीज है। 'आधुनिकता' को एक प्रतिरोधात्मक भूमिका में रख पाना कठिन हो रहा है। जबकि आधुनिकता अधिकतर अनुत्तरित प्रश्नों, चुनौतियों की एक थका देने वाली प्रक्रिया है। इसी अर्थ में वह एक असमाप्त प्रक्रिया है।

1934 में रूसी कवयित्री मरीना त्स्वेतायेवा ने 'घर की याद' शीर्षक से एक कविता लिखी थी और घर की याद आते ही उन्हें 'मातृभाषा' की दूधिया मिठास याद आयी थी। यह चिन्ता न थी कि किसी दूसरी अजनबी भाषा के कारण कोई उनकी बकवास समझने से वंचित रह जाएगा। उन्हें तो 'मातृभाषा' का ही भरोसा था। वे किसी भी सदी में अनखप रह जाएँ, यह चिन्ता न थी।

(क्या फर्क पड़ता है जब पाठक पचा जाते हैं
लाखों टन कागज और ग्वाले तमाम गपशप...)
यह है बीसवीं सदी का इनसान
और मैं हूँ किसी भी सदी में अनखप

अब यह जो इक्कीसवीं सदी आयी है – जड़ से विच्छिन्न मातृभाषा से विलगाव, अपने आप में कोई समस्या नहीं। विदेशी पूँजी और बहुराष्ट्रीय कम्पनियों का ही विस्तार नहीं है, नीम, हल्दी और बासमती भी संकट में हैं। जिन्हें अस्मिता और स्वदेशी की चिन्ता थी, वे सत्ता स्वार्थ में सबसे पहले ग्लोबल हुए और मूल्यों को विदाई देने में अगुवाई करते उन्हें हिचक न हुई। जड़ प्राच्य तत्त्वों का भ्रम दिमाग से न गया, पर उत्तर-आधुनिक दौर में साइबर स्पेस में छलाँग लगाते हिचक न हुई। संस्कृति को अपना बाजार बनाते देर न लगी। संस्कृति के रूप और केन्द्र विस्थापित हो गये। संस्कृति का भूमण्डलीय चरित्र अब कुछ और ही था। शास्त्रीय और पॉप का ऐसा समन्वय कि इसे ही उत्तर-आधुनिकता, फूहड़ और अभिजात के घालमेल का प्रतिमान मान लिया जाय। जिस बुद्धिवाद, तार्किकता या सक्रिय प्रश्नाकुलता के बल पर पुरानी अवधारणाओं, प्रतीकों, मिथकों की नयी व्याख्या की कोशिश लगभग आधुनिकता के उदय के साथ ही शुरू हुई थी, वह देखते-देखते परमतुष्टि देने वाले बाजारवाद में बदल गयी है। वह दूसरे शब्दों में मायावाद ही है। यह भी विवेक बाकी नहीं रहा कि क्या गँवाकर क्या पा रहे हैं। 'कामायनी' लिखी जा रही थी तो सिर्फ प्रलय कथा न थी, सभ्यता समीक्षा भी थी। प्रसाद के अपने समय की चिन्ताओं को छोड़कर 'आनन्दवाद' की व्याख्या भी कठिन है। अब यह आनन्द भी मनोरंजन की तुरतफुरत प्रणालियों में बन्द है और माना जा रहा है कि बड़े वृत्तान्त लिखने या बड़े प्रश्न पूछने का कोई मतलब शेष नहीं रहा। राजनीति विचार संस्कृति सभी क्षेत्रों में उदासीनता को ही एक तरह के आनन्द का प्रेरक माना जा रहा है। साधन नहीं, साध्य की चिन्ता है। शार्टकट की संस्कृति ही बुद्धिमानी या होशियारी या हुनर समझी जा रही है।

न भूलें कि जहाँ विज्ञान और तकनीकी का विकास आधुनिकता के ही स्वाभाविक क्रम में विकल्परहित अनिवार्यताएँ हैं, वहीं उनके साथ मनुष्य के हित का सपना भी जुड़ा है। ब्रेख्त के इस सूत्र के हवाले से आधुनिकता की व्याख्या में यह जोड़ दिया गया है कि "जरूरी हैं बुरी नयी चीजें, सिर्फ अच्छी-अच्छी पुरानी चीजें नहीं।" पर ब्रेख्त की ही यह नसीहत भी थी कि न भूलें कि नये युग अचानक नहीं शुरू हो जाते। उस दृष्टि से आधुनिकता में ही उत्तर-आधुनिकता के पूर्व संकेत निहित होंगे, पर जब हममें आगे-पीछे एक साथ देखने का धीरज होगा तभी हम पूर्वा पर सम्बन्ध को ठीक से समझ सकेंगे। आज आधुनिकता से उत्तर-आधुनिकता की ओर बढ़ते

हुए हम भूल नहीं सकते कि 19वीं सदी के नवजागरण के साथ जिस वैचारिक क्रान्ति की शुरुआत हुई थी, हर दौर में उसके जीवन्त तत्त्वों को याद करना जरूरी माना जाएगा। जवाहरलाल नेहरू जब 'विश्व इतिहास की झलक' लिख रहे होंगे उन्हें आगे-पीछे के समय की बेशुमार उलझनों का पता था। पिछली सामाजिक क्रान्तियों को भूलकर वे भारत में सम्भावित महत्त्वपूर्ण बदलावों का कोई पूर्वानुमान नहीं कर रहे थे। उन्हें चिन्तित करने वाला तथ्य था – "किसान वर्ग, मजदूरों और दूसरे लोगों का, जो हमेशा तंगी भुगतते रहते हैं, राष्ट्रीयता के इन धुँधले सपनों में इतनी दिलचस्पी नहीं है, जितना अपने खाली पेट भरने की चिन्ता में।" नेहरू ने इस तथ्य के आधार पर माना था कि समस्या केवल राजनीतिक नहीं है, बल्कि सामाजिक भी है। आज उत्तर-आधुनिकता के प्रचंड उन्माद में जो सवाल गुम है वह शायद यही है कि बहुतों को सिर्फ खाते-पीते-अघाए लोगों का स्वर्ग नजर आता है, मामूली आदमी लगातार हाशिए पर फेंका जा रहा है। विकास और प्रगति के खामखयाली आँकड़ों में न दो जून की रोटी का सवाल हल हो पाया है, न शिक्षा सबके लिए उच्चतर प्रगति के अवसर देने वाली है, न पानी-बिजली की रोजमर्रा की सहूलियतें मामूली लोगों तक पहुँच पा रही हैं, न साक्षरता मिशन सब ओर पहुँच पाया है। प्रगति के आँकड़ों में फैशन डिजाइनरों के हुनर दिखाए जा रहे हैं और किसानों की आत्महत्याएँ खबर नहीं बन रही हैं। अन्धविश्वासों को बढ़ावा देने वाले चैनलों की भरमार है। बच्चों, विशेषकर बेटियों की बलि दी जा रही है, प्रचंड सामन्तवाद प्रेम करने वाले किशोर-किशोरियों का कत्ल करने में नहीं हिचकता। और यह पंचायत के नाम पर भी सम्भव है। यह कैसी उत्तर-आधुनिकता है और कौन-सी इक्कीसवीं सदी है।

विकृत पूँजी का प्रसार और आपराधिक घटनाओं की विपुलता एक साथ है। लीलाधर जगूड़ी जैसा कवि अपने कठिन समय में 'सरस्वती' से सवाल पूछ-पूछ कर बेचैन है – पर स्थितियाँ बदतर होती जाती हैं –

तुम वाणी से हटकर मात्र कमाई की देवी होती जा रही हो
उत्पादन के नहीं, छीनाझपटी के काम आ रही हो
कुछ के लिए पूरी तरह विज्ञान कुछ के लिए अचम्भा और अज्ञान क्यों

माँ, बता दो तो खैर है
तुम सशस्त्र लोगों की सरस्वती हो या निःशस्त्र लोगों की
तुम ताबड़तोड़, तड़ा-तड़, धड़ाम-भड़ाम कैसे हो गयी हो?

अगर विचारहीनता उत्तर आधुनिक समय का वरदान नहीं है तो विश्व बैंक पर कवि की टिप्पणी का अर्थ है –

विश्व बैंक का पृथ्वी के जन्म में कोई हाथ नहीं है
पर इस पृथ्वी का विश्व बैंक के जन्म में बहुत बड़ा हाथ है
विश्व बैंक की स्थापना में पृथ्वी और सूरज के स्वाभाविक और
गोपनीय सम्बन्धों का बहुत गहरा हाथ है

विश्व बैंक का हर काम कम दाम या ज्यादा दाम में होता है
जबकि पृथ्वी का हर काम लगभग मुफ़्त में

यह है हमारे चिन्तित कवि का उत्तर आधुनिक समय-विमर्श! और इसे बहुत सारे ब्योरों में जाँचने-परखने की जरूरत है।

उत्तर-आधुनिकता और उत्तर-औपनिवेशिक समय पर विचार करने वालों की यह उलझन समाप्त नहीं हुई है कि दार्शनिक सामाजिक और राजनीतिक मूल्यों के मौजूदा विघटन को किस तरह विचारधारा इतिहास या समाजवाद के अन्त की निष्पत्ति मानकर चुप बैठा जाय और आधुनिकता के पूर्व प्रस्थानों में ही पुनर्विचार की चेतावनियों पर ध्यान न दिया जाय। पूछने वालों ने तो इस सवाल को भी गैर-जरूरी नहीं बताया है कि वृत्तान्तों के लोप के लोभ के विकल्प खंड-खंड वृत्तान्तों में ही क्यों न खोजे जाएँ!

उत्तर-आधुनिकता कोई आकस्मिक घटना या अजूबा नहीं है। उसके एक रूप को जरूर उत्तेजना की चमकीली फन्तासियों में समायोजित कर लिया गया है। अन्यथा यदि आधुनिकता आधुनिकीकरण और आधुनिकतावाद एक लम्बी प्रक्रिया में समझने, जाँचने जैसे अभिप्राय हैं तो उत्तर-आधुनिकता भी इसी की अगली कड़ी है। तब यह मानना भी जरूरी नहीं कि उत्तर-आधुनिक होते ही 'आत्म' और 'इतिहास' दोनों से छुटकारा पा लिया गया है। हुआ शायद यही है कि उनके साथ नयी गुत्थियाँ जुड़ गयी हैं, नये प्रश्न और सन्देह जुड़ गये हैं। कला उत्तरोत्तर वस्तु (Commodity) होती जा रही है और तकनीक ने भी उसे बिकाऊ होने के लिए बाध्य किया है, पर कला की प्रकृति में ही इस बिकाऊपन के विरुद्ध प्रतिरोध की चेतना है। इसलिए हम प्रदर्शनियों में अमूर्त कलाकृति का भी कलाकार से जब-तब अर्थ पूछ लेते हैं। अर्थ से पूरी तरह विच्छिन्न करके हम किसी कलाकृति का वास्तविक आनन्द नहीं उठाते। यह कविता, चित्रकला, फिल्म, संगीत सभी पर लागू है। आनन्द की निजता को आस्वादक भी जानना और पाना चाहता है। इतिहास के भी अपने

नियम हैं और वे बदलते भी हैं। परिवर्तन भी इतिहास का ही नियम है। निरन्तरता और विच्छिन्नता दोनों इसी नियम के भीतर हैं। वर्चस्व हमेशा एक-सा बना नहीं रहता। वर्चस्व को चुनौती भी दी जाती है। एक वर्चस्वी सौन्दर्यशास्त्र है तो एक वैकल्पिक सौन्दर्यशास्त्र भी है। दलित स्त्रियाँ, आदिवासी वर्चस्व-प्राप्त प्रतिमान को चुनौती देते हैं। यह आधुनिकता के पहले चरण से होता आ रहा है और उत्तर-आधुनिक समय तक जारी है।

विडम्बना यह है कि मनुष्य के पास अपनी मुक्ति और दुनिया की मुक्ति का बड़ा सपना अब तक आधुनिकता के लम्बे दौर में जो प्रतिरोध-मूल्य के रूप में जाना जाता था, वह देखते-देखते उत्तर-आधुनिक समय के उन्माद में एक पश्चिमोन्मुख मुक्त बाजारवाद के अधीन है। आज बाजार ही मनुष्य का, यहाँ तक कि सत्ता व्यवस्था और राज्य तक का नियामक है। बाजार ने ही नैतिकता को एक निरर्थक विचार में बदल दिया है। हम बिकने के लिए बाजार में आ चुके होंगे तो खरीददार कौन है, यह जानने से फर्क क्या पड़ेगा। गति में जो असीमित तेजी आयी है, समय और फुर्सत का जो अभाव ही अभाव है, उसने अपने ही दबाव से हमारी अपनी आजादी और आजाद सोच पर कब्जा कर लिया है। स्त्री देह सहित तमाम पवित्र और गोपन समझी जाने वाली चीजें अब विज्ञापन तक सीमित हैं इसलिए शोषण-हत्या और बलात्कार भी विज्ञापन है। प्रदर्शन की चकाचौंध में है। पोखरण परमाणु विस्फोट से कारगिल युद्ध तक हमने शौर्य और मृत्यु को उत्सव मान लिया है। इसलिए युद्ध तक को लेकर कोई नैतिक डर शेष नहीं है। दृश्य यह है कि सत्ता शुभ-अशुभ सब की कीमत वसूलना जानती है। विज्ञान और तकनीक की प्रगति की दुनिया में हमारे कीर्तिमान जगजाहिर हैं, पर हमारा दुर्भाग्य यह है कि हम आज तक गरीबी की सीमा रेखा से नीचे रहने वालों को चिह्नित नहीं कर पाए हैं। कहना कठिन है कि यह अधूरा बनना हमारे समय में यथार्थ है कि उत्तर यथार्थ है! इस विडम्बना की त्रासदी कब तक हमारे एहसास और अनुभव से परे रहेगी।

पले-पुसे अन्धविश्वासों और रूढ़ियों के विरुद्ध सामान्य जन की मुक्ति का जो सपना हम आधुनिकता के कई-कई दौरों में देखते आये हैं, आज वह सब फिर से याद करना महज नास्टेल्जिया नहीं है। अभी तो उसी नजरिए से हम अपने उत्तर-आधुनिक समय की महान दुर्बलताओं (!) को भी देख सकते हैं। विस्मृत मिथकों और पौराणिक प्रतीकों में अभी असीमित सम्भावनाएँ हैं जो हमारे समय का आख्यान बन सकती हैं – राष्ट्र का आख्यान भी। अभी हाल में 'कथादेश' में छपी अखिलेश की कहानी 'ग्रहण' में जो एक साथ हास्यास्पद और त्रासद जान पड़ता है वह उत्तर-आधुनिक व्याख्या के लिए चुनौती है। यह एक अनोखी कलाविधि है जो

हमारे समय के अनोखे सांस्कृतिक घालमेल या उपद्रव का कौतुकपूर्ण प्रत्याख्यान है। इस कहानी को एक उत्तर-आधुनिक पाठ मानकर ध्यान से पढ़ें, तो पहली ही झलक में हम जान सकेंगे कि इस किस्सागोई का स्रोत 'लोक कथा' के ढंग में है पर इस पद्धति से जो मुख्य आशय या कथ्य का ढाँचा विकसित किया गया है, वह कहीं गहरे में विचारधारा या अन्तर्दृष्टि से जीवन प्राप्त करता है।

अन्त में यह कहना सार्थक होगा कि उत्तर-आधुनिक पाठ बनने से पहले किसी अनुभव के पकने और अभिव्यक्ति पाने के पीछे आधुनिकता के विकास के दौर की कई सीढ़ियाँ हैं – कितनी ही स्मृतियाँ – जिनके साथ हम एक उत्तर-आधुनिक समय में प्रवेश करते हैं। यहाँ जो हर चीज को, हर कलाकृति को वस्तु की तरह बिकाऊ बनाने की रीति है, कलाकृति अपनी पूरी क्षमता से इस रीति का प्रत्याख्यान करती है। एक गहन उत्तर-आधुनिक पाठ के मूल में लोक कथा की-सी कोई स्मृति कौंध जाती है। जर्मन लेखक गुंटरग्रास ने नोबेल पुरस्कार से सम्मानित होने पर यह स्वीकार किया कि कलात्मकता के भ्रम में यह न भूलें कि कथा कहने की चीज है और यह कहने का सिलसिला लम्बे समय से चला आ रहा है। उन्होंने यह भी माना कि कई बार जो पूरी तरह साक्षर भी नहीं है, अशिक्षित की श्रेणी में गिना जाता है, विलक्षण कहानियाँ कह रहा होता है। हम अनुभव कर सकते हैं कि बाजार सबसे पहले कथा कहने वाले की निजता को नष्ट करता है और उसे अर्थात् कथा को नये 'माल' (वस्तु, कमोडिटी) में बदलता है। आधुनिकता का मर्म इसी निजत्व की सुरक्षा या प्रतिष्ठा में है। आधुनिकता की यह चुनौती हमारे उत्तर-आधुनिक कहे जाने वाले समय में भी उतनी ही प्रासंगिक और कारगर है जितनी पहले थी।

उपन्यास का समाजशास्त्र

आज नागार्जुन हमारे बीच होते तो लगभग बानवे साल के होते। वे नहीं हैं। पर अजब है कि अभी-अभी जब 2003 में राजकमल प्रकाशन (नयी दिल्ली) से 'नागार्जुन रचनावली' छप कर आयी है तो जैसे वे चिर परिचित 'यात्री' उपनाम को सार्थक करते, घूमते-टहलते हमारे बीच आकर बैठ गये हैं। इस तरह सजीव-सप्राण, कि उनके न होने की कल्पना कठिन है। वे लगातार हमारे क्रूर, कठोर, धर्मान्ध, संकीर्ण और एक हद तक फासीवादी समय पर टिप्पणी करते चुनौती भरे सच की तरह हैं और अपने स्थायी भाव-स्वभाव में किंवदन्ती-सरीखे हैं। आज भी वे जनता के लेखक के रूप में सर्वमान्य हैं और उनका लेखन (क्या काव्य, क्या गद्य) सब समय चर्चा में है। व्यंग्य-विडम्बना की असंख्य छवियों के साथ हर समय हमारे बीच – अर्थात् 'हमारे अपने समकालीन'।

कहा गया होगा कभी लातीनी–अमरीकी लेखक मार्क्वेज के किसी 'उपन्यास' को लेकर – कि उसका जन्म ही 'पत्रकारिता' से हुआ है पर हिन्दी में ऐसी टिप्पणी किसी लेखक या कथाकार पर सटीक बैठती है, तो वे हैं – नागार्जुन। इस पर हम आगे बात करेंगे। अभी तो यही कहना जरूरी है कि नागार्जुन व्यापक अर्थ में जनता के लेखक हैं। याद करें तो उनकी एकाधिक कृतियाँ इस अर्थ में विवादास्पद रही हैं कि वे कब, किस नाम से और किस प्रकाशक के यहाँ से छपीं – यह कहना कठिन है। अब आयी है 2003 में छपकर सात खंडों में 'नागार्जुन रचनावली'। भूलना कठिन है कि 1985 में, अर्थात् नागार्जुन के सजग-सक्रिय रहते नागार्जुन की 'चुनी हुई रचनाएँ' तीन खंडों में छप कर आयी थीं 'वाणी प्रकाशन' से। उन पर 'नवभारत टाइम्स' में उसी समय मेरा लिखा हुआ और विष्णु खरे द्वारा सराहा गया मेरा लेख कहीं फाइल में है और उसे ढूँढ़ पाना आसान नहीं है। यह वह दौर है जब न एक लेखक दूसरे की नोटिस लेता दिखता है, न परस्पर पढ़े हुए पर कोई संवाद करता है। ऐसे में वे लेखक जो हमारे बीच हैं ही नहीं – जैसे नागार्जुन, उन्हें तो सिर्फ अपने तर्क के लिए इस्तेमाल किया जा सकता है।

1985 में 'चुनी हुई रचनाएँ' (नागार्जुन) पर लिखा था, तब भी नागार्जुन के उपन्यासों (विशेष रूप से, 'रतिनाथ की चाची' 'वरुण के बेटे') का समाजशास्त्र सबसे पहले विचारणीय लगा था। आज भी उसे छोड़कर नागार्जुन को सम्पूर्णता में समझ पाना कठिन है। नागार्जुन जन कवि हैं – जनता के लेखक। पर आखिरी दिनों की कविताएँ देखिए, तो आलोचना का सारा ढाँचा भरभरा कर ढह जाय। प्रसंगवश 92 की मैथिली कविता 'रचनावली : तीन' में संकलित है जो कुछ इस अनोखे अंदाजे बयाँ में है – कविता का शीर्षक ही है – 'बेवकूफी का यज्ञ'। महायज्ञों वाले धूमधड़ाके वाले दौर में कौन दुस्साहसी युवा कवि लिखेगा – (ध्यान दें – अकविता के प्रवर्तक होने का दावा करते बचे-खुचे अकवि) – "बेवकूफी का/ दैनिक त्रिकाल दर्शन.../ नित्य नियमित रूप से चलता रहे/शनिवार की रात को/2.40। पर्यन्त/चलता रहे/...अरे, अरे, छिः/क्या क्या अलाई-बलाई/बकते जा रहे हो?/ओ बूढ़े धुरन्धर/तुम हो महा-महा गधा...।" यह कविता न हो, पर यही थे नागार्जुन, जो 78 में मैथिली में आत्मपरिचय जैसा लिख रहे थे : "मैं/मिलिटरी का बूढ़ा घोड़ा/करेंगे वे मुझे नीलाम/कोई चतुर ताँगा वाला/ले जाएगा मुझे/चढ़ा देगा आँखों के किनारे/रंगीन आवरण/और कहता रहेगा :/सामने चल बेटा/सामने चल.../सामने।" क्या आश्चर्य कि एक साथ सत्ता, संस्था, प्रकाशन और बाजार तंत्र पर कविता एक भयानक टिप्पणी हो। नागार्जुन तो 'यात्री' ठहरे! किंवदन्ती! कब किस प्रकाशक ने आँय-बाँय-शाँय, यानी अनाप-शनाप कब लिखा लिया हो, कहना कठिन है। रचनावलियाँ इन सबका पता देती हैं।

नागार्जुन रचनावली को पढ़ते हुए भटक जाना स्वाभाविक है। रचनावली : सात में 'बाल साहित्य' के बहाने एक रूसी लोककथा दिखी – 'बाबा' के बयान में। 'बाबा' नाम नागार्जुन से ऐसे जुड़ा था कि 'बाबा नाम केवलम्' हो गया था। यह रूसी लोककथा नागार्जुन ने 'योगी' (अप्रैल 56) में छपाई थी। 'लोककथा' ही है। सार संक्षेप कठिन है – रचनावली : सात में पृष्ठ 243 पर खुद पढ़ कर देखें। कहानी बच्चों के लिए सही, बताती है कि कुछ भी सीखने के लिए जरूरी शर्तें हैं विनम्रता और संकोच। यही न हो, तो हुनर के अतिरिक्त दम्भ में जीवन भर लगे रहें, न बनाना सम्भव होगा, न कुछ भी सार्थक या उपयोगी या कलात्मक रचना। इशारा ही काफी है – आखिर कहानी का अन्त ही जान लें –

"उसने फिर चिड़ियों को बुलाया। वे आयीं भी और काम शुरू भी हुआ। अभी आधा भी तैयार नहीं हुआ था घोंसला कि कबूतर फिर चिल्लाया – 'बस बस, मैं जानता हूँ! मैं खुद ही बना लूँगा...।'

'बहुत अच्छा' – चिड़िया वापस उड़ गयी।"

उसने तीसरी बार चिड़ियों को बुलाया, पर अबकी वे नहीं आयीं। उन्होंने कहा – 'वह तो खुद ही बना लेगा, उसे हम क्या सिखाएँगे!' कहानी खत्म यहाँ होती है – 'फिर कबूतर घोंसला तैयार करना कभी नहीं सीख सका।' मैं नहीं कह सकता, कि अच्छी कहानियों के अच्छे अन्त होते हैं या नहीं। इस कहानी का फिर भी इससे अच्छा अन्त क्या होता। 'रतिनाथ की चाची' (1948/पहला अप्राप्त संस्करण) पढ़ेंगे तो अन्त उपन्यास के पाठक को देर तक चुप और अकेला और अवसादग्रस्त छोड़ जाएगा। पता नहीं, इस पहले संस्करण में उपन्यास की सत्रह पंक्तियाँ कौन थीं जो आंज तक न दूसरे-तीसरे संस्करण या नयी रचनावली में शामिल हुईं न कोई उनका अता-पता देने वाला ही हमारे बीच रह गया है।

यह तो सर्वथा निर्विवाद है कि नागार्जुन जनता के लेखक हैं। मार्क्सवादी साहित्य संस्कृति संगठनों के लिए वे शिखर के कवि हैं – सबसे भरोसे के कवि। अरुण कमल, आलोक धन्वा, राजेश जोशी के अपने और प्रिय कवि। इन संगठनों का उन पर एकाधिकार-सा है! इसके बावजूद, कि उन्होंने सभी संगठनों को लताड़ा है। एक ही बार नहीं, समय-असमय। जब उनके ठेंगे पर रही है एक पूरी दुनिया – चाहे जयप्रकाश हों या डाँगे या रणदिवे, चाहे सम्पूर्ण क्रान्ति हो या कम्यूनिस्ट आन्दोलन। नागार्जुन सब पर हँसते हैं और सबके काले कारनामे बताते हैं। व्यंग्य-विडम्बना के धनी लेखक! हास्य भी लिखें तो त्रासद या ट्रैजिक छिपाए न छिपे।

अब देखें तो पहला ही चर्चित उपन्यास है 'रतिनाथ की चाची' – 1948 में पहली बार छपा। याद करें तो 'आलोचना' ने 1981 में नागार्जुन के सत्तर साल पूरे होने पर विशेष अंक निकाला। नामवर सिंह की सूझ से ही यह सम्भव हुआ होगा कि अंक में नागार्जुन के दो इंटरव्यू छपे। वे भी मनोहर श्याम जोशी और कृष्णा सोबती जैसे एक अर्थ में अपने ढंग के अकेले कथाकारों के। यह था – पहले की आलोचना का संयुक्तांक 56-57। 'रतिनाथ की चाची' ही वह उपन्यास है जिसके बहाने नागार्जुन (वैद्यनाथ मिश्र) खुल सकते हैं पर निकलते हैं ऐसे 'घाघ' कि कोई वह सब उनसे कहलवा नहीं पाता जो काम का हो। जोशी लिखते हैं – 'मामला छायावादी नहीं है, फ्रायडवादी है और पूरी तरह फ्रायडवादी भी कहाँ!' कृष्णा सोबती को कुछ-कुछ भेद की बात नागार्जुन बताते हैं। कहते हैं – "रतिनाथ की चाची तो पढ़ी है ना! रूप की पिता को इतनी ललक कि वे विधवा चाची को न छोड़ सके। यह घटना मेरी विरक्ति का मूल कारण थी। मौका लगते ही घर से भाग निकला।"

रतिनाथ की चाची विधवा थीं और अभिशाप यह कि गर्भवती थीं। कहते हैं कि कबीर मूलतः विधवा ब्राह्मणी के गर्भ से पैदा हुए थे। नीरू-नीमा जुलाहे दम्पति

ने बचा लिया। यह भी कहा जाता है कि वह विधवा माँ बहुत दिनों तक जीवित रही और चुपके-चुपके अवैध सन्तान को देख जाती। कथाएँ सच और झूठ का घालमेल भी होती हैं। पर यहाँ प्रश्न जरूर पूछा जा रहा था – "अच्छा कौन था वह कलमुँहा, उमानाथ की माँ जिसने तुम्हें आग में झोंक दिया!" प्रश्न पूछने वाली दम्मो फूफी थीं। नागार्जुन लिखते हैं – "शिकार को गिरफ्त करके बाघिन को जितना सन्तोष होता है, इस समय फूफी के भी सन्तोष की वही मात्रा थी।" नागार्जुन के शब्द हैं – "इस असम्भावित प्रश्न से बेचारी के रोम रोम काँप उठे, समूचे शरीर का लहू पानी पानी हो गया। विकराल मुँहवाली राक्षसी याद आयी, जिसकी कहानियाँ बचपन में अपने नाना से वह सुना करती थी। दमयन्ती का वह सौम्य रूप उमानाथ की माँ के लिए अब मिटता जा रहा था, उसकी जगह कहानी की विकरालवदना वही राक्षसी नजर आने लगी। अभागिनी का हृदय केले के पत्ते की तरह काँपने लगा।"

आज गर्भपात पहले की तरह न रहस्य है, न उस अर्थ में अवैध। प्रेम के लिए भी स्वकीयत्व गया–बीता अप्रासंगिक हो चुका शब्द है। विवाहहीन मातृत्व नये सूचना बहुल समाज में साहस और स्वतंत्रता का मुद्दा है। पर तब इन्हीं अनेक अवैध सम्बन्धों में लिप्त पंचायती औरतों में एक दम्मो फूफी की टिप्पणी है – "तुम्हारी मर्जी! लेकिन पाँच साल की बच्ची भी इतना बता देती है कि आँख मिचौनी के वक्त उसकी पीठ थपथपाने वाला आखिर कौन रहा होगा और एक तुम हो! ओह कितनी भोली।" इतनी जासूस भेदिया निगाहों से घिरी रत्ती की चाची के पास कुछ भी बताने के लिए शब्द नहीं रह गये थे। पर बला टालने के लिए वह इतना ही तो कह सकती थी – "मैं और कुछ नहीं जानती। वह भादों का महीना था। अमावस की रात थी। एक घनी और अँधेरी छाया मेरे बिस्तर की तरफ बढ़ आयी। उसके बाद क्या हुआ, इस बात का होश अपने को नहीं रहा।" यह सूक्ष्म संकेत सखी-सहेली की तो समझ में आ जाता और पूछा गया सवाल व्यर्थ लगता। पर ये स्त्रियाँ तो भेद लेने के बहाने सजा सुनाने आयी थीं। जैसे गला रेतने। इसलिए सूक्ष्म संकेत पर किसी रामपुर वाली चाची की अश्लील फूहड़ टिप्पणी थी – "होश कैसे होता? मौज मारने की घड़ियों में किसी को भला कैसे होश रहेगा? बला से, अब पेट कोहड़ा हो गया है तो होने दीजिए।"

गर्भ से छुटकारा तो पाना ही था – भले माँ के घर जाकर – जहाँ वत्सलता बची रह गयी होगी। यातना-कथा भी सार-संक्षेप की छूट नहीं देती। इतना ही जान लेना उपन्यास के समाजशास्त्र को जानने-समझने के लिए काफी है कि रतिनाथ की चाची का कलंक भी विस्मृति में जाने लगा। वे आज की स्त्री की तरह आजाद स्वनिर्भर होने लगी थीं। तकली के सूत से खर्च चल जाता था और कुछ बच भी जाता

था। 'आज' का नियमित पाठक और किसान आन्दोलन में रुचि लेने वाला ताराचरण 'चाची' को दुनिया जहान की खबरें दे जाता। यह राजनीतिक सन्देश भी – कि "गरीबों के स्वराज और धनिकों के स्वराज में आकाश-पाताल का अन्तर है।"

'रतिनाथ की चाची' के इसी वृत्तान्त में कहीं जातिप्रथा का वर्णन है तो पूरे समाजशास्त्र के साथ – "तरकुलहा में सभी जाति के लोग बसते थे। दुसाध, मुसहर, डोम थे तो धुनिया जुलाहा भी थे। लेकिन बाभन, राजपूत, बनिया, ग्वाला वगैरह गाँव के एक ओर थे। मुसलमान दूसरी ओर। छोटी जाति वाले उसके बाद – सड़क के किनारे लम्बाई में बसा था गाँव। आठ-दस पोखर थे। यहीं नागार्जुन के वर्णन में मनुष्य की प्रकृति कोई एक जैसी नहीं। कहीं दम्मो, कहीं बागो, कहीं सखी-समाजी राय बहादुर ललित किशोर जो सुन्दर छोकरों में से तीन चुन लेते और उन्हें राम-लक्ष्मण-सीता के रूप में पूजते। उपन्यास में ही संकेत है कि रतिनाथ को समलैंगिक जैसे अप्राकृतिक अभिचार में फँस जाना था। मैथिल समाज। सौराठ-जैसा विवाह बाजार। बहु पत्नी प्रथा। मिथिला का वह सम्भ्रान्त पाठक – कुल जैसे अपने आप में एक जटायु वट वृक्ष जिसके दसियों धड़ और पचीसों शाखाएँ होती हैं। आमों की फसल का जिक्र है तो 'बंबई', 'मालदह', 'किसुनभोग', 'कलकतिया', 'सुकुल', 'सिपिया' और कई-कई रूप प्रकार। नागार्जुन के लोकविनोद को याद करें तो एक पाहुनों को छकाने वाला 'पहुन पटौना'।

पर आखिर कलंकगाथा तो अकेली 'रतिनाथ की चाची' की। मिथिला में बाल-विधवाओं की कमी न थी। कलंक गाथाएँ बनतीं और विस्मृति में चली जातीं। सारे रूपान्तरण के बावजूद चाची की अस्थियाँ गंगा में प्रवाहित करके रतिनाथ के हृदय में एक ही सवाल टिक गया था – "अमावस की उस रात को वह कौन था चाची? एक घनी और अँधेरी छाया तुम्हारे बिस्तर की तरफ बढ़ आयी, वह क्या थी चाची? सदा के लिए तुम्हारे सिर पर कलंक का टीका लगा गया, वह कौन था चाची! तुमने क्यों उस धूर्त का नाम नहीं बतला दिया?" तब नहीं बताया तो अब क्या बताती – इतना कहने के लिए भी चाची कलंक मुक्त न हो सकीं और कथा कहानी की तरह भुला दी गयीं। आज किसी को याद आएगी तो स्त्रीविमर्श में एक नया इतिहास जुड़ेगा। तब जाकर सार्थक होगा – उपन्यास या उपन्यास का समाजशास्त्र!

उपन्यास और आंचलिकता

क्या कारण है कि भारतीय उपन्यास की अवधारणा सुनिश्चित करने के लिए जैसे ही हम दस-बारह श्रेष्ठ उपन्यासों की सूची बनाने लगते हैं, हमें उनमें अधिक संख्या 'आंचलिक' कहे जाने वाले उपन्यासों की ही जान पड़ती है! क्या भारतीय उपन्यास के भारतीय होने के पीछे इसी 'जनपदीय', इसी 'आंचलिक', इसी 'स्थानीय' संस्कृति के दबाव हैं! भारतीय उपन्यास क्या है! प्रश्न का उत्तर देते हुए कहा जाता है – भारतीय उपन्यास वह है जिसमें भारतीय समाज की प्राणधारा की झलक हो। भारतीय समाज की प्राणधारा की पहचान के लिए स्मृति और वर्तमान, मिथक और इतिहास, इतिहास और आख्यान, कल्पना और यथार्थ के सम्बन्धों के निरूपण में अधिक गहरे जाएँ तो शायद 'आंचलिकता' के नये अर्थ खुलें। आंचलिक उपन्यासकारों ने हर भाषा में कुछ ऐसा तो किया ही है कि उपन्यास का परम्परागत चरित्र टूटता-बदलता दिखाई दे। कुछ अनगढ़, कुछ अटपटा। सहजता में ही कुछ अप्रत्याशित। अभ्यस्त रुचि को धक्का पहुँचाकर ही कई आंचलिक उपन्यास नयी पहचान पा सके। 'मैला आँचल' परम्परागत उपन्यास की धारणा को निभाने वाला, पुष्ट करने वाला उपन्यास नहीं है, उसे तोड़ने वाला उपन्यास है। न नायक, न नायिका, न सरल समाहार। सरल, पर सरलता की रूढ़ि तोड़कर।

उपन्यास बहुतों के लिए आज भी योरोपीय विधा है और उसे अपने व्याकरण में ही सीमित होना चाहिए, जबकि पूरी दुनिया में बहुरंगी आंचलिकताओं ने उपन्यास के रूप का इधर निरन्तर नया आविष्कार किया है। जादुई यथार्थवाद के अनुरूप नया 'उपन्यास रूप' खोजने वाले मार्क्वेज़ ने विस्तार और सघनता, संगठन और बिखराव, यथार्थ और फन्तासी के बीच अनोखे रिश्ते खोजे हैं और मानवीय जिजीविषा के नैरन्तर्य को नये कथा-रस का पर्याय बना दिया है। जिनके लिए भारतीय उपन्यास की अपनी खोज हिन्दी उपन्यास की अपनी पहचान जरूरी है वे जानते हैं कि उपन्यास किसी विधा की तुलना में ज्यादा मुक्त, ज्यादा मिश्र या अविशुद्ध या अधिक जनतांत्रिक, विधा है; जो कितनी ही बार वह टूट-फूट का परिणाम है। आश्चर्य है

कि सलमान रुश्दी और मिलान कुन्देरा के यहाँ उपन्यास विधा के भीतर की सतर्क सचेष्ट कल्पनाशील या अराजक तोड़फोड़ हमें तुरन्त आकृष्ट करती है या चौंकाती है, पर हमारा ध्यान इस ओर कम जाता है या नहीं जाता कि किस अर्थ में बालमुकुन्द गुप्त का 'शिवशंभु का चिट्ठा' निबन्ध विधा में शास्त्र द्वारा निर्दिष्ट होने के बावजूद हिन्दी का पहला राजनीतिक उपन्यास है; किस अर्थ में शिवपूजन सहाय का उपन्यास 'देहाती दुनिया' हिन्दी का पहला आंचलिक उपन्यास है, किस अर्थ में निराला का 'बिल्लेसुर बकरिहा' निराला के ही शब्दों में 'हास्य लिए एक स्केच' होने के साथ ही हिन्दी का पहला नया उपन्यास है, शायद एक अर्थ में 'एंटी नावेल' (प्रति-उपन्यास) है, जो उपन्यास के परिचित रूप पर एक तरह का आक्रमण भी है।

यहाँ हम यदि यह मानकर चल रहे हैं कि भारतीय उपन्यास की जीवनीशक्ति 'आंचलिक' के बृहत्तर अर्थ की खोज में निहित है तो हमें अपने से ही पूछना होगा – 'मैला आँचल' जिस अर्थ में आंचलिक उपन्यास है क्या 'गोदान' उसी अर्थ में आंचलिक उपन्यास है! विभूतिभूषण बद्योपाध्याय की 'आरण्यक' और 'पाथेर पांचाली' जैसी औपन्यासिक कृतियों की आंचलिकता और 'गणदेवता' (ताराशंकर बद्योपाध्याय) की आंचलिकता क्या एक-जैसी है। क्या 'मैला आँचल' की आंचलिकता और कृष्णा सोबती के उपन्यास 'जिन्दगीनामा' की आंचलिकता एक अर्थ में आंचलिक उपन्यास की पहचान बनाती हैं। क्या 'नौकर की कमीज़' (विनोद कुमार शुक्ल) रायपुर सम्भाग की स्थानीयता में रची-बसी आंचलिकता और यथार्थ जीवन की जटिलता के साथ आंचलिक उपन्यास है! क्या सुरेन्द्र वर्मा के उपन्यास 'मुझे चाँद चाहिए' के एक हिस्से में जहाँ शाहजहाँपुर का ठहरा सोया कस्बाई जीवन कुनमुना रहा है और मंडी हाउस के रंगकर्मियों का जो अलग-थलग पड़ा रहस्यमय कूट-जीवन है, दोनों में अपने-अपने तरह की आंचलिकता है! आखिर अमृतलाल नागर के उपन्यास 'बूँद और समुद्र' में चित्रित लखनऊ के चौक-जीवन और ताई के अपने ठेठ सजीव व्यक्तित्व के आधार पर उसे आंचलिक उपन्यास कहा ही गया था! आंचलिकता में एक अत्यन्त सीमित क्षेत्र की स्थानीय संस्कृति में जीवित समाज की पहचान महत्त्वपूर्ण है या आभिजात्य नागर सुसंस्कृत परिष्कृत भाषा से अलग बोली–वानी मुहावरे को विशिष्टता रखने वाली भाषा ही महत्त्वपूर्ण नियामक तत्त्व है!

कभी-कभी अटपटे सवाल पूछने से हमें ऐसे प्रश्नों के उत्तर भी मिल जाते हैं जो लम्बे समय तक ज्ञानप्रद शास्त्रबद्ध बहसों की धूल में दबे पड़े थे। याद आता है कि प्रख्यात भाषाविद् सुनीति कुमार चटर्जी ने विभूतिभूषण बद्योपाध्याय के उपन्यास 'आरण्यक' की प्रस्तावना में लिखा था–

"यह गद्य-प्रगीत है, वन की गीति का काव्य। मानव पुत्रों के वर्तमान

कुल-परिवार को जगह देने के लिए अहल्या वनराजि का उच्छेद होता जा रहा है। इसी उच्छेद की पृष्ठभूमि पर लेखक ने सहानुभूति के साथ तथा बरबस लोहा मनवा लेने वाली सचाई के साथ वन एवं आदिम ग्राम के परिवेश में मानव का चित्र अंकित किया है। इस तरह 'आरण्यक' एक ऐसी कविता है जिसका विषय प्रकृति भी है और मनुष्य भी और जो दोनों की ही परम मनोहर छवि उपस्थित करती है। इस 'छवि' का आधार ज्ञान एवं सहसंवेदन दोनों है।"

बांग्ला कथा साहित्य में ग्राम जीवन का चित्रण शरतचन्द्र के यहाँ कम नहीं है – यथार्थ जीवन की विश्वसनीयता लिए हुए। आलोचनात्मक रुझान के साथ! पर शरतचन्द्र विभूतिभूषण नहीं हैं। रवीन्द्रनाथ ग्राम जीवन का चित्र खींचते हैं तो रोमांटिक नास्टेल्जिया के रंग में! दिखाना चाहते हैं कि आधुनिक यंत्रयुग के आने से क्या कुछ मूल्यवान है जो लुप्त होता जा रहा है। अर्थात् अंचल विशेष आता भी है तो स्वप्न आदर्श के इन्द्रधनुषी रंग के साथ। उधर रेणु को 'मैला आँचल' में कहना पड़ा था – "इसमें फूल भी है, शूल भी, धूल भी है, गुलाल भी, कीचड़ भी है, चंदन भी, सुन्दरता भी है, कुरूपता भी – मैं किसी से भी दामन बचाकर निकल नहीं पाया।" यही है वह खास जीवन सन्दर्भ – जो रेणु का औपन्यासिक यथार्थ भी है और वह दृष्टि-बिन्दु (point of view) भी, जिससे यथार्थ को देखा जा रहा है। जहाँ बाह्य नैतिकता की धज्जियाँ उड़ाई जा रही हैं वहीं आन्तरिक नैतिकता के लिए छटपटाहट भी है। इस द्वन्द्व के कारण ही मैला आँचल आंचलिक उपन्यास भी है और आधुनिक उपन्यास भी। उपन्यास के ढीले-ढाले रूपबन्ध में दुहरी-तिहरी बुनावट पर गौर करने की जरूरत है। 'मैला आँचल' महज प्रेम कथा नहीं है जिसमें नये समाज का मनिम्य संकेत पढ़ा जा सके। संघर्ष कथा भी है। राजनीति समाज सरकार के गहरे जटिल द्वन्द्व बीच-बीच में उभरते हैं। पाखंड पर बहुपक्षीय आक्रमण है पर देखें सीमान्त-जीवन, पिछड़े हाशिए पर पड़े संथाल जीवन की ओर से। पूरी कथा में बालदेव लछमी के बीच का सम्बन्ध एक अलग भावलोक निर्मित करता है। इस भावात्मक प्रेम में देह-राग की चुभन खासी गहरी है। याद करें कि एक दिन लछमी महन्त के निधन पर बालदेव को ही कंठी देना चाहती है। अपना 'बीजक' देती है। और बालदेव का बीजक पाठ ऐसा, कि बीजक से भी लछमी की देह की सुगन्धि निकलती है। इस सुगन्ध में एक नशा है। यहाँ महत्त्वपूर्ण है जीवन के प्रति आदिम प्रकृति की देहासक्ति।

इसी क्रम में याद आता है एक अभिशप्त पिछड़े अंचल में जीवन के निरन्तर क्षय का आभास कराने वाला शानी का उपन्यास 'काला जल'। जिन्होंने शानी की कृति 'शालवनों के द्वीप' पढ़ी होगी जो, वे 'काला जल' के ठहरे सोए शान्त समाज

की भीतरी हलचल को बेहतर समझ सकेंगे। जगदलपुर – एक समूचा कस्बा उनींदेपन में भी अन्तर्दाह और हाहाकार प्रकट करने वाला। अलग दिखती है रुद्ध पारिवारिक ढाँचे से वर्जना मुक्ति के लिए लड़ती-झगड़ती सल्लो आपा। किशोर सेक्स से पीड़ित बब्बन और सल्लो आपा के बीच अज्ञान अजाने रहस्यों को भेदने का अपना तर्क था। फिर मुहर्रम का प्रसंग – विस्तार लिए हुए। वह सल्लो आपा और अब तक के उनके अनाम प्रेमी के लिए 'सहेट'–भर नहीं है। देखते-देखते सारा कथा प्रसंग रूपक बन जाता है। एडवर्ड सईद की दृष्टि से देखें तो राष्ट्रीय रूपक (National Allegory)A वर्तमान अतीत के बीच पुल बनाता हुआ। एक ऐसे अंचल का उदास वृत्तान्त जिसमें चीजें खत्म हो रही हैं।

उपन्यास और आंचलिकता के सम्बन्धों की जाँच परख की दृष्टि से आंचलिकता के निहितार्थों के प्रति उत्सुकता जरूरी है। यहाँ यह स्वीकार करना भी जरूरी है कि स्मृति मिथक वर्तमान की संश्लिष्टता में उपन्यास का महत्त्व बेशक आँका जाय, पर याद रखते हुए कि वर्तमान की जटिलता मिथक और रहस्य से कई बार कम अभेद्य नहीं है। यह जरूर देखने की चीज है कि जब पूरी दुनिया में मुख्य केन्द्रों से उपन्यास विधा की चमक फीकी पड़ती जा रही थी आंचलिकता के नये दबाव ने, सीमान्त संस्कृतियों के हस्तक्षेप ने उपन्यास को नया जीवन दिया है। आंचलिकता ने किस्सागोई की सामाजिकता को तो नया परिप्रेक्ष्य दिया है, उसकी चाहे कोई मुकम्मल पहचान न बन पाई हो, उसे खंड-खंड पहचानना भी नये विचार-सूत्र दे सकेगा।

क्या 'आरण्यक' और 'ज़िन्दगीनामा' जैसे शीर्षक आंचलिक कथा के दो पाठ रूपों का पृथकत्व प्रकट करते हैं। इन शीर्षकों की अपनी अर्थव्यंजना भी बहुत कछ कहने वाली है। प्रगीतात्मकता और किस्सागोई का फर्क भी शायद अर्थव्यंजक है। 'आरण्यक' में सारी वनभूमि में चमकता हुआ एक अजब तरह का सन्नाटा है। धीरे-धीरे वस्तु सन्दर्भ कल्पना लोक में नया कुछ जोड़ने लगते हैं।

"महिषावाड़ी, कडारी, तिनटंगा, लछमिनिया टोला, भीमदास टोला, महालिखा रूप – इन दूर पास के गाँवों के लोग खासकर औरतें मेले में आयी थीं। तरुणियों ने बालों में पियार या धातुप के फल खोंस लिये थे। किसी किसी के जूड़े में काठ की कंघी भी लगी थी। उनकी देह की बनावट बड़ी लावण्यमयी थी।"

कथा 'आरण्यक' में न कुछ के बराबर है। धूप से तपी मिट्टी की सोंधी गन्ध लिये, सूखी घास की गन्ध लिये, अचीन्हे वनफूल की-सी गन्ध लिये कुछ आकृतियाँ हैं – कुछ स्मृतियाँ हैं – मांदर के बोल, नृत्यपरायण तरुणियों की टोलियाँ! पर सब मिलकर किसी बड़े चित्रकार की आँकी हुई तस्वीर जैसी शोभामयी लगती हैं।

इसकी तुलना में कृष्णा सोबती के उपन्यास 'जिन्दगीनामा' का यथार्थ जीवन

चक्र किस्सागोई की सामाजिकता में रची-बसी आंचलिकता की नयी पहचान बनाता है।

कृष्णा सोबती से ही शब्द लेकर कहें – "जन सामान्य के सांस्कृतिक पुख्तापन" के बृहत्तर अनुभव से 'जिन्दगीनामा' का पहला खंड 'जिंदारुख' सम्भव हुआ है। समय और इतिहास का जीवन मर्म पहले ही काव्यात्मक संकेतों में दर्ज है।

कहाँ गलबहियों सी/उमड़ती/मचलती/दूधभरी/छातियों सी/
चनाब/और/जेहलम/की/धरती/माँ/बनी/कुरते/के/बन्द/
खोलती/दूध/की/बूँदें/टरकाने/को–और
कहाँ–'दूधभरी/छातियों/से/अब/दूध/नहीं/खून/टपकता/है...

एक अंचल की ही कथा है यह! पर सृष्टि कथा के अभिप्रायों से जुड़ती, उलझती/स्त्री पुरुष, सृष्टि-रुख, भूलोक, आकाश, अग्नि। याद करें तो मलयालम कथाकार तक्षी के उपन्यास 'रस्सी' में सृष्टि-कथा के रहस्य बहुत बड़ी दुनिया बनाते हैं जो यथार्थ की दुनिया में लगातार घुसपैठ करती है। साँप। गन्धर्व। और असंख्य मिथकीय सन्दर्भ। कृष्णा सोबती के इस आंचलिक आख्यान 'जिन्दगीनामा' में शाह परिवार का महिमामंडन है। एक सामन्ती जीवनशैली की गरिमा के प्रति मोहासक्ति। शाह के यहाँ अकूत समृद्धि। घने सुख। सुरक्षा। रूप, शिक्षा, गुण, शील शौर्य, संस्कार में शाह सबसे ऊपर। इस महिमामंडन का ही अपना असर कि बड़े शाह और राबयाँ के बीच के रिश्ते पर जहाँ तूफान खड़ा हो जाता, वहाँ उसे दार्शनिकता के-से अनोखे विस्मय के बीच छिपा लिया गया है। बड़े शाह की पारखी आँख की सराहना की गयी है कि राबयाँ को देखते तो देखते ही रहते। अन्त में जब राबयाँ ने ही प्रकट करने का साहस दिखाया कि उसने बड़े शाह जी को अपने में धार लिया है तो 'अनहोनी' को भी सहज स्वीकार कर लिया जाता है।

इसमें सन्देह नहीं कि 'जिन्दगीनामा' में कहीं उस जीवन-राग को स्वीकृति देने की कोशिश है जो वर्गों, श्रेणियों के फर्क को मिटा देने वाला है। एक ओर शाहों का आतंक सब ओर छाया है, दूसरी ओर शाहनी-पुत्री लाली को सीख दी जा रही है कि उसके पूज्य जन पूरे समाज में हैं जहाँ ऊँच-नीच का भेद नहीं है। इससे आतंक कम नहीं हो जाता! शाह गणपत ने चाची महरी को उसके पति के घर से ही उठा लिया था कि वह पसन्द आ गयी थी। वह भी कहीं मेले में।

राबयाँ के रूप का अपार वर्णन है क्योंकि उसने अन्ततः बड़े शाह को अपने में धार लिया है। क्या आश्चर्य कि उस पर किसी की निगाह नहीं पड़ती। शाहनी उसकी वर्गस्थिति के सन्दर्भ में उसके रूप को अजूबा, रहस्य या चमत्कार ही मानती है।

"अराइयों की को रब्ब की देन। गला ऐसा सुरीला कि हिरख सोद-मोद-भोग पुर-पुर आये सुरों में।" चाची महरी के इस कथन में व्यंग्य छिपा नहीं रहता – "बस री, तू शादी-ब्याह से परे! तू इन सबसे अनोखी।"

राबयाँ को सँभाल सँजोकर शायद रखा जा रहा है अन्तिम प्रसंग के बड़े शाह के चुप-चुप वरण के लिए। अनाघात। अक्षत। जैसे कोई आध्यात्मिक घटना हो यह। स्त्रीशोषण के रूपों में एक। पर उधर है – आसक्ति पर छाई लोकोत्तर गरिमा! कविता भी शोषण की विडम्बना पर पर्दा डाल नहीं पाती।

"राबयाँ की फॉकड़ी आँखों शाह जी के मस्तक पर जुड़ गयीं।
पलकें न हिलीं, न डुलीं, न झपकीं।

शाह जी ठिठके – से गैब चक्खु से इस कंजक कँवार को
देखने लगे। छोटी है पर छोटी नहीं।

लम्बी चोखी दीठ के बाद राबयाँ ने पौड़ियों की ओर
कदम बढ़ाया तो शाह जी को भासा कोई महालाली
उड़ती-उड़ती सगुण चेतार गयी है।"

इस तमाम महिमामंडन में फिर भी लगता है वह काल्पनिक सृष्टि ही है। दूसरे प्रसंगों को न देखें तो एक शेरे और फतेह का प्रेम उन्माद में अधिक सजीव अधिक प्रचंड है। अधिक वास्तविक। फतेह शेरे के साथ आलिंगनबद्ध पकड़ी गयी तो किसी शाह-सत्ता से विचलित न हुई। सीधे शेरे से कहा – "तुम्हें सौंह है अल्लाह पाक की जो तू कौल से मुड़ा। तुम्हें मार डालूँगी और आप दरिया में डूब मरूँगी।"

यहाँ याद आती है राजेन्द्र सिंह बेदी की महत्त्वपूर्ण औपन्यासिक कृति 'एक चादर मैली-सी'। यहाँ आंचलिकता को कविता नहीं, जिन्दगी अर्थवान बनाती है। ज़िन्दगी से ऐसी तीखी आसक्ति प्रधान मुठभेड़ बड़ी प्रतिभा की माँग करती है। 'एक चादर मैली-सी' पढ़ते हुए क्रोचे का एक कथन याद आता है – "जहाँ आख्यान नहीं है वहाँ इतिहास नहीं है।" किस्सागोई की सामाजिकता वाले अभिप्राय को बेदी का यह उपन्यास जितनी सार्थकता देता है उस कृति को अन्य संरचनात्मक विशेषताओं के साथ पढ़ने की जरूरत है। सम्भव है बाख़्तिन के निबन्ध से उपन्यास और आंचलिकता के सम्बन्धों को समझने में नयी दृष्टि मिले। बाख़्तिन इस दृष्टि से उपन्यास और महाकाव्य की एकता का विमर्श बनाते हैं। अधूरापन और पूर्णता के बीच आंचलिकता पुल है। वह कथात्मक जनतंत्र की नयी सम्भावना है।

महाश्वेता के लिए समय

महाश्वेता देवी के लिए लेखन बैठे-ठाले का काम नहीं है, बल्कि आदिवासी समाज की मुक्ति के लिए संघर्ष का दूसरा नाम है। जहाँ 'स्तनदायिनी' कहानी पर गायत्री चक्रवर्ती स्पीवाक का लम्बा प्रबन्ध है और 'हजार चौरासी की माँ' पर आधारित फिल्म उन्हें एक महान गाथाकार के रूप में मान्यता दिलाती है, वहीं आरम्भिक कृतियाँ (झाँसी की रानी, नदी, आधार मानिक, अमृतसंचय) प्रोजेक्ट-लेखन का साक्ष्य हैं। 'अरण्येर अधिकार' बिरसा मुंडा की कथा है, जिसने ब्रिटिश साम्राज्यवाद के विरुद्ध एक नये आन्दोलन को जन्म दिया। यहाँ महाश्वेता का प्रहार पूँजीवाद और सामन्तवाद पर भी है। आदिवासी केन्द्र से परे हाशिए पर थे। महाश्वेता के लेखन ने उन्हें केन्द्रीयता दी। महाश्वेता 'यशोदाज़ सरप्लस' पद का इस्तेनाल करती हैं।

महाश्वेता भूमंडलीकरण, उत्तर आधुनिकता, उत्तरोत्तर आधुनिकता को भ्रामक मानती हैं। उन्हें उपभोक्ता समय एक क्रूर समय जान पड़ता है। एक ओर राजधानियों की जगमगाहट है, दूसरी ओर पलामू, पुरुलिया की जनजातियों का अँधेरा है। यह ऐसी त्रासदी है, जिस पर लिखना एक सत्तात्मक समाज को चुनौती देना है। ऐतिहासिक काल्पनिक वृत्तों पर लिखना महाश्वेता को भी आता है, पर हिंसा और उत्पीड़न पर रपट लिखना कहीं अधिक जिम्मेदारी भरा काम जान पड़ता है। 'हजार चौरासी की माँ' एक ऐसी कथा है जिसमें त्रासद विडम्बना प्रकट है – कि माँ जानती है, उसका बेटा पुलिस संरक्षण में क्यों है! पर उन्हें न्याय अपने लिए नहीं, बल्कि असंख्य लोगों के लिए चाहिए, जो भूखे-नंगे हैं और भाषा नहीं जानते।

महाश्वेता की कहानियाँ, 'घहराती घटाएँ', 'ईंट के ऊपर ईंट', 'जगमोहन की मृत्यु', 'रूदाली', 'अक्लान्त गौरव' सामाजिक असमानता, स्त्री उत्पीड़न, भूख और यातना का यथार्थ उद्‌घाटित करती हैं। महाश्वेता बन्धुआ मजदूरों पर लिखती हैं, संथालों पर, मुंडा, लोधाशबर जैसी जातियों पर लिखती हैं। भद्रवर्ग के लेखन से असहमत वे जनसंगठनों के विमर्श को महत्त्वपूर्ण मानती हैं। वे वारांगल और कालाहांडी पर लिखती हैं। भूमिहीनों पर लिखती हैं। चुनी कोटाल के उत्पीड़न का

लम्बा वृत्तान्त लिखकर महाश्वेता ने स्त्री-संघर्ष का आख्यान लिखा है। महाश्वेता प्रत्यक्ष सर्वेक्षण को लेखन का आधार बनाती हैं। जितने भी स्रोत उपलब्ध होते हैं, उनमें धँसकर महाश्वेता को लिखने की राह मिलती है। 'स्तनदायिनी' मातृत्व का रूपक है।

'हजार चौरासी की माँ' नक्सलवाद की खूबियाँ बताने वाला उपन्यास है। इस आन्दोलन को महाश्वेता माँ के नज़रिए से देखती हैं। यह कथा उनकी अपनी कथा हो जाती है। नक्सलवाद ही पहला आन्दोलन था, जो महाश्वेता के सामने हो रहा था। कइयों के बेटे मारे जा रहे थे। दमन और प्रतिरोध के द्वन्द्व का गाथात्मक उपन्यास है – 'हजारा चौरासी की माँ'। आज सुजाता युगनायिका का दर्जा पा सकी है। महाश्वेता नक्सली हिंसा को प्रयोजनीय बताती हैं। वे मानती हैं कि लिखने के लिए राजनीतिक विचारधारा ज़रूरी है। हो, तो अपनी शर्तों पर। सैद्धान्तिकी जरूरी नहीं है। समय से मुठभेड़ ज़रूरी है। 'झाँसीर रानी' जैसा उपन्यास लिखने में 'थियरी' क्या मदद करेगी – प्रत्यक्ष दर्शन और इतिहास-स्रोतों की जानकारी ही काम आएगी। इससे सर्वथा भिन्न कृति है : 'कवि वन्द्यघटी गाई' का जीवन और मृत्यु। ऐतिहासिक पृष्ठभूमि के बावजूद इसे लेखिका की मानस-कथा कहा गया है। चुयाड़ वंश में जन्मा उपेक्षित युवक एक ब्राह्मणी से प्रेम करता है और अपमानित होता है।

'कवि वन्द्यघटी गाईं' की कथा सन् 1371 की है। 'आधार मानिक' लिखने के क्रम में महाश्वेता ने इस रूमानी कथा का आकर्षण अनुभव किया। महाश्वेता के शब्द हैं : 'इतिहास का अहम काम है, बाहरी गोलमाल, संग्राम और समारोह के कूड़ा-कर्कट, ध्वंस स्तूप को हटाकर, इंसान के अन्तर्मुखी पुरुषार्थ की तलाश करना, उसे अर्थ और तात्पर्य देना'। महाश्वेता कवि के जन्म और मृत्यु का रक्तरंजित इतिहास लिखना चाहती थीं, पर लिख गयीं, अपनी ही मानस-कथा। यहाँ भी चांडाल, शबर जातियाँ हैं, जो कभी वैष्णवता अर्जित करती हैं, कभी इस्लाम का वरण। यहाँ नद-नदी के पूर्वराग और विवाह का अद्‌भुत उपाख्यान है। मातंगी देखती है, कवि अपने कक्ष से निकलता ही नहीं। कवि ने माधवाचार्य के घर की राह पकड़ी। उनकी बेटी फुल्लरा कवि की वाग्दत्ता थी। आखिर अकाल पड़ा। कवि ने फुल्लरा को आलिंगन में लेना चाहा, पर उसके पीछे सावधान करती प्रेतिनी थी। प्रभु के आदेश से फुल्लरा आकृष्ट हुई – चेतावनियाँ भूलकर। पर कवि युवक था तो चुयाड़ वंश का। इस काल्पनिक कथा में कई पेंच हैं। अस्मिता या पहचान का संकट है। कवि आसन्न मृत्यु को जान रहा था। कथा क्या है, एक फन्तासी, जो महाश्वेता के लेखन की मुख्यधारा से बाहर है। फिर भी इसे व्यावसायिक लेखन नहीं कहा जाएगा। पौराणिक देशज का गड्डमड्ड। टोटके कई हैं, मिथक भी।

न भूलें महाश्वेता की कीर्ति मुख्यतः उपेक्षितों की महागाथा रचने में है, भले वह खंड-खंड लिखी गयी हो। 'हजार चौरासी की माँ' महाश्वेता की यादगार कृति है। भिन्न अर्थ में महाश्वेता की कहानी 'स्तनदायिनी'। पत्रकार कृपाशंकर चौबे ने महाश्वेता को महाअरण्य की माँ कहा है। यह कथन 'हजार चौरासी की माँ' पर सर्वाधिक लागू होता है। 'स्तनदायिनी' में भी महान मातृत्व की यशोदा के बहाने यही व्याख्या है। गहरे प्रतिवाद के पीछे करुणा गायब नहीं हो गयी है। प्रसंगवश याद करें, पाँच-छह साल पहले जब वे साहित्य अकादमी के अध्यक्ष का चुनाव हारीं, तो हमें लगा, कि बुरा हुआ। अन्धधार्मिकता बढ़ेगी और लेखक की स्वायत्तता क्षीण होगी। उसी समय महाश्वेता ने कहा : जो गुजरात में नरसंहार जैसा प्रायोजित कांड हो चुका है, उससे बुरा तो नहीं है। उनका संकल्प था कि कुछ दिन लिखना बन्द करके वे गुजरात के पीड़ितों की रपट लिखेंगी और संस्कृतिकर्मियों को संगठित करेंगी। युवा कहानीकार संजय कुन्दन की कहानी 'बॉस की पार्टी' में एक वाक्य है, जो हमारे क्रूर समय पर टिप्पणी है – 'कितना भयावह होता है, वह क्षण जब जीवन पर पूरी तरह अँधेरा छा जाता है, उम्मीद के रहे-सहे निशान भी खत्म हो जाते हैं'। महाश्वेता का समय यही अँधेरा समय है जिसमें सिर्फ साहित्य पर्याप्त नहीं है। मुक्ति के लिए सभी मोर्चों पर एक साथ लड़ना है। साहित्य भी एक मोर्चा है – अमृतराय ने जिसे संयुक्त मोर्चा कहा था। जीवन मूल्य, जीवन आस्था के उपनिवेशीकरण के दौर में महाश्वेता का दृश्य पर होना दबे-कुचले लोगों के लिए बड़ा आश्वासन है। एक तरह से महाश्वेता का समूचा साहित्य ढीले-ढाले रूपबन्ध में ही सम्भव हुआ है। उसे शिल्प कहना जरूरी नहीं है। कृपाशंकर चौबे को पत्र लिखते हुए नवनीता देवसेन ने लिखा है : 'कविता हाथ पकड़कर, आँख में आँख डालकर भी काम करती है (चल कर आये शब्द) महाश्वेता का गद्य ऐसा ही है, हाथ पकड़कर, आँख में आँख डाल कर चलने वाला।'

शबर-मेले के बहाने महाश्वेता आदिवासियों के मौलिक जीवनधर्मी शिल्प की पहचान बनाती हैं। मेला क्या है – दलितों-पीड़ितों का महोत्सव। खजूर के पत्ते, कांसी घास, पत्थर, लकड़ी से शिल्प सम्भव करने वाले आदिवासी आदिम राग से सम्पन्न है। टुसु नृत्य, रिंझा नृत्य, झुमुर नृत्य में महाश्वेता खुद शामिल होती हैं। महाश्वेता यों ही 'शबर जननी' नहीं कही जातीं। वर्गचेतना की असलियत से महाश्वेता इनकार नहीं करतीं। भारत की सभी क्षेत्रीय भाषाओं का संयुक्त मंच महाश्वेता का सपना है। उन्होंने अँधेरे समय में भी सपना देखना बन्द नहीं किया है। सुखी-समृद्ध जनों के हज़ार मुखौटे हैं। महाश्वेता का कोई मुखौटा नहीं है। उनका आत्म भी 'अन्य' होकर ही सार्थक है। वे मानती हैं कि उत्तर-आधुनिक स्त्रीवाद के

भी कई छद्म हैं। यह तो 'ओ उब्बीरी' की लेखिका मृणाल पांडे भी मानती हैं। कोरा बुद्धिवाद तो बंजरता की ओर ही ले जाएगा।

कठिन समय में महाश्वेता ने इलिया एरेनबर्ग, ताल्सताय, गोर्की, चेखव को पढ़ा। वे हिन्दी में अनूदित होकर भी हिन्दी की लेखिका हैं, मराठी में अनूदित होकर मराठी लेखिका हैं। ऐसी व्यापक स्वीकृति इस उपभोक्ता समाज में किसी को नहीं मिली। 'जंगल के दावेदार' लिखकर वे महाअरण्य की माँ बन गयीं। लक्ष्मण गायकवाड़, दया पवार को पढ़कर उन्होंने दलित-साहित्य का मर्म जाना। बांग्ला में उनकी रचना 'कोपम्बू' पर फिल्म बनी है। हिन्दी में 'संघर्ष' – 1967 नाम की फिल्म बनी। फ़िल्म भी प्रतिरोध का सक्षम माध्यम है। 'रूदाली' 'गुड़िया' उनकी फ़िल्में हैं पर वे उषा गांगुली के नाटक 'रूदाली' को फिल्म से बेहतर मानती हैं।

मन्नू भण्डारी, भीष्म साहनी, हरिशंकर परसाई महाश्वेता के प्रिय लेखकों में रहे हैं। प्रेमचन्द अभी भी महाश्वेता के आदर्श हैं – तात्सताय से कम नहीं। वे नानक को याद करती हैं। महाश्वेता के लिए 'लिखना एक फैशन नहीं है, लिखना बाहर की तकनीकी चीज़ नहीं है। ये अन्दर से आना चाहिए। अन्तर्मन से लिखना चाहिए, नहीं तो कुछ नहीं है'। (कमलाप्रसाद से बातचीत) 'रंगमशाल' (पत्रिका) पर समीक्षा महाश्वेता की पहली समीक्षा है। अपर्णासेन के बड़े भाई 'रंगमशाल' के सम्पादक थे। 'देश' में महाश्वेता के कॉलम और अब 'हिन्दुस्तान' में उनके कॉलम समझ और संवेदना को बढ़ाते हैं। ईश्वर से अधिक वे अपने समय को मानती हैं। प्रोफेशनल लेखन भी जरूरी हो सकता है। इस अर्थ में कॉलम-लेखन का विकल्प नहीं है। पत्रकारिता साहित्य है, साहित्य के हाशिए-जैसी चीज़ नहीं है। 'परिचय', 'कृतिवास', 'अनीक', 'प्रभा', 'अमृतलोक' में वे लिखती रही हैं। कॉलम-नुमा लेख तुरन्त असंख्य पाठकों तक पहुँचता है। सेक्स-रैकेट में अल्पवय लड़कियाँ फँस जाती हैं। उनके लिए लड़ना भी आदिवासी समाज के लिए लड़ने जैसा है।

कभी लेनिन ने ताल्सताय को महान अन्तःकरण कहा था। महाश्वेता को हम उसी अर्थ में 'महान अन्तःकरण' कह सकते हैं। मुक्तिबोध से शब्द लेकर कहें, महाश्वेता के अन्तःकरण का आयतन विस्तृत है। महाश्वेता भी ताल्सताय की तरह निरंकुश सामन्तवाद से टकराती हैं। यथार्थवाद भी कइयों के लिए कुलीन हो सकता है। महाश्वेता का यथार्थवाद अकुलीन होकर ही सार्थक है। अभी तक स्त्रीत्व का निर्धारण कुलीनतावाद की शर्तों पर हुआ है। अब समय है कि उत्पीड़ित निम्नवर्गीय स्त्री के आधार पर भी स्त्रीत्व की स्वायत्त कैटेगरी बने। मूलभूत स्त्रीत्व का निर्धारण केवल आध्यात्मिक गुणों के आधार पर सम्भव नहीं। (राष्ट्र और उनकी महिलाएँ : पार्थ चटर्जी/निम्नवर्गीय प्रसंग भाग दो : शाहिद अमीन, ज्ञानेन्द्र पाण्डेय, पृष्ठ 67)

वर्चस्व प्रधान समाज से टकराव महाश्वेता के लिए अनिवार्य है।

बाख्तिन ने अपने लेख 'महाकाव्य और उपन्यास' में उपन्यास को बहुआयामी विधा कहा है। 'हजार चौरासी की माँ' इस अर्थ में संक्षिप्त पर 'बहुआयामी' उपन्यास है। 'अरण्येर अधिकार' बिरसा मुंडा की कथा है। रमणिका गुप्ता ने 'युद्धरत आम आदमी' का एक विशेष अंक 'आदिवासी स्वर और नयी शताब्दी' वर्ष 2001 में प्रकाशित किया है। 'अरण्येर अधिकार' को पढ़ने के क्रम में इन पंक्तियों को पढ़ें :

'पुटुस तक को/उखाड़ कर ले जाएँगे लोग/और तब/तुम खोजोगे उसकी बची हुई जड़ों में/अपना झारखंड/हंडिया और दारू से सींचकर/क्या किसी ने उगाया है/कोई जंगल/हे संगी! तानो अपना तरकस/नहीं हुआ है भोथरा अब तक/'बिरसा आवा का तीर'/कस कर थामो/...गला दो अपनी हथेलियों को/गर्मी से/...सच!!/बहुत जरूरी है झारखंड में/फिर एक बार/एक जबरदस्त/जनी-शिकार'। महाश्वेता नक्सलवाद के लिए यों ही पक्षधरता नहीं जतातीं। 'हजार चौरासी की माँ' हमारे समय का एक ज्वलन्त आख्यान है, जिसके लिए कोई शिल्प या संरचना अपर्याप्त है।

जन-आन्दोलनों में महाश्वेता की सहभागिता देखकर क्रांतिकारी नागभूषण पटनायक के शब्द याद आते हैं – 'हमारा राजनीतिक संगठन बँधे हुए जलवाले तालाब की तरह नहीं है। वह निरन्तर प्रवहमान नदी-सा है – हाँ, इसकी राह में उत्थान और पतन, घुमाव और मोड़ जरूर रहे हैं।' नागभूषण महाश्वेता इस अर्थ में अभिन्न हैं कि बर्बर फासीवाद और नृशंस सामन्तवाद से उनका संघर्ष अनिवार्य है। सत्ताधारी वर्ग का छद्म लोकतंत्र दोनों को स्वीकार नहीं है। अन्तर यह है कि महाश्वेता लेखिका हैं और रामायण, महाभारत जैसी कालजयी प्रतियों से भी प्रभावित हैं। पर 'लिखना' उनके लिए अमानवीय ताक़तों से लड़ना भी है। 'स्तनदायिनी' पढ़ कर नागार्जुन की कविता 'मादा सुअर' याद आती है। असंख्य बच्चों को भारी थनों से दूध पिलाती मादा सुअर शिथिल तृप्त लेटी है – नागार्जुन कहते हैं – 'यह भी तो मादरे हिन्द की बेटी है'। उस अर्थ में 'स्तनदायिनी' की यशोदा तो देश काल निरपेक्ष सबकी माँ हैं। गायत्री चक्रवर्ती स्पीवाक की टिप्पणी है – 'बहुसंख्यक हिन्दुओं के मन में भारत की विचारधारात्मक छवि देवी-अंश से युक्त 'भारतमाता' की है। जब तक भारत की वर्चस्ववादी सांस्कृतिक छवि देवी-माँ (इस सम्भावना को छुपाते हुए कि यह माता तो गुलाम है) के रूप में बनी रहेगी, वह उन अत्यधिक प्रत्यक्षाओं और अपेक्षाओं के बोझ के नीचे ढह जाएगी, जो कि इस तरह की छवि से पैदा होते हैं'। (स्पीवाक : ए लिटरेरी रिप्रेज़ेंटेशन ऑव द सबआल्टर्न, द अदर वर्ल्ड)

कथाकार ज्ञानरंजन ने 'कबाड़खाना' में लिखा है : सत्ता के गलियारे बद्ध सोच और तैयारशुदा दिमाग प्रहार के लिए ब्लेक कैट राजनीतिज्ञों से ठसाठस भरे हैं। वहाँ

कहाँ की संस्कृति बकाया है, जिसे आप गलियारे से बाहर करेंगे। महाश्वेता हमारे समय की विसंगति को पहचानती हैं, इसलिए जंगल की गाथा लिखती हैं, संथालों या शबरों पर लिखती हैं। इतिहास के महिमामंडन या मिथकीकरण में उनकी कोई दिलचस्पी नहीं है – वे उस आदिवासी समाज पर लिखती हैं, जो 'भात' को 'भूख' के साथ मिलाकर खाता है। महाश्वेता सबकी हैं और अकेलेपन में अद्वितीय हैं। दूसरी महाश्वेता अकल्पनीय है। स्त्री का सशक्तीकरण उनके लिए महज़ मुहावरा नहीं है। घर-गिरस्ती भी किस रणक्षेत्र से कम है। महाश्वेता से ज्यादा और किसे पता है कि विचार या विचारधारा का संस्थानीकरण ख़तरनाक है।

'दौलति' में महाश्वेता की तीन लम्बी कहानियाँ संकलित हैं – 'दौलति', 'पलामौ', 'गोहुअन'। 'दौलति' में पलामौ वालों का पता है, दिल्ली का नियम यहाँ नहीं चलेगा। यहाँ बँधुआ मजदूरों को वंचित ही रहना है। हाँ परिवर्तन हो रहा है, आदिवासी भी सत्याग्रह कर रहे हैं। आंध्र प्रदेश के मातंगी, जाग्गाली, माला-जॉगम, माहार और दूसरी जाति के लोग 'गोठी' बनते। बिहार के चमार, नागेसिया, पारहाइया, दुसाद आदि बनते कामिया या सेवकिया। गुजरात के चालवाड़ी, नालिया, ठोरी और दूसरे लोग 'हाल पाति' बनते। यह उदाहरण है कि महाश्वेता देवी कथा के समाजशास्त्र में जाती हैं। ऋण है कि खत्म नहीं होता। कर्ज उतारने के लिए पत्नी को भी अन्त्यज समाज में दूसरे को सौंपना जायज़ है। 'पलामौ' में दामोदर कितनी ही औरतों को किराये पर चलाता है, भले ही वे किसी की बहन या बेटी हों। 'गोहुअन' में ठेकेदारों का आतंक है।

महाश्वेता का साहित्य अँधेरे में चीख की तरह है। यह त्रासद समय का विचलनकारी आख्यान है। 'पलामौ' का एक अंश है – 'बासमती की कलाई थामकर ननकू ने उसे ट्रक से उतारा। फिर उसे खींचता हुआ उस मकान के अन्दर दाखिल हुआ। दोनों ओर के कमरे पीछे छूटते रहे। बहुत से कमरे। किसी का दरवाजा बन्द, कोई अधखुला, कोई खुला। बासमती को लगा जैसे उसे कोई लीलने वाला है, जैसे वह मकान न होकर अजगर का खुला मुँह है। भय के अजगर ने बासमती को लील लिया। याद करें, प्रेमचन्द की कहानी 'ठाकुर का कुआँ' का ऐसा ही बिम्ब। महाश्वेता आदिवासी समाज की उत्पीड़न–कथा लिखती हैं, तो शोषकों को उनके सही नाम से सम्बोधित भी करती हैं। उत्पीड़न का अमूर्तन क्या! महाश्वेता के लिए समय एक अँधेरा कुआँ है, जिसमें से अपनी ही आवाज़ डराती है। महाश्वेता ने 8 जून, 2008 के कॉलम 'परख' (दैनिक हिन्दुस्तान) में चिन्ता प्रकट की है कि बांग्लाभाषी उस साहित्य की अनदेखी करते हैं जो अबंगाली लेखक होकर भी बांग्ला साहित्य और समाज के बीच पुल बना रहे हैं। भिन्न भाषिक भूगोलों में रचे जा रहे

साहित्य को देखें तो वह बांग्ला संस्कृति का विमर्श बन सकता है। फिर अँधेरे कुएँ की अपनी आवाज़ अजनबी नहीं लगेगी। यह बात उन्होंने किन्ही विनोद शर्मा के व्यंग्य-साहित्य से रू-ब-रू होकर कही है। उनके शब्द हैं : विनोद की व्यंग्य रचनाओं में चोट है कचोट है, पर क्रूरतापूर्ण-निर्ममतापूर्ण प्रहार नहीं है, क्योंकि वे प्रहार मानवीय आवेगों और भावों को ही तहस-नहस कर देते हैं। साहित्य के लिए मनुष्यता का पुनर्वास बड़ी सम्भावना है।

लोक से आधुनिक
विजयदान देथा का कथा-संसार

हम जिस चतुर दक्ष क्रूर उपभोक्तावाद के दौर में हैं, उसमें चीजों, अवधारणाओं, मूल्यों को इस्तेमाल भर कर लेने का चलन है। माध्यम और विचार कला और संस्कृति के क्षेत्र में भी कई अवधारणाओं और मूल्यों को अधिगृहीत कर मनमाने उपभोग या इस्तेमाल का चलन इधर बढ़ा है। 'लोक' शब्द के साथ भी यही हुआ है। लोक ;थ्वसाद्ध का मनमाना इस्तेमाल – खास कर प्रसार-माध्यमों द्वारा। वे भूलते हैं कि 'लोक' ठेठ देसी निसर्ग आदिम रागात्मक लगाव आदि को सहजता से अपने में आत्मसात किए हुए है, पर उसके बहाने फूहड़ भदेस और फिल्मी का जो घालमेल वे बना रहे हैं, वह विकृति है। सहज 'लोक' नहीं है जिसकी व्याप्ति ही उसकी जीवनीशक्ति है। 'लोक' राग की सघन अभिव्यक्ति, लोक वेदना के मार्मिक रूप जब-तब साहित्यिक कृतियों में दिख जाते हैं पर शुद्ध लोककथा का जैसा आधुनिक अर्थवान प्रयोग प्रसिद्ध राजस्थानी लेखक विजयदान देथा की कहानियों में है वह अपने ढंग का एक अद्वितीय अनुभव है। बिज्जी के रूप में बहुतों के प्रिय और चहेते इस अनूठे कथालेखक का जादू एक 'लीजेंड' बन चुका है। देखने में कहानी शुद्ध लोककथा का-सा रूप लिए हुए! पर अर्थ के आघात की दृष्टि से एकदम आधुनिक उत्तर-आधुनिक संवेदना की सृष्टि! सहज और ज्ञात को विजयदान देथा की सृजन प्रक्रिया में नया रूप और नया पाठ बनते देखना एक मार्मिक अनुभव है। सादगी निश्छलता अबोधता का बाना अपनी जगह! कहानी में जटिल यथार्थ के गूढ़तर पाठ! जादुई यथार्थ से कम रंजक नहीं! मणिकौल ने विजयदान देथा की कहानियों को 'गाँव की झीनी धूल में दबे-ढँके रत्न' जैसी संज्ञा दी है। कहानियाँ क्या हैं प्रश्न और पहेलियाँ – जिनके उत्तर तुरन्त उपलब्ध नहीं। लोक से मूल कथा या कथा का सारतत्व लेकर बिज्जी जो रचते हैं वह है आधुनिक अर्थ गर्भित कहानी – जिसका अपना ढंग है, अपना शिल्प, अपनी जीवनदृष्टि! अर्थात् एक अपना परिप्रेक्ष्य! वाचिक

और लिखित का भेद मिटा कर बिज्जी ने जो नया कथा-रस सम्भव किया है, उसके लिए कथा आलोचना में शायद ठीक-ठीक शब्द उपलब्ध नहीं।

विजयदान देथा की कहानियाँ मूल रूप में लोक कथाएँ हैं। इसके चलते लोक कथा का बुनियादी रहस्य गुण या कौतुकी ढंग तो इनमें है ही, विजयदान देथा की आधुनिक संवेदना और समझ उसमें जो नया रचनात्मक तनाव भरती है, अधिक महत्त्वपूर्ण वह है। लेकिन यह 'आधुनिक' 'लोक' की नयी समझ के बगैर अकल्पनीय है। दूसरे स्तर पर विजयदान देथा भी वाचिक परम्परा के लोक या कथा लोक की तरह ही कथा के लिखित रूप में नया अर्थ भरते हैं। कहा जा सकता है कि एक नया आशय या 'तात्पर्यार्थ' भरते हैं। ज्ञात विकल्पों को छोड़कर कहानी जो विकल्प बताती या रचती है वह इसी 'तात्पर्यार्थ' के कारण महत्त्वपूर्ण जान पड़ता है। ताज़ा उदाहरण है – विजयदान देथा की कहानी 'आशा अमरधन'।

'आशा अमरधन' अन्धस्वार्थ में लिप्त स्त्री की क्रूरता और हत्यारी वृत्ति को प्रत्यक्ष करती है जो परिवार की गरीबी की यातना से उबरने में किसान की पहली पत्नी के दो मासूम बच्चों की हत्या में संकोच नहीं करती। पिता-भाव से किसान इसे स्वीकार नहीं कर पाता पर नयी पत्नी के विरोध का साहस भी नहीं जुटा पाता। अन्ततः वही बच्चों से छुटकारा पाने की योजना बनाकर छलपूर्वक घर से निकल जाता है। वे शाम तक पिता के लौटने की राह देखेंगे और फिर एक दिन खत्म हो जाएँगे। हत्या न सही, छद्म से हत्या ही। विजयदान देथा दिखाते हैं कि किसान के लिए गरीबी यातना की चरमता है और वही उनकी अमानवीयता के लिए जिम्मेदार है। कहानी शुरू होती है – एक विडम्बनापूर्ण प्रश्न शृंखला से – जिसका व्यंग्य महत्त्वपूर्ण है – "समन्दर गहरा कि आशा गहरी। धरती भारी कि आशा भारी। पहाड़ अविचल कि आशा अविचल। फूल हलका कि आशा हलकी। हवा सत्वर कि आशा सत्वर। सूर्य प्रखर कि आशा प्रखर। ईश्वर अमर कि आशा अमर कि किसी गाँव के पुराने घूरे पर एक किसान की झोंपड़ी थी।" यह है लोक कथा का सा सहज प्रकृत ढंग – जिसमें बलाघात विराम, वितर्क का अपना नियम है। किसान और उसकी नयी पत्नी दोनों बच्चों को शाम तक लौटने का आश्वासन देकर जीवन यापन के दूसरे सुदूर ठिकाने पर निकलते हैं। बच्चे हैं कि खाना-पीना उनकी पहुँच के बाहर है – इसका भी उन्हें ध्यान नहीं। बस मन में आशा लिए वे शाम की राह देखते हैं और वर्ष भर देखते रहते हैं। यह अतिरंजना लोक कथा विधि के अनुरूप है। सालभर बाद पति-पत्नी लौट रहे हैं – मानकर कि बच्चे मर चुके होंगे और सिर्फ उन्हें फेंकने की हिम्मत जुटानी होगी। वे चकित हैं कि बन्द घर से उनके जीवित होने की आहट मिल रही है। किसान पत्नी हिंस्र मन लिए उनके जीने के दुस्साहस

के विरुद्ध अपनी प्रतिक्रिया चपत लगाकर व्यक्त करती है कि वे दम तोड़ देते हैं। उनका साल भर जीना इन्तजार करना अनहोनी है। अन्त में दम तोड़ना एकदम स्वाभाविक है पर कहानी अनहोनी की ही तरह पाठक को चकित और स्तब्ध छोड़ जाती है। यहीं विजयदान देथा के भीतर के एक बड़े आधुनिक लेखक की कथाशैली का मर्म या रहस्य समझ में आता है। कहानी का अन्त लोक और आधुनिक के जटिल सम्बन्ध पर टिप्पणी की तरह है – ''कुदरत किसी के लिए भी आहत या सन्तप्त नहीं होती। वह तो अपनी मौज से अपने हर कार्य व्यापार में मशगूल रहती है। उसकी मौज़ हो तो बरसे, न हो तो सूखा पड़े। पर उस दिन वह अपनी मौज में झमाझम बरस रही थी। बादल अपनी गर्जन-तर्जन में मगन थे। बिजलियाँ रह-रहकर अपनी मौज में दमक रही थीं। बाहर धरती की सोंधी गन्ध महक रही थी। और झोंपड़ी के भीतर हाँडी में फफूँद मार धधक रही थी। सोंगरों पर दीमक की परतें उभर आयी थीं – और टिमची पर रखी मटकी का पानी मटकी में ही निःशेष हो गया था। यदि पड़ी पड़ी मटकियाँ यह पानी सोखती रहें तो प्यासे प्यासे गलों का क्या हाल होगा। यह मामूली-सा प्रश्न भी युग युगान्तर से अनुत्तरित है। क्योंकि समन्दर के होठ खिले हुए हैं और बादलों के कंठ अवरुद्ध हैं।'' लोक कथा से आधुनिक अभिप्राय-कथा तक विजयदान देथा सन्देश का मर्म पहचानते हैं और उसे ही सूक्ष्म व्यंग्य के जरिए व्यक्त करते हैं। स्वार्थप्रेरित क्रूरता का यह प्रतिरोध पूँजी की विकृति का प्रतिरोध है जो सहज मानवीय भावों को सुखा देने वाली है। व्यंग्य यह कि जो वंचित हैं वे भी खुशहाल होने की लालसा से और स्वभाव दोष से इस विकृति के शिकार हो सकते हैं।

कहना कठिन है कि 'आशा अमरधन' उसी अर्थ में मूलतः लोक कथा का पुनःरचित पाठ है जिस अर्थ में फुलवाड़ी में संकलित 'नुगरा साँप' जैसी अन्य कहानियाँ। सम्भव है यह लोक कथा शैली का भ्रम खड़ा करके रची एक सर्वथा मौलिक नयी कहानी हो। यह प्रमाण है कि लोक कथा पद्धति विजयदान देथा के लिए न सीमित स्रोत है, न कथा कल्पना का कुल उपकरण है। बहुतों की शक्ति यही साबित करने में खप गयी है कि विजयदान देथा की कहानियाँ जब मूलतः लोक कथाएँ हैं तो मौलिक रचनाकार-जैसा श्रेय या महत्त्व उन्हें क्यों प्राप्त है। वे समझ पाने में असमर्थ हैं कि इस ज्ञात सम्पदा में विजयदान देथा जो नया रचनात्मक अभिप्राय भरते हैं वह क्या है और उसकी गूँज कहाँ तक जाती है। अतिसामान्य दिखने वाली लोक कथा की पुनः प्रस्तुति की इस अपनी कला में विजयदान देथा का अपना क्या है, यह जानने के लिए किसी भी कहानी के सघन अन्तरंग पाठ की जरूरत है। लोक संवेदना भी हमेशा एक ही रूप में प्राप्त या संचित थोक वस्तु नहीं

है कि जो भी चाहे, जिस भी विधा में उसका उपयोग कर ले। 'दुविधा' और फितरती चोर भी लोककथाएँ ही हैं पर जिस दृष्टि से वे आधुनिक अर्थमयता से सम्पन्न हैं वही विजयदान देथा का अवदान है। अन्तर्दृष्टि ही इन कहानियों को लोक से 'आधुनिक' तक की व्याप्ति देती है। प्रच्छन्न रूप में ही सही विचारधारा यहाँ अपना काम करती है।

पहले 'तुमरा साँप' कहानी में दो चीजें ध्यान देने की हैं – एक, गोरियावर साँप का मनुष्य के साथ छल। स्वार्थप्रेरित अन्याय। दो, सियार की मनुष्य के लिए सुलभ सच्ची सद्भावना और सामाजिक न्याय – क्योंकि अन्ततः कहानी में उसे पंच की सी हैसियत मिल गयी है। याद करें, प्रेमचन्द की कहानी पंचपरमेश्वर। यह लोक कथा है तो जरूरी नहीं कि उसका एक ही पाठ लोक प्रचलित हो। और कई प्रचलित पाठ हैं तो देखना चाहिए कि विजयदान देथा के चुनाव की अर्थवत्ता क्या है और अर्थसृष्टि में इज़ाफा क्या है। कहानी कुल इतनी कि किसी गौने पर ससुराल जा रहे मनुष्य से सहायता माँगता है – एक गोरियावर साँप – जिसका कालबेलिये पीछा कर रहे हैं। उसके खाली कटोरदान में छुप कर साँप जान बचाता है। पर जानते ही कि खतरा टल गया है उसकी हिंस्र भूख जग पड़ती है – वह इसी मनुष्य को डसना चाहता है क्योंकि स्वारथ ही सबसे बड़ा धरम है। मनुष्य को कुछ नहीं सूझता तो इतनी ही गुंजाइश माँग लेता है कि वह दुलहन का मुँह नहीं देख पाया तो गौना कराकर इतना तो कर ले – फिर लौटते समय वहीं आकर उसका आहार बन जाएगा। यही लोक कथा का रंग है। झूठ बोलना, धोखा देना, बात से मुकर जाना, साँप की प्रकृति हो तो हो यहाँ मनुष्य की प्रकृति नहीं है। अब इस तनाव की कल्पना करें कि ससुराल पहुँच कर मनुष्य जिसके रूप से आकृष्ट है उसे सच-सच अपना संकट बता देता है। आखिर वही तो है जिससे सब कुछ बाँटना है सुख-दुःख। बिज्जी लिखते हैं – "दुलहन बनाव-सिंगार से लड़ाझूम मेड़ी में आयी। उसके रूप की आभा दीये के उजाले से कम नहीं थी। पर पति को गोरियावर के डर से न दीये का उजास नजर आया न दुलहन का रूप। मौत के दूत गोरियावर के अलावा उसे कुछ दिखता ही न था।" यहाँ उम्मीद नहीं है पर दुलहन (स्त्री) का साहस, समझ, धैर्य, उम्मीद के विरुद्ध उम्मीद भी है। "मौत के आंक लिखे हैं तो टल नहीं सकते। और नहीं लिखे हैं तो गोरियावर का बाप भी बाल बाँका नहीं कर सकता। आप से पहले मुझे डसेगा। चिन्ता करने से आफत टलती हो तो दोनों मिलकर खूब चिन्ता कर लें। पर चिन्ता करने से तो चिन्ता बढ़ती है। मरने से पहले जीने का आनन्द भोगें, सो अपना है।" कठिन आसन्न भय के क्षण में इतना भी दिलासा शक्ति देने वाला है। गोरियावर साँप के सामने भी दुलहन ने साहस करके कहा ही – "आज पता चला

कि दाँतों की बजाय साँप के मन में ज्यादा जहर होता है।'' शायद क्षण भर के लिए सहम कर ही साँप फैसला पहले बूढ़ी भैंस, फिर सूखी खेजड़ी पर छोड़ता है। दोनों इसमें स्वार्थ देखते हैं पर अन्याय नहीं। अब अन्तिम न्याय का जिम्मा सियार मामा पर आता है जिसकी चतुराई और मौके पर सहानुभूति दोनों दम्पति के काम आते हैं। पहले वह अविश्वास करता है कि कटोरदान में साँप का समाना ही समझ में आने वाली बात नहीं है और साँप अपनी बात साबित करने के लिए कटोरदान में बैठ जाना कबूल कर लेता है। फिर ढक्कन लगने की बात भी पुष्ट होनी है तो ढक्कन भी लग गया। उसी के इशारे से घास फूस पत्थर आदि से दबा कर ढँक कर आग लगा देने की मुक्ति भी उसी की सीख है। साँप के जीवन का अन्त और नवदम्पति के सुख का आश्वासन – दोनों सियार मामा की सूझ और हार्दिकता का संकेत है। लोक कथाएँ अपनी सरलता या सादगी में कितने रहस्य प्रकट करती हैं और प्रतीकार्थ सम्पन्नता के लिए 'स्पेस' उनकी पद्धति में ही है। कोमल कोठारी के प्रश्न का उत्तर भी प्रश्न में ही निहित है। फुलवाड़ी की प्रस्तावना में वे पूछते हैं – ''आज के समाज की जीवन्त कथाओं के उस प्रबल पक्ष पर विचार किया जाना अत्यन्त आवश्यक है कि अन्ततः ये प्रतीक उपमाएँ रूपक अथवा कथांश अब तक क्यों कथा-परम्परा में जीवित रह गये और उनमें यह क्षमता क्यों बनी हुई है कि वे आने वाले भावी समाज की आत्माभिव्यक्ति को तुष्ट कर सकते हैं?'' कहना न होगा कि कोमल कोठारी का प्रश्न ही उत्तर भी है। कुछ होता है इन कहानियों में, कि इन्हें हर आने वाले दौर में अपने पाठ की तरह पढ़ा जाय।

'दुविधा' स्त्री पुरुष सम्बन्ध की विलक्षणता के उद्घाटन के उद्देश्य से लिखी गयी वह कहानी है जिसमें भूत का हस्तक्षेप मार्मिक विडम्बना की सृष्टि में सहायक है। सेठ-पुत्र की धनलिप्सा इस हद तक है कि वह लोभी पिता के इशारे भर से सद्यः विवाहिता नयी नवेली दुलहन को छोड़कर वणिज लोभ से दिसावर के लिए प्रस्थान करता है। दिसावर जाते समय वह भूत के उसी ठिकाने से होकर गुज़रता है जहाँ बारात वापसी के समय रुकी थी और यही भूत इसी यौवन और रूप वाली अद्वितीय दुलहन पर आसक्त हो गया था। यह आसक्ति सच्चे प्रेम की-सी नवीनता लिए हुए थी क्योंकि भूत सिर्फ लगकर उसे दुःख नहीं पहुँचाना चाहता था। जिस रूप ने उसे अचेत स्थिति में ला दिया था वह यह असाधारण रूप था – ''गुलाब के फूलों की कोमलता, सौरभ और रस-कस ही जैसे साँचे ढला हो। देखकर भी भरोसा नहीं होता। बादलों का ठीया छोड़कर बिजली तो नहीं उतर आयी।'' लोक कथाओं में बहुत कुछ संयोग से ही होता है। संयोग ही था कि भूत की चेतना तब लौटी जब सेठ पुत्र दिसावर जा रहा था। भूत ने बात-बात में जान लिया कि नामी मुहूरत जानकर

दुलहन की मेहँदी छूटने या काँकड़-डोरड़े खुलने से पहले ही वह वणिज लाभ के प्रलोभन से दिसावर के लिए निकला है। भूत को और क्या चाहिए था। सेठ पुत्र का रूप पा लेना सहज था – बोल चाल-व्यवहार भी देख लिया। उधर सेठ पुत्र दिसावर की ओर और इधर उसी का ठीक ठीक रूप धारण कर हवेली की ओर! पिता को कहानी बतायी कि राह में महात्मा मिले। रोज तड़के पलंग से उतरते पाँच मोहरों का वरदान दिया। अब जैसा करना हो बताएँ। सब प्रसन्न कि बेटा घर पर ही रहेगा और यहीं धनसम्पत्ति में बढ़त होगी। फिर दुलहन से मिलने दो घड़ी रात ढले मेड़ी में गया। दुलहन खुश कि आखिर उसका रूप उसका प्रेम काम आया जो दिसावर गया पति राह से लौट आया। पर यह भूत दुलहन से छल नहीं कर सकता था। सच-सच बता दिया। दुलहन की समझ में नहीं आ रहा था कि भेद प्रकट नहीं होता तो अच्छा था या छिपा रहता तो अच्छा था। दुलहन की दुविधा। ''भूत होकर यूँ प्रीत दरसाई। कैसे बरजे? क्यूँ बरजे?'' इधर भूत और दुलहन अभिन्न हो चले थे। व्यापार-लाभ में और सम्बन्ध-निर्वाह में कोई कमी न थी। भूत सेठ-पुत्र के पत्र सावधानी से फाड़ देता। बस कहीं बाधा न थी। सेठ परिवार प्रसन्न कि बहू की कोख फलने की घड़ी आ गयी। यह खबर कुछ पहले सेठ के असली बेटे को पासपड़ोस वाले दिसावर में दे चुके थे – यह भी कि ठीक उसी का रूप लेकर कोई उसकी जगह ले चुका है। जब बधावे बज रहे थे – उल्लास सब ओर छा रहा था – यह असली सेठ पुत्र आ पहुँचा पर परिवार में कोई उसे स्वीकार करने को तैयार न था। बारात आते समय दुलहन जिन ढालुओं पर मुग्ध थी और जिसे वह गँवारों का फल बता रहा था, विश्वास के लिए वह गमछे में ढालुओं की बानगी भी ले आया था। इस हालत में दुलहन तो जबान खोलने से रही! सेठ-पुत्र और भूत दोनों बँधे पड़े थे। दंड और न्याय की व्यवस्था के लिए। सेठ पुत्र ने भूत से ही असलियत जाननी चाही जो संकेतों में बात कर रहा था – "मैं लुगाइयों की चाम के भीतर का सूक्ष्म जीव हूँ। उनकी प्रीत का स्वामी। बिणज और कमाई की बजाय मुझे हेत प्रीत की ज्यादा लालसा है।" चँवरी में हथलेवे के सवाल पर वह कह रहा था – "कोरे-मोरे हथलेवे से क्या होता है? चँवरी की धौंस सारी उम्र नहीं चलती। बिणज चीजों का होता है, प्रीत का नहीं।" अन्ततः गड़रिए के न्याय से भूत मारा गया पर वह कहानी का मुख्यार्थ इन्हीं शब्दों में बता चुका था। लोक कथाएँ अपने सन्देश में अगर बता रही हैं कि आदमी धन और सत्ता का भूखा है और सारे रिश्ते नाते प्रेम विहीनता के चलते व्यर्थ हैं – यहाँ तक कि पति-पत्नी सम्बन्ध में भी हार्दिक लगाव या रागात्मक सत्व गायब है! तो वे एक नयी नैतिकता का पक्ष ले रही हैं। विजयदान देथा कभी भूत कभी साँप को मानवीय सम्बन्धों के बीच लाकर विलक्षण मार्मिक विडम्बना की सृष्टि

कर सके हैं।

जहाँ धर्म नियम का ढोंग रचने वालों में नैतिकता शेष नहीं रह गयी है, वहाँ 'फितरती चोर' में चोर वचनबद्धता के चलते रानी की ओर से दिए जा रहे हर प्रलोभन को ठुकरा देता है और अन्ततः मारा जाता है। इस लोक कथा में एक महात्मा की प्रसिद्धि ऐसी थी कि चेला बनने वालों की भीड़ लगी रहती। वह चेला मूँड़ने के पहले कोई एक चीज जरूर छुड़ाता था। उसे जब यह नामी चोर मिला चेला बनने के लिए, तो महात्मा ने शर्त बताई। चोर ने पूछा – किसी को अपना गुरु नहीं बनाने की कसम ले लूँ तो चेला मूँड़ेंगे। महात्मा चकित। जैसे मुँह पर सूखा जूता पड़ा हो। कहा फिर चेला बनने की जरूरत ही क्यों रह जाएगी! चोर ने तुरन्त चार और चीजें छोड़ने का संकल्प ले लिया – 'जीऊँ तब तक रानी की खाट पर नहीं चढ़ूँगा'। 'सोने की थाल में खाना नहीं खाऊँगा'। 'सोने की अंवाड़ी सजे हाथी पर सवारी नहीं करूँगा'। 'कभी किसी देश का राजा नहीं बनूँगा।' महात्मा को इस दम्भ पर चिढ़ हो आयी। एक चीज़ अपने कहे के अनुसार छुड़वा दी – 'झूठ नहीं बोलूँगा'। पर चोर को चोरी का धन्धा तो करना ही था। जहाँ जाता पहले ही बता देता – चोर हूँ चोरी करने आया हूँ। किसी को यकीन नहीं आता। लगता कोई बड़ा अघोरी महात्मा है या जौहरी है या नये दीवान जी हैं जो राजखजाने की जाँच पर निकले हैं। राजा के यहाँ पहुँच कर ऐसा ही हुआ। खजांची सकते में आ गया। चाभियाँ सौंप दीं। चोरी को बस यों ही निकला था। पाँच चुने मोती रखकर चाभियाँ लौटाते हुए निकल गया। खजांची को पता चल गया। उसने शोर मचाया कि सचमुच कोई फितरती चोर आया और दस मोती ले गया। उसने चोर का ढंग दुस्साहस रुतबा बयान किया। रानी ने घुड़सवार दौड़ाए। पकड़ा गया। देखने वालों की भीड़ लग गयी। कबूल लिया कि बस पाँच मोती चुराए। खजांची का भेद खुल गया क्योंकि चोर कह रहा था – झूठ न बोलने की कसम ले रखी है। इसीलिए तो बता कर आता हूँ कि चोर हूँ, चोरी करने आया हूँ। चोर का गुरु महात्मा भी मौजूद। पाँच मोती रानी ने बगसीस में दिए सो उसने लौटा दिए कि बामन तो है नहीं कि बगसीस ले। कहा कि सब तो चोर हैं छोटे या बड़े। व्यंग्य यह कि राजखजाना भी तो लूट का ही माल है। बगसीस के मोती गुरु महात्मा को मिले। रानी पर चोर का जादू छा गया। राजा का मन ऐसा उजला कि ऐसे चोर को राजा बनाने को तैयार! चोर को राजा के अबोध उजलेपन में सन्देह नहीं। पर रानी की महत्वाकांक्षा तो चोर में कुछ और देख रही थी। चोर था कि निराश करने पर तुला हुआ। सोने के थाल में खाना आया तो मना किया कि वह ऐसी ही प्रतिज्ञा कर चुका है। सोने की अंबाड़ी सजे हाथी पर चोर की सवारी का प्रस्ताव। चोर ने ऐसा न करने का शपथ पहले ही ले रखा था। पलंग

चढ़ने को निमंत्रण। चोर ने कहा रानी की खाट पर नहीं चढ़ने की कसम पहले ही ले रखी है। रानी को गुस्सा आया कि सज्जित पलंग को खाट बता रहा है। चोर के लिए तो फर्क ही नहीं। रानी ने कामांध होकर प्रेम की याचना की। पर चोर अविचल था। विजयदान देथा लिखते हैं – ''तमतमायी हुई रानी झटके से उठी। जैसे नागिन की पूँछ पर पाँव पड़ा हो।'' रानी ने 'चोर चोर' आवाज लगाई। सिपाही नंगी तलवारें लिये हाजिर। सत्यवादी चोर के टुकड़े-टुकड़े कर दिए गये। ''सत्ता की ताकत के आगे बेचारे साँच की औकात कब तक टिकती।'' सत्ता के छल अन्याय को चुनौती देने वाले फितरती चोर की कहानी में कितने ही अर्थ छिपे हैं! जो सहज कल्पना से परे है वही है मूल लोक कथा और वही है रचनान्तरित आधुनिक कहानी। यह अनोखी विडम्बना ही सृजन का आकर्षण है। ज्ञात विकल्पों को छोड़कर कहानी जो विकल्प चुनती है वह नाटकीय सार्थकता लिये हुए है। महत्त्वपूर्ण यह है कि लोक कथा कहते हुए या लिखते हुए विजयदान देथा शिल्प सजगता की कोई झलक नहीं देते। यह भ्रम बनाए रहते हैं कि लोक कथा के रूप में उपलब्ध वस्तु को जस का तस रख रहे हैं। भांषा यह भ्रम बनाए रहने में बहुत दूर तक साथ देती है। कभी तो लगेगा कि कथा कही नहीं जा रही है, गाई जा रही है। ऐसी लय, जो कथा का पूरा साँचा बनाती है।

"कीचड़ में कमल पनपते हैं। खाद माटी में फूल खिलते हैं। खारे समंदर के अथाह जल तले मोती पैदा होते हैं। रात के अँधेरे में तारे झिलमिलाते हैं। चन्द्रमा चमकता है।"

(फूल कंवर)

"यह बात सूरज जित्ती पुरानी और प्रकाश जित्ती नयी है। यह बात चाँद जित्ती पुरानी और चाँदनी जित्ती नयी है। यह बात बादल जित्ती पुरानी और बरसात जित्ती नयी है। यह बात बीज जित्ती पुरानी और हरियाली जित्ती नयी है। यह बात फूल जित्ती पुरानी और फल जित्ती नयी है।"

(दिवाले की बपौती)

लोक संवेदना, लोक व्यवहार, लोक भाषा में गहरी पैठ के चलते ही बिज्जी अपने पाठकों में यह भ्रम बनाए रखने में कामयाब हैं कि उनका कथा संसार अपना होकर भी अपना नहीं है – लोक का है – लोक में प्राप्त – एक कंठ से दूसरे कंठ तक प्रवहमान कथाओं का संग्रह या संचय है। फिर अपना क्या है! यहीं आकर वे एक अधिक महत्त्वपूर्ण, बड़े लेखक की तरह ओट में रहकर भी यह जानने के लिए पाठक को निरन्तर पर्युत्सुक बनाते हैं कि कहाँ है वह अपनी कला – जो कहानी को लोक कथा से अभिन्न और फिर भी विशिष्ट बनाती है! इसी अर्थ में कहा जाता है कि सच्ची कला वह है जो दिखाई नहीं देती।

अतल का अन्तरीप :
वाचाल अप्रेम का विस्फोट

तसलीमा नसरीन की दुनिया में प्रवेश करने से पहले यह स्वीकार कर लेना चाहिए कि उनके आत्मकथात्मक उपन्यास 'द्विखंडित' को प्रेम कथा की तरह न पढ़कर प्रेमहीनता या अ-प्रेम के वाचाल विस्फोट के रूप में भी पढ़ा जाना चाहिए। प्रेमकथाओं की स्निग्धता की जगह यहाँ दैहिक शोषण और स्त्री उत्पीड़न के प्रसंग बेशुमार हैं और उनसे यौनिकता की जटिलताओं का भी अता-पता नहीं चलता। और तो और, यह पोर्नोग्राफी भी नहीं है, जिसे मनोहर श्याम जोशी बड़े लेखकों की भी एक कसौटी बताते हैं। जॉन ऑस्बोर्न के पाठक 'लुक बैक इन ऐंगर' को याद करें तो यहाँ पुरुष जाति की हठधर्मी कामुकता पर तसलीमा का गुस्सा फूटा पड़ रहा है। यहाँ किसी सम्बन्ध या संवेदना का कोई अर्थ बचा नहीं रह गया है। तसलीमा और उनकी सहेलियों का सामना मर्दानगी जताने वाले नर पशुओं से है। तसलीमा की कृतियों का साहित्यिक महत्त्व न हो, सनसनी पैदा करने में वह अद्वितीय है। यह भयावह है, आघातप्रद है। यहाँ 'सेक्सुअलिटी' भी निरर्थक है। नंगई को क्या कहेंगे – अश्लीलता भी अपने आप में अपर्याप्त शब्द है। पर है यह तसलीमा की आप बीती – जो जगबीती से भयावह है, विद्रूप है, त्रासद है। सनसनी का भी परिप्रेक्ष्य उतना सीमित नहीं है जितना मान लिया जाता है।

याद करें विश्व पुस्तक मेले के बीच इंडिया इंटरनेशनल सेंटर में तसलीमा की उपस्थिति। तमाम गम्भीर लेखक दुबली-छरहरी तसलीमा को प्रतिरोध की नायिका की तरह देख रहे थे, तालियाँ बजा रहे थे, अनुवादिका सुशील गुप्ता की जगह तसलीमा की बांग्ला सुनने के लिए आतुर थे। तसलीमा खबरों में बड़ी खबर थीं। अब प्रतिबधित 'द्विखंडित' छपकर आ गयी है (प्रकाशक : वाणी प्रकाशन, नयी दिल्ली 110002), तो समझ पाना कठिन है कि क्या प्रतिबंधित करना इसे अधिक बिकाऊ माल बनाना भर नहीं था। पर तसलीमा केवल इसलिए नहीं याद की जाएँगी,

कि वे एक मसालेदार चटपटी कथाकृति दे पाने में कामयाब हो गयी हैं; बल्कि इसलिए कि वे अन्धधार्मिकता से और बर्बर फासीवाद से लड़ते-झगड़ते बड़ी हुई हैं और उनमें वह बेबाकी है जो कभी हिन्दी लेखकों उग्र में रही होगी। यह उग्रता आकस्मिक नहीं है न 'लज्जा' वाले लेखन काल के बीच मिली यातनाओं की प्रतिक्रिया मात्र है। यह कथनी-करनी में भेद करने वाले भद्रलोक पर सीधी चोट है। इसलिए शंख घोष, शक्ति चट्टोपाध्याय, सुनील गंगोपाध्याय जैसे नाम जस के तस हैं। इनमें बड़े लेखकों के प्रति सम्मान और आदर भी है, पर वहीं सैयद हक जैसों की क्षुद्रता पर कोई पर्दा नहीं डाला गया है। तसलीमा के शब्द हैं – "जिस युग में धर्म ही राष्ट्र का मूल-मंत्र था, उसे अन्धकार युग कहते हैं।" या – "राष्ट्र धर्म इस्लाम को अगर अलविदा नहीं किया गया, तो यह देश गणतांत्रिक बांग्लादेश से इस्लामिक प्रजातंत्र बनने में ज्यादा वक्त नहीं लेगा। धर्म तो कैंसर रोग की तरह होता है... ।" या "औरतों पर धर्म का बुलडोजर चलेगा। बुलडोजर तले औरत, औरत नहीं रहेगी, टुकड़े-टुकड़े मांसपिंड में तब्दील हो जाएगी।"

तसलीमा का लिखा हुआ सब कुछ मैंने पढ़ा है और एक तरह से कह सकता हूँ कि यह तल-घर में आग की तरह है। पुरुष वर्चस्व वाली दुनिया में स्त्री उत्पीड़न, हिंसा, बलात्कार की घटनाएँ आम हैं। परिवार के दायरे में भी यह सब चलता रहा है और सामन्ती समाज में तो यह वैध मान लिया गया है। वह सामन्त ही क्या, जिसकी रखैल या रखैलें न हों। उम्र हो गयी, तो उसकी बेटी तो बड़ी हो रही होगी। किसी दिन का अखबार देख लें, यह खबर बड़ी मानकर छापी जाती है। कहानी में मंत्री-संत्री तक शामिल होते हैं। उन्हें सजा तो क्या मिलेगी, हिन्दू समाज उन्हें निरपराध देवता बना जाता है। धर्म पर तसलीमा की चोट जहाँ भी है, वह बड़ी चिन्ता को जन्म देने वाली है।

तसलीमा की बड़ी माँग आज़ादी है। जिस स्त्री मुक्ति की वे पक्षधर हैं वह अपने से भी मुक्ति है। अपनी देह से मुक्त होते हुए वे किसी सैयद हक के साथ एक कमरे में रात बिताने को राजी हो जाती हैं, क्योंकि उन्हें सैयद हक की बेटी होने से इनकार नहीं है। जब वह क्षण आता है कि सैयद हक उन्हें दबोच लेंगे, वे कम्बल ओढ़ कर सो जाती हैं। तसलीमा का एक निष्कपट गद्य है जो साँस लेता है। इससे फर्क नहीं पड़ता कि साहित्यिकता (Literaryness) के प्रतिमान उसे कोई दर्जा देंगे या नहीं या इसे गटर की बकवास-भर समझेंगे, इस गद्य को संवेदनहीन होकर नहीं पढ़ा जा सकता है। एक अंश है :

"तुम क्या सो गयीं?

मैं निरुत्तर! मानो मैं सो गयी। सोया हुआ इनसान किसी का सवाल नहीं सुन

पाता। मैंने भी उनका कोई सवाल नहीं सुना। मैं साँस रोके हुए स्थिर बनी रही, बिस्तर पर मरी हुई मकड़ी की तरह पड़ी रही। घुप्प अँधेरे में कम्बल जरा खिसका कर मानो नींद में ही हाथ हिला हो और कम्बल जरा खिसक गया हो, मैंने देखा वे दबे पाँव चहलकदमी कर रहे हैं। ...सो क्यों नहीं जाते। ...मैंने राहत की साँस ली। अनाड़ी अभिनेत्री, मंच से उतर आयी और राहत की साँस ली।''

तसलीमा लिखती हैं : ''यहीं हम कभी-कभी शम्सुर्रहमान के औरतों के इश्क के किस्से छेड़ देते थे। ...किस्सा बयान करते समय उनके जबड़ों में धारियाँ उभर आती थीं और वे धारियाँ देख कर मुझे लगा, यह ईर्ष्या है।'' यह किस्सा दूर तक चलता है। चौकन्ने शिकारी की तरह सैयद हक जैसे अपने को और तसलीमा को तैयार कर रहे थे। जब यह समीक्षा-लेख से भिन्न कॉलमनुमा अस्तव्यस्त कुछ लिखा जा रहा है तो मैं अभी दो दिन पहले विजय तेंदुलकर के 'गिद्ध' और 'बेबी' जैसे नाटकों का कोलॉज देख कर आया हूँ और स्त्री-पुरुष सम्बन्धों के हिंस्र खेल को देखना असह्य हो गया है। मराठी नाटक में ही यह सम्भव है। तसलीमा सैयद हक के साथ मयमन सिंह के एक रेस्तराँ में बैठी हैं। संकेत भर है कि सैयद हक के मन में क्या चल रहा है – ''उनका हाथ ठीक मेरी ब्रा की हुक पर पड़ा था। अगले ही पल मेरी पीठ धनुष की तरह दोहरी हो गयी। मैंने उनका हमदर्दी भरा हाथ झटक कर हटा देना चाहा।"

रुद्र कवि-मित्र हैं। रिश्ता खत्म हो चुका है। फिर सहसा श्रीनगर यात्रा में प्यार का बुखार-सा चढ़ आता है। इस बार मिलन का साथ है। तसलीमा लिखती हैं : ''मुझे अन्दाजा नहीं था कि बहुत दिनों से पुरुष स्पर्शविहीन मेरा जिस्म इस कदर प्यासा हो उठा था। श्वेत शुभ्र बिस्तर पर मेरा तन-बदन जाग उठा। ...मेरे मन में वह जो संस्कार पल रहा था, कि जो मर्द मेरा पति नहीं है, ऐसे किसी के साथ सम्भोग उचित नहीं है, वह शालीमार बाग की तेज़ तेज़ हवा में, रुई की तरह उड़ गया।'' कभी रुद्र के साथ यही कहानी दुहराई जाती है। यह आगे का प्रसंग है। तसलीमा-नईम का सम्बन्ध विवाह तक पहुँचता है। विवाह-पूर्व प्रेम के किस्से तमाम हैं। शान्तिनिकेतन पहुँच कर तसलीमा देखती है कि शंख घोष भी वहीं हैं। लेखकों की दुनिया तसलीमा को एहसास दिलाती है कि यही उसका जीवन है। शान्तिनिकेतन में झर-झर झरती शांति का जिक्र है। तसलीमा रवीन्द्रनाथ (सुनील गांगोपाध्याय का उपन्यास 'रानू और भानू' पढ़ा है मैंने। मैत्रेयी का 'न हन्यते' भी।) की विराटता की कल्पना करके रो पड़ती हैं। उनके शब्द हैं – ''लोग जैसे किसी कल्पित ईश्वर के चरणों में लोट-लोट कर रोते हैं। मेरी रुलाई भी बिल्कुल वैसी ही थी...न सुख की. ..न दुःख की, यह रुलाई रवीन्द्रनाथ को और गहरेपन से महसूस करने की रुलाई

थी।'' नईम को शायद रुलाई भी कामोत्तेजक ही बना पाती होगी। तसलीमा पीठ से नीचे उतरते नईम के हाथ को अनुत्तरित छोड़ देना चाहती हैं और अपने से पूछती हैं – ''क्या कोई मर्द ऐसा भी होता है जो किसी औरत को अपने हाथ के करीब पाकर भी काम गन्ध हीन रात गुज़ार सके?'' शायद नहीं।

आखिर नईम के साथ विवाह के लिए दस्तखत हो गये। अब नईम के घर जाने और रात बिताने की छूट थी। तसलीमा लिखती हैं, ''पहला सोना : सोने के लिए क्या दस्तख़त करके सोना होता है? दस्तखत न करके भी तो सोया जाता है।'' तसलीमा रुद्र के साथ अर्से तक रहने सोने की आदी रही हैं। अब नईम के साथ वैध विवाह हुआ, तो उसने कई अचरज दिए। गर्भ ठहर गया तो उसे गिराना भी पड़ा। आश्चर्य है कि तेंदुलकर के अभी देखे नाटक में कठोर यंत्रणा देकर गर्भ गिराने की घटना है, क्योंकि क्या ठिकाना! होने वाले बच्चे का पिता कौन हो। अब दुनिया बदल रही है। अविवाहित मातृत्व तक का जोखिम उठाने वाली स्त्रियाँ हैं। तसलीमा को नईम पर तरस आता है पर नईम है कि हिंस्र और उत्पीड़क होता जाता है। तसलीमा फिर अकेली हैं। मर्द साथ नहीं है तो मकान मालिक किराए पर मकान क्यों देने लगे। तसलीमा डॉक्टर हैं। गाइनी विभाग में हैं। 'अतल का अन्तरीप' कविता संग्रह जिसका भी हो, यहीं मुझे लगता है कि तसलीमा का उपन्यास एक ओर अतल के अन्तरीप जैसा है, दूसरी ओर वाचाल अतिमुखर प्रेमहीनता या अप्रेम का विस्फोट है।

याद करें हिन्दी नयी कहानी के बाद वाले दौर में जब श्रीकान्त वर्मा की कहानियाँ छपीं, या महेन्द्र भल्ला की, युवा आलोचक देवीशंकर अवस्थी ने प्रेम में अप्रेम, परिचय के बीच अपरिचय को एक महत्त्वपूर्ण (Significant) तत्त्व बताया। यह अ-प्रेम हिंस्र उत्तेजना से भरा है। वह स्त्री की आज़ादी के विरुद्ध है। तब स्त्री की आजादी को स्वीकृति देने के लिए ही देवीशंकर अवस्थी ने अपने तर्क गढ़े थे। महेन्द्र भल्ला के लघु उपन्यास 'एक पति के नोट्स' को आज भी पढ़ा जाना चाहिए। तसलीमा के लेखन से उनकी भिन्नता कहाँ है। यह जानने के लिए भी। तसलीमा की चिन्ता सिर्फ़ यौन-संसर्ग या यौन उत्पीड़न नहीं है जिसे रघुवीर सहाय 'एक मेरी भाषा' कहते हैं, वह भी उनकी चिन्ता में शामिल है। शम्सुर्रहमान के इस तर्क (''कोई भी भाषा, चाहे वह कितनी भी उन्नत और धनी हो, शब्द-ऋण लेने के मामले में लजाधुर और निश्चेष्ट नहीं है'') के उत्तर में तसलीमा का यह विश्वास और दृढ़ होता है कि भाषा कोई धर्म नहीं होता। तसलीमा कहती है – ''अरबी भाषा को ही इस्लामी भाषा क्यों कहूँ! अरबी भाषा के लोग सैकड़ों तरह के धर्मों में विश्वास करते हैं। इसके बावजूद उन्हीं लोगों में ऐसे बंदे भी होते हैं जो किसी भी धर्म में आस्था नहीं रखते।''

जो तसलीमा के 'द्विखंडित' को पढ़ना चाहेंगे उन्हें 'मेरे बचपन के दिन' 'उत्ताल हवा' और 'शोध' और अब 'वे अँधेरे दिन' भी पढ़ना जरूरी लगेगा। सिर्फ यौन प्रसंगों को बेबाक लिखने के लिए जो तसलीमा नसरीन को पढ़ेंगे, वे भी निराश होंगे। बांग्ला देश की मुक्ति, राष्ट्र और राष्ट्रीयता या राष्ट्रवाद, इस्लामिक राज्य और खुद बांग्ला भाषा – ये सब मुद्दे हैं जिन्हें तसलीमा एक पत्रकार की तरह उठाती हैं। साहित्यिकता से अधिक वे इसी जुझारूपन, निडरता और अडिग साहस के लिए जानी जाती हैं।

कैरोलिन राइट जैसी अमरीकी कवयित्री को, जो फुलब्राइट स्कॉलरशिप लेकर बंगाली महिला कवियों की रचनाओं पर शोध करने आयी हैं, उसकी दिलचस्पी किसी के भी बेडरूम में ताकझाँक करने की है। उसने तसलीमा का अनुवाद किया है। वह किन्हीं सैयद मंजूरूल हसन से प्रेम करने लगी है। करे, तसलीमा के लिए फ़र्क नहीं पड़ता। पर वह जो निजी जीवन के प्रेम के किस्से जुटाने में लगी है तो तसलीमा के लिए उसका चरित्र 'हूबहू बुढ़िया दल्लाल' या 'बुढ़िया कुटनी' जैसा जान पड़ता है। उधर रुद्र के अलसर से मर जाने की खबर तसलीमा को तोड़ देने के लिए काफी है। तसलीमा कहती है – "मैं भी मरी हुई डाल की तरह पानी के तल में पड़ी हुई हूँ। मछलियाँ बेआवाज़ तैरती हुई। ...प्रज्ञा लावणी का आकार धरकर मछली ने मुझे छुआ। उस छुअन ने मुझे किसी मच्छी बाजार के भयंकर कोलाहल में, ढुप से उछाल देया। मैं उस मच्छी बाजार के बीचोबीच खड़ी थी। मेरे चारों तरफ दर-दामों का भीषण चीत्कार। पसीने की गन्ध और गन्दगी का ढेर। इतने सारे शोर के बीच, रुद्र फर्श पर सोया हुआ था।" ये ऐसे प्रसंग हैं जो न निस्संग होकर लिखे जा सकते हैं, न संवेदन-शून्य होकर।

उधर नौजवान हिंस्र उन्माद से भरे हुए तसलीमा पर टूट पड़ना चाहते हैं कि वे अश्लीलता को बढ़ावा दे रही हैं। औरत होकर मर्दों की तरह लिख रही हैं। लड़कियों को बिगाड़ रही हैं। इस्लाम को चुनौती दे रही हैं। उन्हें 'देस निकाला' तो न्यूनतम दंड होगा। उन्हें फाँसी देनी चाहिए। किताब मेले पर पाबन्दी। इस बार विश्व पुस्तक मेले में किताब के लोकार्पण पर प्रतिबन्ध था। तसलीमा इंडिया इंटरनेशनल में भरी सभा में कह रही थीं – "आज मेरी कलम पर पाबन्दी लगाई गयी है, अगर हमने आवाज़ नहीं उठाई तो कल आपकी बारी है। बहिष्कृत और निर्वासित होने के लिए।" अनुवादिका सुशील गुप्ता लिखती हैं – "उनकी आत्मकथा का अनुवाद करते-करते मैंने जाना है – भयंकर साम्प्रदायिकता, जातिवाद, अपनों के बारे में मोहभंग के खिलाफ, इनसान को हमेशा नाजुक सुकुमार फूल बनकर महकना चाहिए।" यहाँ फूल की लपट और आँच पाठक से छिपी न

रहेगी।

'लज्जा' को लेकर जो विवाद चला, तसलीमा को जो यातनाएँ दी गयीं, वे किसी से छिपी नहीं थीं। इस बार भी पश्चिम बंगाल की सरकार ने 'द्विखंडित' पर पाबंदी लगाई थी। इस बार 'भाजपा' जो पहले लज्जा के प्रकाशन को इस्लाम विरोधी मानकर खुश थी, पाबन्दी लगाने में मार्क्सवादी कम्युनिस्ट पार्टी की सरकार का अनुसरण कर रही थी। खुद मार्क्सवादी विरोध कर रहे थे, क्योंकि यह लोकतंत्र, बुनियादी अधिकार, स्वतन्त्रता पर हमला था। यहाँ केवल 'द्विखंडित' के इन शब्दों को याद कर लें तो समझ सकेंगे कि तसलीमा की लड़ाई कहाँ और किनसे, और क्यों है! क्या वह केवल रातों-रात मिलने वाली प्रतिष्ठा की चाह भर है, या उससे अधिक! इस उद्धरण के बाद कुछ कहना जरूरी नहीं रह जाता।

''बहरहाल, यह सब तो जो हुआ, सो हुआ। लेकिन इसके बाद भी पश्चिम बंगाल के कई-कई वामपन्थी 'लज्जा' उपन्यास की निन्दा करने में जरा भी शिथिल नहीं पड़े। उनकी तरफ से मेरी निंदा में कोई कमी नहीं आयी। लेकिन इन लोगों का भी मुँह अचरज से...खुला का खुला रह गया, जब कम्युनिस्ट लोगों के गुरु, खुद नम्बूदरीपाद ने 'लज्जा' को एक अनमोल उपन्यास कहा।'' अन्त में तसलीमा नसरीन का एक वाक्य हमेशा के लिए याद रह जाने वाला है – ''मेरा ख़याल है, मुझसे नफरत न करने की कोई वजह नहीं है।''

कथा की मुक्ति

कुछ ही लेखक हैं जो उत्तरोत्तर जटिल होते आधुनिक या उत्तर-आधुनिक यथार्थ को जानने, जाँचने और व्यक्त करने के अपने संघर्ष में बहुत-सी कलायुक्तियाँ आजमाने के साथ ही अपना बचपन, अपना विस्मय, अपनी अबोधता, पिछले सुख-दुःख, आधे-अधूरे प्रेम, अमरूद का पेड़, सरई का जंगल, अपनी स्मृति, अपना डर, अपना सन्नाटा बचाकर रख पाते हैं। उदय प्रकाश उनमें हैं। जबकि ज्यादातर लेखक हड़बड़ी में हैं – सीधे अवधारणाओं से शुरू करते हैं और उन्हीं पर खत्म। इसलिए जब बहुत-सी रचनाएँ एक ही बार पढ़कर भुला दी जाती हैं, उदय प्रकाश की 'दरियाई घोड़ा', 'टेपचू', 'तिरिछ' 'छप्पन तोले का करधन', 'और अन्त में प्रार्थना', 'पाल गोमरा का स्कूटर', 'वारेन हेस्टिंग्ज का साँड़' जैसी कहानियाँ एक से अधिक बार पढ़ी जाती हैं और एक से अधिक व्याख्याओं के लिए खुली रहती हैं। अन्त के साथ ऐसा नहीं लगता कि यही, यही है अन्त!

उदय प्रकाश की आत्मकथाएँ। शुरू की कहानियाँ। छोटे-छोटे किस्से। लम्बी कहानियाँ। इन्हें पढ़कर एक ऐसे लेखक का बिम्ब सामने आता है जिसके लिए लिखना स्मृति की राह से चलकर वर्तमान को और शायद आसन्न भविष्य को भी उधेड़ना जानना है। बहुत कुछ रहस्योद्घाटन जैसा! छूटा हुआ समय स्थान अनुभव पर्यवेक्षण स्मृति के भीतर से रील की तरह खुलने लगते हैं। यहाँ अक्सर दिखाई देता है एक नॉस्टेल्जिया, जो आत्ममोह या आत्मदया–भर नहीं प्रकट करता, न सिर्फ कलायुक्ति बनकर ओट हो जाता है, वह आत्मसंघर्ष की प्रक्रिया में समय में हस्तक्षेप भी करता है। समय के प्रत्यक्ष को थोड़ा धुँधलाता भी है, गड्डमड्ड भी करता है। स्मृति और यथार्थ के द्वन्द्व में यह नॉस्टेल्जिया हमेशा रुग्ण अवसाद का लक्षण नहीं, अदम्य असीमित जिजीविषा का लक्षण भी हो सकता है।

उदय प्रकाश की कहानियाँ यथार्थ को अक्सर अप्रत्याशित अविश्वसनीय रूपों में दिखाती हैं और उनकी भयावहता पर परदा नहीं डालतीं। डॉ. वाकणकर की डायरी का यह अंश 'और अन्त में प्रार्थना' कहानी का ही नहीं, उदय प्रकाश की कई

कहानियों का जैसे बीज-सन्दर्भ हो : "वह सारा प्रसंग गड्डमड्ड था। लेकिन वही यथार्थ था। एबसर्ड रियलिटी। इसी यथार्थ में हम रह रहे हैं। इस यथार्थ की मौलिकता असंदिग्ध है और इसकी भयावहता कल्पनातीत।" 'और अन्त में प्रार्थना' वाकणकर की मृत्यु की कहानी नहीं है, मृत्यु में निहित गहरे आत्मद्वन्द्व और जीवनद्वन्द्व की कहानी है। स्वार्थ छल लूट सरीखी विकृतियों में फँसा लकदक जीवन अन्ततः इस मृत्यु के सामने असहाय तुच्छ नज़र आता है। इस कहानी पर अभी इतना ही।

उदय प्रकाश की आरम्भिक कहानियों के कुछ स्थल याद आते हैं – यह नहीं कि इनसे केवल लेखक का आत्ममोह उभरता हो, महत्त्वपूर्ण यह है कि इनमें आस-पास की वास्तविकता कितनी गहरी संवेदना के साथ कितनी आन्तरिक विकलता के साथ व्यक्त है। अलग से इन स्थलों को पढ़ने का चलन नहीं है। प्रायः अन्त और आरम्भ के समीकरण के सहारे निष्कर्ष निकालने, विचारधारा की दिशा पहचानने की जल्दबाजी है। एक लेखक के अनुभव-संसार को जानना हो तो शायद कुछ स्थलों को अलग करना और उन्हें अधिक सघन पाठ का विषय बनाना चाहिए। यह न आलोचना में रूपवाद का प्रस्ताव है न कहानी में निहित विचारधारा और अर्थ से इनकार। इनकार है तो सरलीकरण से, निष्कर्षमूलक सामान्यीकरण से। बहरहाल याद आते हैं कुछ स्थल :

"और गायें रोती भी हैं। मैंने उनके भीगे पपोटे देखे हैं। गाढ़ा लिसलिसा द्रव जो उनका आँसू होता है, लम्बी लक़ीर बनाता हुआ उनकी कनपटी पर रुक जाता है। सूखने के लिए। मुझे दीदी की याद आयी।"

"हमारे सबके भीतर एक-एक खाली खेत है। गेहूँ के कटे हुए ठूँठ हैं। सूखे हुए, पीले, पुआल या भूसा। हवा आती है तो पुआल के तिनके उड़ते हैं और एक अवसाद कुछ गहरा हो जाता है।"

(मूँगा, धागा और आम का बौर)

"मुझे देखते हुए भी लगता था कि जैसे वे दूर। किसी पुराने मन्दिर की गुम्बद के ऊपर मँडराती चील को देख रहे हों, या मेले की चकरी में दौड़ते लकड़ी के घोड़ों में से किसी एक को देख पाने की कोशिश में लगे हों...या नदी किनारे फैली हुई दूर-दूर तक की रेत में उड़ते किसी पुराने अखबार के टुकड़ों को घूर कर उसमें से कोई खबर पढ़ जाने की धुन में हों। मैं रोने-रोने को हो आया।"

(दरियाई घोड़ा)

"धीरे-धीरे मैंने अनुभवों से यह जान लिया था कि आवाज ही ऐसे मौके पर मेरा सबसे

बड़ा अस्त्र है, जिससे मैं तिरिछ से बच सकता था। लेकिन दुर्भाग्य से, हर बार, इस अस्त्र की याद मुझे बिल्कुल अन्तिम समय पर आती थी। तब, जब वह मुझे बिल्कुल पा लेने वाला होता। अपनी हत्या की साँसें मुझे छूने लगतीं, मौत के नशे से भरे एक निर्जीव लेकिन डरावने अँधेरे से मैं घिर जाता...।"

(तिरिछ)

"एक खौफनाक युद्ध छिड़ा हुआ था हमारे घर में। दादी एक तरफ थीं। और पूरा घर दूसरी तरफ था। मैं किधर था, ठीक-ठीक पता नहीं।

काली बिल्ली सारी रात घर में, हर कोने में घूमती। दिन भर छप्पर से घुन के कीड़े लकड़ी का बुरादा नीचे गिराते रहते और घर की हर चीज धूल और बुरादे से ढँक जाती।"

(छप्पन तोले का करधन)

कहने की ज़रूरत नहीं कि ऐसे स्थलों पर ध्यान देने से एक लेखक की निजी दुनिया का ही नहीं, उसके पास-पड़ोस, समय, यथार्थ का एक ऐसा बिम्ब बनता है, जो प्रमाण है कि बहुत मामूली चीजों में भी कुछ ऐसे जादुई तत्त्व मौजूद होते हैं, जिन्हें उद्घाटित किए बगैर कहानी कोई बड़ा अर्थ या परिप्रेक्ष्य प्राप्त नहीं कर सकती। उदय प्रकाश की कहानियों के ये स्थल कहानी का अर्थ खोलने में सहायक न हों, यह अहसास कराने में सहायक हैं कि इन कहानियों का यथार्थ खासा असुविधाजनक, अनिश्चित, असहनीय है। इन कहानियों का अन्त भी अन्तहीन प्रक्रिया है। ऐतिहासिक समय और काल्पनिक समय, ऐतिहासिक समय और वैकल्पिक समय इन कहानियों में इस तरह गुँथे हैं कि निर्विवाद दो टूक असंदिग्ध अवधारणाओं में इन्हें सीमित या रिड्यूस करके देख पाना नामुमकिन है। बचपन बहुत-सी कहानियों में है। बचपन का धुआँ ही नहीं, बचपन की चिनगारियाँ भी। बचपन लेखक का अपना ही नहीं, चरित्रों का भी। रेवती (मूँगा धागा और आम का बौर) स्मृति में एक चिनगारी की तरह है। बचपन का विस्मय और औचक ज्ञानात्मक संवेदन (या संवेदनात्मक ज्ञान)। एक ही संकेत काफी है, बहुत कुछ कहने वाला – "रेवती के चारों ओर कपड़े और साबुन के झाग हैं। सफेद-सफेद फेन पर हजारों बुलबुले। हर बुलबुले पर धूप सात रंगों में बँटकर चमकती है और उसमें सारा आकाश झलकता है। दोपहर की आँच और खामोशी में साबुन के बुलबुले एक-एक कर फूटते हैं वहाँ ठंडक होगी। उनकी आवाज धूप पी जाती है। रेवती की पीठ चमक रही है। पीठ पर भी फेन के थक्के लिपट गये हैं।" वाकणकर के बचपन की स्मृतियों से छिटकी एक विस्फोटक चिनगारी है – "पुष्पा के सफेद मिचुड़े हुए, थोड़े-से मटमैले जाँघिए की

सिलवटें'' – जो ''बालक वाकणकर के अब तक के जीवन की चट्टान के भीतर किसी डायनामाइट की तरह विस्फोटक साबित हुई।'' (और अन्त में प्रार्थना) वाकणकर की आत्मा में छिड़े कठिनतम द्वन्द्व में भी यह चिनगारी बचपन की स्मृति के रूप में जीवित थी। जीवनासक्ति और जिजीविषा के ऐसे कितने ही अभिप्राय हैं, जो उदय प्रकाश के यथार्थबोध को जटिल और अन्तःसमृद्ध बनाते हैं।

'दरियाई घोड़ा' में कैंसर के विरुद्ध पिता की जीते रहने की जिद, आपरेशन की यातना झेलकर, हिम्मत जुटाकर रखने की हिकमत और अन्ततः पिघल जाने की लाचारी – बहुत-से सन्दर्भ हैं। अँधेरा, स्तब्धता, विरूपण और अन्त। 'टेपचू' में मृत्यु या हत्या को धता बताने वाली जीवनीशक्ति। 'तिरिछ' में मृत्यु का लगातार हमला। बचाव के अनवरत प्रयत्न। रणनीति। यथार्थ और फंतासी। पिता का ज्ञान। पिता की आत्मा में छिपी अनन्त ऊर्जा। डर और त्रास के अनन्त रूप। प्रतिशोध का छल। सब कुछ अनुमान और मिथक के खेल में गड्डमड्ड। चरम अमानवीयता के आतंकप्रद माहौल में डर का पुनर्जीवन। एक पीढ़ी से दूसरी पीढ़ी मृत्यु के दबाव में चीखती भागती। आतंक का सामना करने का दुर्निवार आकर्षण। कहानी के बीच डर और आकर्षण का यह रहस्यमय खेल। ''उन लोगों का कहना था कि बहुत से कीड़े-मकोड़े और जीव-जन्तु रात में चन्द्रमा की रोशनी में दुबारा जी उठते हैं। चाँदनी में जो ओस और शीत होती है उसमें अमृत होता है और कई बार ऐसा देखा गया है कि जिस साँप को मरा हुआ समझकर रात में यों ही फेंक दिया जाता है, उसका शरीर चाँद की शीत में भीगकर दुबारा जी उठता है और वह भाग जाता है। फिर वह हमेशा बदला लेने की ताक में रहता है।'' यथार्थ से स्वप्न तक पीछा करने वाला तिरिछ अगर प्रतीक भी हो तो उसकी अनेकार्थता विलुप्त नहीं है। इस ओर ध्यान ज़रूर ही जाएगा कि मृत्यु, हत्या, आत्महत्या के प्रसंग उदय प्रकाश की कहानियों में बार-बार आते हैं। जो बहुत निजी जीवन है, नितान्त अपना स्मृतिजगत है, उस पर परदा नहीं डाला गया है, लेकिन यह धारणा गलत है कि यह हर बार मृत्यु का रूमानी रुग्ण 'आब्सेशन' है, 'आच्छादन' है, उत्सव या जश्न है। सच तो यह कि इनका प्रभाव मृत्यु के एक साथ स्वीकार और प्रतिरोध या प्रत्याख्यान–जैसा है। मृत्यु को देखने में त्रास के साथ एक बेगानेपन जैसी ठसक भी है।

अब शताब्दी के खत्म होने में देर नहीं है। एक महान और क्षुद्र शताब्दी का अन्त परिवर्तन, प्रगति और विकास की तेज रफ्तार को अटकलों से परे विराट सूचना-संजाल और विज्ञापन-प्रपंच में सच और कितने ही नरसंहारों की खबरों को झूठ बता रहा है। सच है तो यह कि पॉलगोमरा (पॉलगोमरा का स्कूटर) को जीने का अधिकार नहीं जैसा है क्योंकि सब कुछ बहुत तेजी से विकास प्रगति के अनन्त

आँकड़ों के साथ उत्तर-आधुनिक होता गया है और छोटी-छोटी लालसाएँ महत्त्वाकांक्षाएँ तक भीतर की संजीवनी को सुखा देने वाली हैं। उदारीकरण और मुक्त बाजार के चर्चे सब ओर छाए हैं। जो दृश्य पर है : सबसे प्रमुख खबरों में एक खबर, उसे देख लेने वाले या जान लेने वाले की सुरक्षा अनिश्चित है, खतरे में है। कहानी में टिप्पणी की भाषा में जो कहा जा रहा है उसी में त्रासद व्यंग्य की भाषा भी छिपी हुई है। "दिल्ली में, कोई डंकल था जो चला आ रहा था। और केन्द्र सरकार का वित्तमंत्री चार-पाँच साल से बिना खाए, बिना पिए, बिना सोए, बिना जागे और बिना सोचे कर्जों और विदेशी कम्पनियों के तमाम अनुबन्धों पर धड़ाधड़ दस्तखत करता चला जा रहा था। देश के सभी बैंकों का रुपया निकालकर एक विशाल सूटकेस में भर दिया गया था, जो समूचे आकाश पर टँगा था। सूरज भविष्य के साथ उस सूटकेस के पीछे ढँक गया था और लोग अँधेरे में एक दूसरे को टटोलते, रास्ता पूछते, गड्ढों और खाइयों में गिर रहे थे।" यथार्थ से क्रूर फंतासी और फंतासी से अधिक भयावह यथार्थ यहाँ भी जीवन का पीछा कर रहे थे। 'और अन्त में प्रार्थना' कहानी में जो मृत्यु वाकणकर का पीछा कर रही थी वह आकस्मिक न थी। एक नैतिक जीवन के प्रति निश्छल समर्पण को बड़ी आस्था का पर्याय मानकर वाकणकर धीरे-धीरे उन लोगों की दृष्टि में भी खतरनाक माने जा रहे थे जो उनके अपने संगठन राष्ट्रीय स्वयं सेवक संघ से जुड़े थे और अपने हिन्दू वर्चस्व का पूरा-पूरा लाभ उठा रहे थे। वाकणकर का द्वन्द्व कई स्तरों पर है और संजय की कहानी 'कामरेड का कोट' में कमलाकान्त के द्वन्द्व से कहीं अधिक जटिल है।

जहाँ संजय की कहानी 'कामरेड का कोट' में वामपन्थी विचारधारा के नाम पर राजनीति करने वाले अग्रणी नेताओं को मूल समस्याओं के प्रति उदासीन सुविधाजीवी समझौतापरस्त दिखाया गया है और कमलाकान्त सच्ची निष्ठा के बावजूद अलग-थलग पड़ गये हैं वहाँ उदय प्रकाश की कहानी में वाकणकर अपनी विचारधारा में अन्त तक आस्था बनाये रखने के प्रयास में लगे रहते हैं और पूरी व्यवस्था, सत्ता, तंत्र, अपराधी, तांत्रिक, न्याय-व्यवस्था के अनैतिक मानवविरोधी चरित्र को बेनकाब करने के लिए सब कुछ दाँव पर लगा देते हैं। अन्तिम क्षणों में उसी संघ का दबाव उन पर गलत रिपोर्ट के लिए सबसे अधिक दिखाई देता है जिसे वे अपनी उच्च नैतिकता का स्रोत मानते थे। क्योंकि अब संगठन सत्ता में था इसलिए तंत्र के सभी अधिकारी और जिम्मेदार लोग माफिया सहित उन्हें खत्म कर देने पर तुले थे। वाकणकर संघ वाली प्रार्थना गाते हुए ही हिन्दू तंत्र की सत्ता राजनीति के विरुद्ध अपना निर्णय दर्ज कर रहे थे। निःशंक। निर्भय। लेकिन इससे ज्यादा दबाव झेल पाना उनके लिए मुमकिन नहीं रह गया था। शक था कि वे ब्रेन हेमरेज के शिकार हो चुके थे। यह

अन्त था पर देखें कि अन्त से पहले उनके चेहरे पर एक शान्त शिथिलता और निश्चित स्मित थी। "लेकिन उनके चेहरे को देखकर लगता था, जैसे किसी बहुत पुराने तनाव में खिंचती और टूटती हुई उनकी नसें धीरे-धीरे शिथिल होती जा रही हों।"

वाकणकर के चरित्र की जटिलताएँ विचारणीय हैं। जीवन की पूर्णता को लेकर उनके जो विश्वास थे उनमें सहज दुर्बलताएँ वर्जित न थीं। जब वे आदर्शवाद की नितान्त काल्पनिक दुनिया में जीवन शुरू कर रहे थे, सहपाठी नितिन ने ग्यारहवीं में पढ़ने वाली लड़की पुष्पा श्रीवास्तव का फ्राक उठाकर उसकी जंघाएँ दिखाई थीं। बाद में वे अपनी पत्नी में उसी पुष्पा को ढूँढ़ते रहे। उसी सफेद मिचुड़े हुए थोड़े से मटमैले जाँघिए में ज्योत्स्ना को देखकर उत्तेजना प्राप्त करना चाहते थे। एम.बी.बी.एस. की सीनियर श्वेता धोपड़कर के साथ फैंटेसी में हनीमून मना चुके थे। यही वे वाकणकर जो चिकित्सा विज्ञान पढ़कर वैराग्य और आध्यात्मिकता के बोध से वंचित न थे। वाकणकर यह भी मान रहे थे कि दुनिया की कई विचारधाराएँ जो ईश्वर का अंश होने का दावा पेश कर रही थीं उनका इस्तेमाल प्रायः लोगों को मारने में होता था। वाकणकर को वीर सावरकर, तिलक, गोलवलकर तथा हेडगेवार प्रभावित कर रहे थे। वाकणकर की मुश्किलें और थीं। वे अकेला महसूस कर रहे थे, अपने व्यवसाय में सबके लिए असुविधा बन रहे थे क्योंकि जिन्दा और निर्दोष लोगों को घातक दवाइयाँ नहीं दे रहे थे। वे संघ शाखा में जा रहे थे पर गाँधी की हिन्दू महासभाई द्वारा हत्या को किसी भी तरह उचित नहीं ठहरा पा रहे थे। उनकी दृष्टि में फासीवाद या किसी तरह का सर्वसत्तावाद ईश्वर के विरुद्ध शैतान की साजिश था।

वाकणकर के लिए असली चुनौती तब पैदा हुई जब प्रधानमंत्री ढींगर गाँव जैसे आदिवासी अंचल में तामझाम के साथ पेपर मिल के उद्घाटन के लिए आ रहे थे। सारा सत्ता तंत्र स्वागत उत्सव आतिथ्य के अथक प्रबन्ध में जुटा था। सारा दृश्य चमकाया जा रहा था। उधर वाकणकर की चिन्ता थी कि उसी आदिवासी अंचल में जल प्रदूषण के कारण महामारी फैल रही थी, लोग मर रहे थे और वाकणकर तुरन्त हालत पर नियन्त्रण पाने के लिए प्रशासन का सहयोग चाहते थे। प्रशासन उनकी जल्दबाजी में पॉलिटिक्स देख रहा था। अन्ततः सारी औपचारिकताएँ खत्म कर, सब अपमान सहकर वाकणकर ने महामारी का सच प्रधानमंत्री के सामने ही प्रकट कर दिया था जिसके खान-पान की चीजों की स्वास्थ्य शुद्धता की दृष्टि से जाँच का जिम्मा नियमतः वाकणकर का ही था। प्रधानमंत्री ने इस पर अफसरों को फटकार लगाई थी। प्रशासन ने महामारी नियन्त्रण का कार्यक्रम हाथ में ले लिया था। पर वाकणकर को दृश्य से हटा दिया गया था। उन्हें और भी पिछड़े इलाके कोतमा में

हेल्थ सेंटर पर भेज दिया गया था। तब तक प्रदेश में सत्ता परिवर्तन हो गया। कोतमा में जब पुलिस की गोली से तौफीक अहमद की मौत हो गयी और मुद्दा साम्प्रदायिक न बन जाय और संघ-सत्ता के मन्त्री का इलाका होने के कारण उन्हें जिम्मेदार ठहराने के लिए विपक्ष आन्दोलन न शुरू कर दे, इस डर से झूठी मेडिकल रिपोर्ट देने के लिए वाकणकर पर दबाव डाला जाने लगा। संघवाद के लिहाज से वाकणकर रिपोर्ट बदलने को तैयार न थे। वे छुट्टी पर जा सकते थे, जाना चाहते थे पर अब यह सम्भव न था। उधर संघ प्रशासन माफिया पुलिस राजनेता सब सभी स्थितियों में एक जैसे गठजोड़ में शामिल थे। यही गड्डमड्ड यथार्थ था। वाकणकर के विरोध में सारी ताकतें एक साथ एकजुट थीं। परस्पर विरोधियों के हित अभिन्न थे। वाकणकर सबकी मुश्किल थे। संकट में फँसी थी वाकणकर की अकेली जिद्दी नैतिकता। अन्त वही होना था जो हुआ। वाकणकर ने अपनी नैतिकता और आस्था को अक्षत अक्षुण्ण रखने के लिए जीवन दाँव पर लगा दिया। कहानी कहानी है – एक मुकम्मल कलाकृति – जिसके निहितार्थ हैं, व्यंजनाएँ हैं। सार संक्षेप निरर्थक है। कहानी के मूल पाठ का विकल्प नहीं है। कहानी माँग करती है कि वह समग्र सघन पाठ की तरह पढ़ी जाय। विखण्डन और समग्रता के संश्लिष्ट अनुशासन में। कहानी इसी अर्थ में खुली है व्याख्या के लिए। एक से अधिक व्याख्याओं के लिए। कहानी या कोई भी रचना बड़ी या महत्त्वपूर्ण है तो इसलिए कि सरल निष्कर्ष न निकाले जा सकें। संजय की कहानी 'कामरेड का कोट' में कामरेड कमलाकान्त अलग जाने का रास्ता चुन लेते हैं। वे एक-एक कर पार्टी के सैद्धान्तिक-व्यावहारिक झूठ-छल को उजागर कर चुके हैं। अपनी ओर से संगठन सत्ता या हवाई नेतृत्व का घमंड तोड़ चुके हैं। संजय लिखते हैं – "उनकी आँख के आगे लाल रंग वाले कोट ही कोट तैरने लगे : फकत चलते-फिरते कोट, उनमें आदमी नहीं। हठात् ये कोट उलटे लटक गये...धुन्ध में उनके सामने अब एक सीधा सुधरे पीपल का वृक्ष उगना शुरू हुआ... और कुछ ही क्षणों में वह पूरा उग गया।"

'और अन्त में प्रार्थना' अधिक गहरी हताशा, त्रास और अन्धकार की कहानी है। दमन की स्थितियाँ 'कामरेड का कोट' में कम क्रूर नहीं हैं। लोगों की हत्या कर दी गयी है – धड़ पेड़ में लटका दिए गये हैं पर शत्रु एक खास वर्ग-चरित्र वाला है, पहचाना जा सकता है। वाकणकर की हत्या क्रमशः हो रही है। शत्रु एक नहीं है और उसकी पहचान गड्डमड्ड है। 'कामरेड का कोट' के महत्त्व के सन्दर्भ और हैं। शिल्प भी अलग है।

'छप्पन तोले का करधन' उदय प्रकाश की अत्यन्त महत्त्वपूर्ण कहानी है। धन-लोभ की क्षुद्र मनोविकृति की कहानी जिसे लोककथा की तरह समय के कई

आयामों में फैला दिया गया है। पूँजीवाद अपनी चरमता में मानवीय भावनाओं को किस हद तक नष्ट कर देता है इसे सामन्ती ढाँचे की लोककथा जैसी बुनावट में बयान किया गया है। घर-परिवार ने जिस तरह 'दादी' को घेरकर अकेला कर रखा है और यह मानकर कि बुढ़िया छप्पन तोले का करधन घर के कोनों-अँतरों में गाड़कर चुप बैठ गयी है, जीते जी भेद देने वाली नहीं है, उसे निर्वासन सरीखी यातना की कोठरी में डाल दिया है। सबको डर है कि वह अस्सी साल की बुढ़िया बरसों से घर खा रही है और गड़े हुए धन का भेद दिए बिना धोखे से दुनिया से चल देने वाली है। स्मृति, अन्धकार, जादू-टोना, अनिष्ट, अपशकुन – इनसे जो रहस्यमय संसार बनता है वह मृत्यु से पहले भेद जानने के लिए चौकन्ना है। पर यह 'दादी' हैं कि घर का लगातार उत्खनन देखकर भी चुप हैं, एक शब्द नहीं बोलतीं। जो बोलती हैं वे महज़ अटपटी ध्वनियाँ हैं – भाषा से परे, भाषा से बाहर। घटनाएँ नहीं हैं, पर दादी की अथाह चुप्पी के इर्द-गिर्द विस्फोटक रहस्यभेदन की क्रूर कार्रवाई है। किसी अनहोनी के इन्तजार में कहानी का यह अंश त्रासद रहस्य का बयान है : 'लालटेन की मटमैली धुँधली रोशनी पूरे घर के अँधेरे को देखते हुए बहुत कम होती थी। रात में घर की बहुत सारी चीजें भारी हवा, रहस्यपूर्ण गन्धों और विचित्र ध्वनियों में डूब जातीं। दीवारों के खोखल का संसार जीवित होता है और वहाँ की अदृश्य हलचलों की आहट हम तक पहुँचती। हम सब लालटेन के पास सिमटे बैठे रहते। वे बातें जो अम्मा, बुआ और चाची के बीच होतीं, अन्तहीन थीं और किसी बहुत बड़ी कहानी के संवाद की तरह लगतीं।''

उदय प्रकाश के लिए कहानी अगर 'रहस्य', 'अतिरंजना' या 'अनहोनेपन' में है तो इसे थोक औसत सरलतावाद या सरल उपभोक्तावाद का प्रतिरोध ही मानना चाहिए। जो लेखक आत्मकथा के रूप में ही सही, 'नेलकटर' लिख सकता हो उसकी जटिलता से न घबराने की जरूरत है, न शक करने की गुंजाइश। एक समर्थ लेखक को अज्ञात विषम विकास के टेढ़े-मेढ़े रास्तों से गुजरना ही चाहिए। उदय प्रकाश के विषम विकास को भी हम उम्मीद के नजरिये से ही देखना चाहेंगे। 'नेलकटर' का अन्त इस उम्मीद को मज़बूत करने वाला है : ''चीजें कभी खोती नहीं हैं। वे तो रहती ही हैं। अपने पूरे अस्तित्व और वज़न के साथ। सिर्फ हम उनकी वह जगह भूल जाते हैं।''

क्रूर समय की पटकथा

'माई', 'हमारा शहर उस बरस' और 'तिरोहित' के बाद गीतांजलि श्री का नया उपन्यास 'खाली जगह' हमारे क्रूर समय का उत्तेजक क्रिटीक है। धीरे-धीरे बनते क्रिटीक में शोर और चुप्पियाँ अन्तः संक्रमित हैं। इस उपन्यास को 'हमारा शहर उस बरस' से जोड़ कर पढ़ना ही उचित है। गीतांजलि श्री का हुनर यह है कि कोई हुनर नहीं है, जिसे शिल्पहीन शिल्प कहा जा सकता है। एक अनाम शहर के अनाम विश्वविद्यालय के कैफे में घटित बम विस्फोट में एक माँ के जवान बेटे के परखचे उड़ जाते हैं। धूल, धुआँ और राख। यही समय है जिसके घुप्प अँधेरे में गीतांजलि श्री हमें ले जाती हैं। यहाँ खाली जगह भी एक सम्भावना है जबकि बम विस्फोट हिंसा का रूपक है।

कैफे में हुए विस्फोट में टुकड़े-टुकड़े हो चुके व्यक्ति की शिनाख्त हो जाती है। शेष रह जाता है – पछतावा, अन्तत्येष्टि के बाद की श्रद्धांजलि-सभाएँ, सर्वधर्म सभा सम्मेलन। निर्वैयक्तिक होकर लिखी कथा के बीच गीतांजलि श्री लिखती हैं : 'एक जीवन हम जीते हैं जो हमारा नहीं और एक जीवन हमारा जिसके हम नहीं।' नौवें अध्याय के अन्त में कहा गया है : 'मैं अपने – या उसके – कमरे में लेटा अपने मन में कंकाल बनकर मॉनीटर पर उतरता हूँ और मुस्करा देता हूँ। बचपन की आँखों में ताबूत-जैसा बक्सा है, बालिंग की मुस्कान में जरा-सी पिंडदान की हाँड़ी भर है, पर दोनों में राख के धुएँ में सूनी आँख बटन की तरह पड़ी मिलेगी।' तीन बरस और अठारह बरस–मौत जन्म हो गयी – मृत्यु-तिथि, जन्म-तिथि। वैश्विक आतंकवाद पर यह उपन्यास डायरी-सरीखे गद्य में बहुत कुछ कहता है। आइबरी कोस्टु, पेरु, रचांडा, इराक, चीन, हिन्दुस्तान, अफगानिस्तान, ताइवान, कथा विमर्श में सब आते हैं – दहला जाते हैं। ब्रह्मांड में छितरे टुकड़ों के आर या पार भटकते। बारूद, आगजनी जनतांत्रिक धमाल। मृत्यु यहाँ कोई यूनिवर्सल-अवधारणा नहीं है – हमारे हिंस्र बर्बर समय का विस्फोट है।

'खाली जगह' उपन्यास समय का खंड-खंड वृत्तान्त है। शुरू में कुछ काव्यात्मक

पंक्तियाँ साभिप्राय दी गयी हैं – 'समय थे/जो टुकड़े-टुकड़े बनाता है/इसलिए मैं टुकड़ों/के बीच से फिसल जाना चाहती हूँ/ टुकड़े में कैद न होने के लिए सौंप/देती हूँ उस लुप्त ओझल बावजूद को/...' यह एक आप बीती और जगबीती जैसी कथा है। उम्मीदों पर बमबारी की अन्तः कथा, जो एक त्रासद प्रसंग है। चींटियों में रेंगता लोच है जो जिन्दा है और चींटियाँ उसे खा रही हैं या बचा रही हैं। राष्ट्रवाद के बाद आधुनिकता, उत्तर-आधुनिकता – यह वह दौर है जब बहुलता की खोज पुरानी पड़ चुकी है। समय को पता नहीं कि वह नामहीन किस नाम से जाना जाएगा। जो 'लोथ' है वह कुछ भी हो सकता था – दार्शनिक या गिटारवादक, सागर फलाँगता तैराक। यहीं कहानी स्मृति का रूपान्तरण है। विपर्यय या विरोधाभास गीतांजलि की कल्पना की ताकत है – 'कैफे के पंखे यों नरम पिघले ज्यों नृत्यांगना की मुद्राएँ।' यह सुन्दर-असुन्दर का द्वन्द्व कथा को कोलाज में बदलता है और री-मिक्स बनाता है। उन्नीस की शिनाख्त होनी है। गीतांजलिश्री भाषा के स्थूल व्याकरण को ध्वस्त करती हैं। 'तिरोहित' में यह कला चरम पर थी। यहाँ भाषा सरल निरावरण है। नंगे सच का नंगा बयान।

'खाली जगह' में माँ ही जानती है कि कौन-सा बदन किस कमीज पर सिया था – बाप नहीं, पर दस्तखत तो बाप के ही होंगे, माँ के नहीं। यह तंत्र है जो स्त्री-पुरुष भेद का नियामक है। 'जीवन गाथा है तो हर छवि एक साइन है, हर कण एक इशारा।' अब कैफे संवेदनशील एरिया बन चुका है। शहर में अनाम दंगाई भरे पड़े हैं। क्या इसका तार गुजरात-हादसे से जुड़ता है? मॉनीटर पर चित्र बन रहे हैं। पत्रकार, मीडिया, सुरक्षाकर्मी सब ओर नजर टिकाए हुए हैं। बमकांड एक बड़ी खबर है। आतंकवाद एक नहीं है। तीन बरस वाला और अठारह बरस वाला अब शिनाख्त के दायरे में हैं। अब बेटा डब्बा है जो स्क्रीन पर है, खबरों में है, सभा का नायक है। लोक से परलोक तक। थ्री डाइमेंशन स्क्रीन पर सब दिखता है। जीवन पकड़ में नहीं आता। जीवन-मृत्यु के अन्तर्गुम्फन में जीवन अपरिभाषेय है। स्मृति में बर्थडे का प्रसंग अतीत-वर्तमान-भविष्य को एक करने वाला है। अन्तिम बर्थडे। 'यह और मैं गड्ड-मड्ड हैं ही कि क्या उसे करना था, क्या मुझे करना है, पर और भी यहाँ जो आये वह गड्ड-मड्ड उलझ जाए।' माँ बच्चे के विगत को जीती है, मृत्यु को भूल कर उसे जीवित कर के देखना चाहती है, उसकी अक्षय जिजीविषा को। 'मैं नहीं के बारे में हूँ। मैं नहीं हूँ। चारों ओर का सन्नाटा या शोरगुल मेरी पकड़ के बारे में।'

गीतांजलि श्री अंडरटोन का शिल्प अपनाती हैं। बच्चा तो मोमबत्ती है, कैसे बुझने दे उसे। सुरंग के छोर पर रोशनी है। अँधेरा निजी होकर भी सार्वजनिक हो जाता है। भूमंडलीकरण के दौर का बाजारवाद चमकीला है। चीजों की अतिशयता

लुभाती है। माँ कोटरों में डूबी है, बाप अन्तरिक्ष में। अतीत में बारूद भरा है। 'खाली जगह' एक कूटपद है जो अनेकार्थी है। कथाविहीन कथा में एक स्मृति का धागा है। गीतांजलि श्री के शब्द हैं : 'क्या इसीलिए छूट जाती है खाली जगह? उसमें रह जाने वाला क्या लेता है जरा-सी मटिया-मसान दुनिया में? हवा जो उस खाली जगह से उठती है, छिपाए होती है कोई सपना...कोई चीज...कोई जुगनू? कोई नाम कि पता चले कौन है...कौन है...क्यों...क्या है?' यह प्रश्नात्मकता विस्मय की पटकथा का जरूरी हिस्सा है। याद आते हैं ग़ालिब : 'सब्जा-ओ-गुल कहाँ से आये हैं/अब्र क्या चीज है हवा क्या है'? कहाँ, क्यों, कैसे – यह रंग खाली जगह की भाषाई पहचान है। सिलसिला गायब है ओर-छोरविहीन इस कथा में कहीं भी कथा नहीं है। 'तिरोहित' पर लिखते हुए मैंने 'तिरोहित' को कथा के विरुद्ध कथाविनोद कहा था। इस त्रासद तारतम्यरहित कथा में भी यह ढंग देखा जा सकता है।

गीतांजलि श्री एक ऐसी कालकथा कहती है जिसमें बच्चे बड़े होते हैं – 'जो जी रहे हैं वह भी, जो मर गये हैं वह भी।' गीतांजलि श्री माँ-बाप के रिश्तों में सेक्सुएलिटी या यौनिकता का एक प्रसंग लाती हैं। उनके शब्द हैं – 'कुछ नहीं जुड़ रहा, कोई सिहरन नहीं उठती, हाथ देर तक एक-तन पर फिसलते रहे जैसे मरने के उपक्रम में व्यस्त, बूँद-बूँद, कण-कण, डोर-डोर मरते गये, मरता गया उस निर्जीव पड़ते तन पर गुम-सुन्न। कुछ नहीं बचा।' मृत्यु कथा में जीवन अनुपस्थित नहीं है। क्या यह गुमशुदा लोगों की कहानी है? बम ने छितराया पर कहीं कुछ बचा रह गया। मृत्यु निर्गुनियों के यहाँ जीवन है। लेखिका एक दूसरे शिल्प में कई तरह का विमर्श बनाती है। 'जिस तरह दुःख बनाता है उसी तरह विध्वंस भी। बम भी। कि जो हो गया एक बार तो होना ही है उसे बार-बार। उससे कम मेरी खाल पर क्या अहसास होगा।' गीतांजलि श्री का भरोसा चुप्पियों पर है – क्योंकि 'चुप सँजोता है बोलना छितराता है।' या 'चुप का अतल होता है जहाँ चुप है, ऊर्जा है, खदबदाता लावा है।'

उपन्यास में उपस्थित और अनुपस्थित का खेल एक पहलू है। दूसरा है हिंसक दौर में जीवन मृत्यु की क्षुद्रता या टुच्चापन। मृत्यु की अवधारणा भारतीय अवधारणा नहीं है। तुकाराम, नानक, कबीर, दादू और सभी निर्गुनपंथी मृत्यु को भी जीवनोत्सव मानते रहे हैं। 'हम न मरें, मरिहै संसारा' – यह था कबीर का ठाठ। गीतांजलि श्री आगे जैसे माँ-बेटे संवाद में प्रेम का अनोखा कौतुक रचती हैं। बाप के रास्ते से निकल कर माँ के पास जाके बेटा कहता है : 'सच कहता हूँ। तुम न आती तो मैं तुम्हें गढ़ लेता। भरी भीड़ में, भरे सन्नाटे में आँखें बन्द करता और जान लेता तुम्हें, जहाँ तुम/और निकल पड़ती मेरी आवाज कि जाए लहराती हुई तुम्हें अपने आगोश

में लेने।' शीर्षक 'खाली जगह' की व्यंजकता पर ध्यान दें। संकेतार्थ यह कि खाली जगह भरी जाने के लिए खाली होती है। मृत्यु जीवन में, जीवन मृत्यु में रूपान्तरित होता है। अन्त में आरम्भ, आरम्भ में अन्त। गीतांजलि श्री के शब्द हैं : 'यह घर? या वही खाली जगह उठ आयी है यहाँ जिसका कौतुक अभी भी अखबारों को है : सदी के बम से जो खाली जगह छूट जाती है कि भर सको तो भरो, कोई उड़े, कोई समाए, दोनों घुलमिल जाएँ।' यह बात जैनेन्द्र कहते तो दार्शनिकता बोझ होती, यहाँ कौतुक है। यह ढंग किसी कथा लेखिका ने भी नहीं अपनाया है। भाषा की पारदर्शिता एक विलक्षण युक्ति है। शोकधुन, फिर भी बतकही। माँ बेटे को जाने नहीं देगी। पिता डिलीरियम में हैं। होठ-नाखून नीले पड़ गये हैं। ऑक्सीजन की कमी है। यह जैसे मृत्यु का पूर्वाभास है। आईने की लड़की बेटे का दिवास्वप्न है। यथार्थ अयथार्थ की आवाजाही में यह उपन्यास पहले पाठ में खुल नहीं पाता। यह एक असमाप्त कथा है – कथा में एक और कथा। इसे ही मिलान कुंदेरा ने छायात्मक खेल कहा है। उपन्यास सब मिलाकर छायात्मक खेल न हो तो वह सरल एकरेखीय इतिवृत्त होने के लिए अभिशप्त है। हिंसा का नायकत्व अधूरी सचाई है। अन्ततः जीवन ही नायक है। जरूरी नहीं कि इतिहास और समाजशास्त्र ही जीवन को समझने की कसौटियाँ बनाएँ। गीतांजलि श्री अस्पष्टता के लिए भी खाली जगह छोड़ती चलती हैं।

विद्यापति का कवि-कर्म

विद्यापति आदिकालीन हिन्दी कविता के प्रमुख या केन्द्रीय महत्त्व वाले कवि नहीं हैं। वहाँ केन्द्र या उपकेन्द्र में वीरगाथाएँ हैं या सिद्धों, नाथपंथियों की धार्मिक रचनाएँ। विद्यापति अमीर खुसरो की तरह हाशिए पर हैं, पर अपनी काव्य-संवेदना या कवि-स्वभाव के चलते विलक्षण और एक अर्थ में अद्वितीय। जहाँ तक विश्वविद्यालयों के हिन्दी पाठ्यक्रम का सवाल है, विद्यापति को सब कहीं एक जैसी स्वीकृति नहीं मिली है। शायद विद्यापति की काव्यभाषा की मैथिल संरचना कई क्षेत्रों में सम्प्रेषण की कठिनाई पैदा करती है। जिन विश्वविद्यालयों ने प्राचीन कविता के एक पर्चे में विद्यापति को थोड़ी-सी जगह दे दी है, वहाँ भी विद्यापति सुनिश्चित रूप में भक्ति शृंगार के ऊहापोह में पड़े कवि हैं और उनका शृंगार वर्णन श्लील-अश्लील का नैतिक द्वन्द्व उपस्थित करके व्याख्याता या आस्वादक को भारी असमंजस में डालता है। यह ग्रन्थि अध्यापकों की अपनी कुंठा की भी देन है जिन्हें कविता को कविता की तरह पढ़ने का अभ्यास नहीं है। उनका सारा कौशल व्याख्या को सच्चे आस्वाद से परे नितान्त शब्दार्थ-सीमित रखने में खर्च हो जाता है। भक्ति की व्याख्या में तो शैव शाक्त वैष्णव की कोटियाँ (Categories) हैं इसलिए आसानी है पर ऐसे पदों की व्याख्या का कोई अन्तरानुशासन नहीं है :

वसन हरइते लाज दुर गेल
पिआ क कलेवर अम्बर मेल

शायद अभी भी विद्यापति की कविता को कविता की तरह पढ़ने की पद्धति बनने की प्रक्रिया में है और अधिक सम्भावना यह है कि नयी काव्याभिरुचि वाले नये कवि-पाठक ही विद्यापति की कविता के पाठ को सर्जनात्मक आस्वाद का विषय बना सकें। पर इस दिशा में भी विशेष उत्साह दिखाई नहीं देता।

विद्यापति मुख्य रूप से सौन्दर्य के कवि हैं। इस सौन्दर्य की असीमित भंगिमाएँ हैं। सौन्दर्य की यह नयी पहचान या नयी संवेदना ही उनकी कविता के

लालित्यपूर्ण विन्यास या संरचना में सक्रिय है। यह सौन्दर्य बस अपूर्व है। अकल्पनीय। 'अपरूप'। एक तरह से अनूठा। जो कहने में नहीं आता। इसे जीवनपर्यन्त देखते रहें तो भी अतृप्ति बनी रहती है :

जनम अवधि हम रूप निहारेल
कबहुँ न तिरपित भेल

बिहारी तक की कल्पना में यह अवर्णनीय रहा होगा। शायद। जो रीति-रूढ़ि में सिद्ध या दक्ष कवि माने जाते हैं। 'लिखनि बैठि जाकी सबी गहि गहि गरब गरूर। भये न केते जगत के चतुर चितेरे कूर।' अर्थात् जो क्रूर हैं, दम्भी हैं वे तो इस अद्वितीय सौन्दर्य को लिख भी न पाएँगे – क्योंकि जब तक लिखना चाहेंगे, रूप तो कुछ और हो जाएगा। वही नहीं रह जाएगा। विद्यापति के यहाँ यह कल्पना है कि पृथ्वी तल का समस्त लावण्य-सार यहाँ एकत्र है – संचित है :

देखि देखि राधा रूप अपार
अपरूप के विधि आनि मेलाओल
खिति तल लावनि सार

यह अपरूप बार-बार आता है। विद्यापति की कविता का सारतत्व (Essence) यही है। यही बहुअर्थमय बीज-अभिप्राय है। यह सौन्दर्य है ही ऐसा, जिसे हम हर बार नयी घटना की तरह देख रहे हों :

ससन परस खसु अम्बर रे
देखल धनि देह
नव जलधर तर संचर रे
जनि बीजुरि रेह
आज पेखल धनि जाइल रे
मोहिं उपजल रंग
कनकलता जनु संचर रे
महि निर अवलम्ब

इस सौन्दर्य को देखकर मन में जो रंग पैदा हुआ, जैसी प्रतीति हुई, उसे कहना कठिन है। बस एक असम्भव-सी कल्पना की जा सकती है। एक सोने की-सी लता पृथ्वी पर बग़ैर किसी सहारे के चली जा रही है। याद करें, आगे के समय में 'श्रद्धा' का रूपवर्णन – जो प्रसाद की कल्पना में नहीं अँट पाता। 'कुसुम कानन अंचल में मंद/पवन प्रेरित सौरभ साकार/रचित परमाणु पराग शरीर/खड़ा हो ले/मधु का

आधार।' – प्रसाद की कल्पना में श्रद्धा का रूप ऐसा ही है कि प्राप्त अप्रस्तुतों से कहा नहीं जा सकता। इस कल्पना की कोई पूर्व स्मृति तो हो ही नहीं सकती। केवल अनुमान कर सकते हैं कि यह रूप ऐसा – जैसे पराग परमाणुओं से ही देह यष्टि की रचना हुई हो और वह भी बस इस तरह, कि वसन्त की पूर्णिमा की चाँदनी के सहारे टिकी हुई हो।' 'और उस पर पड़ती हो शुभ्र/नवल मधुराका का मन की साथ।' यहाँ एक कौतुक पूर्ण काव्यानुशासन भर सम्भव है।

विद्यापति की अनोखी सृष्टि हैं राधा। चण्डीदास, जयदेव, सूर की राधा से भिन्न। जयदेव की राधा अर्थात् परकीया प्रगल्भा। चण्डीदास की परकीया, पर शान्त। विद्यापति की परकीया बालिका। किशोरी। जिनकी शोभाप्रधान भंगिमाओं को अल्प विकसित अंगों में क्रमशः खुलते हुए देख रहे हों। वयःसंधि की अवस्था का बयान करने वाले भी प्रायः रूढ़ियों का ही सहारा लेते हैं। यहाँ कम शब्दों में अधिक कहने की कोशिश है – सादगी में ही।

सैसव जोवन दुहुँ मिलि गेल
श्रवन क पथ दुहुँ लोचन लेल
वचन क चातुरी लहु लहु हास
धरनी ए चाँद करत प्रकास

यह जो ज़रा ज़रा-सी हँसी है प्रकट अप्रकट – इसका वर्णन कैसे सम्भव हो। यह न कहने वाली हँसी नहीं है। कहती है और छिप जाती है। प्रकट होती है और छिप जाती है। थिरता में भी चंचल। यह रूप विधान प्रकृत है, सहज है और लीला प्रधान कल्पना में मूर्त भी है। देखें कि जायसी के एक अत्यन्त सराहे सौन्दर्य-चित्र के पीछे किस तरह विद्यापति की छाया है, स्मृति है।

जाहाँ जाहाँ पग जुग धरइ
ताहीं ताहीं सरोहर भरइ
जाहाँ जाहाँ बिजुरी तरंग

जायसी की पंक्तियाँ हैं :

नयन जो देखा कँवल भा
निरमल नीर सरीर
हँसत जो देखा हँस भा
दसन जोति नग हीर

फिर याद आती है प्रसाद की सौन्दर्य कल्पना :

'खिला हो ज्यों बिजली का फूल
मेघ वन बीच गुलाबी रंग'।

विद्यापति के सौन्दर्य का सम्मोहन किन कारणों से देर तक टिका रहता है। स्मृति में, और मन में। देह की कमनीयता, देह की कांति या शोभा, देह की लपट का बयान करते हुए विद्यापति को विचारधारा या दर्शन की ओट नहीं चाहिए। यह काम पीड़ा का हेतु हो, तो हो। वह भी सौन्दर्य विधायक कल्पना का ही हिस्सा है :

आध आँचर खसि, आध बदन हँसि आध हि नयन तरंग
आध उरज हेरि आध आँचर भरि, तन धारि दगधे अनंग।

एक समय संथाल गीतों के छायानुवाद के लिए प्रसिद्ध कवि ठाकुर प्रसाद सिंह की एक काव्य पंक्ति का उत्तरांश है – आधे आँचल पै पिउ सो रहा।

रवीन्द्रनाथ ने विद्यापति को सुख का कवि कहा है। कह सकते हैं कि विद्यापति के सुख में ही नये ढंग का दुख शामिल है। दुख-दाह। जो फिर अतृप्ति का ही व्यंजक है। 'हृदय क भेदन बान समान/आनक दुख आनि नहिं जान।' इस सुख का दुख कोई-कोई ही जानता है। जैसा विलक्षण 'अपरूप' अर्थात् सौन्दर्य है, वैसी ही प्रेमानुभूति। प्रेम अविच्छिन्न – जो टूटकर भी नहीं टूटता। 'सुजन क प्रेम हेम सम तूल/टुटइत नहिं टुट प्रेम अद्‌भूत।/जइसन बढ़ए मृनाल के सूत।' यह प्रेम संयोग-मिलन की स्थितियों में प्रगाढ़तर होता है। वियोग में दाहक। यह अग्निकीट की तरह भीतर-भीतर दोनों ओर से जलने के समान है। इस अवस्था में राधा को दोनों होना है – राधा भी और कृष्ण भी। तन्मयता उन्माद दोनों राग की चरमता के व्यंजक हैं।

अनुखन माधव माधव सुमिरइत सुन्दरि मेल मधाई
अनुखन राधा-राधा रटइत आधा आधा बानि
राधा सयँ जब पुनतहिं माधव माधव सयँ जब राधा
दारून प्रेम तबहिं नहिं टूटत बाढ़त बिरह कै बाधा

दुहु दिसि दारू-दहन जैसे दग्धइ आकुल कीट परान
ऐसन वल्लभ हेरि सुधा मुखि कवि विद्यापति मान

याद आती है देव की पंक्ति। 'राधिका कान्ह को ध्यान धरै/तब कान्ह राधिका के गुन गावै।' परिणाम वहाँ भी यही – कि 'आपु ही आपुन मैं उरझै सुरझै बिहझै समुझै समुझावै।' आप जाना उधर और आप ही हैराँ होना – यह नियति या फ़िक्र ग़ालिब की भी है।

विद्यापति विचारधारा की दृष्टि से एक नहीं हैं। अध्येता उन्हें शैव, शाक्त, वैष्णव सभी रूपों में पढ़ते आये हैं। उनकी कविता की शब्दावली इसके लिए छूट देती है। पर सब आहटों के बीच वे मुख्यतः सौन्दर्यजीवी हैं। कृष्णप्रिया राधा को भी कृष्ण का मोहक रूप देखे बगैर चैन कहाँ –

'दाहन बसंत जत दुख देल/हरिमुख हेरइते सब दुख गेल/
रभस आलिंगने पुलकि भेल/अधरक पाने बिरह दुर गेल।'

उधर प्रकृति में भी हर क्षण कुछ नया घटित होता रहता है जो सुख-दुख दोनों स्थितियों में अनुभव के चिरन्तन नयेपन का हेतु है –

नव वृन्दावन नव नव तरुगन
नव नव विकसित फूल
नवल वसन्त नवल मलयानिल
मातल नव अतिकूल
बिहरइ नवल किसोर

कुमार स्वामी आनन्द निकुंज में कृष्ण राधा सरीखे प्रियजनों की उपस्थिति को शाश्वत लीला बताते हैं। प्रेम की यह झंकृति उनके लिए अदृश्य सत्ता की झंकृति थी। इसी पर रामचन्द्र शुक्ल कहते हैं कि इन दिनों आध्यात्मिकता के चश्मे बहुत सस्ते हो गये हैं। मर्यादावादी शुक्ल जी को भी जैसे अध्यात्म पर अतिरिक्त बल खटक रहा हो। राधा कृष्ण की एक दूसरे के लिए पल भर की प्रतीक्षा भी अनन्तकालिक हो सकती है पर इसका तर्क अध्यात्म ही हो, यह जरूरी नहीं। प्रतीक्षा तो है यह अनन्तकालिक ही!

एखन तखन करि दिवस गमाओल दिवस दिवस करि मासा
मास मास हरि बरस गमाओल छोड़लूँ जीवन आसा
बरस-बरस करि समय गमाओल
खेयलूँ कानुक आसोर

विद्यापति की काव्यभाषा में अलंकृति से कहीं अधिक महत्त्वपूर्ण है भाषा का संगीत। एक-एक शब्द की अलग-अलग ध्वनि या गूँज। 'कानु क आसे' में 'कानुक' 'कानु' की व्यंजना अलग, अपूर्व है। प्रेम के अतिरेक में सम्बोधन की भंगिमा बदल जाती है। लोक ध्वनि में भाषा अपना कुछ और ही स्वरूप पहचानती है।

के पतिया लय जायत रे
मेरा प्रियतम पास

एक प्रयोग में 'सुरेखलि' की ध्वनि पर ध्यान दें। सुभद्र झा का पाठ कुछ और है – 'सहजहिं आनन सुंदर रे भौंह निवित आँखि।' निवित के लिए अर्थ सुझाया गया है निमीलित। अन्य संस्करणों में पाठ यह है –

सहजहिं आनन सुंदर रे
भौंह सुरेखलि आँख

आँखें – जो भौंहों से सुरेखित हैं। आचार्य हजारी प्रसाद द्विवेदी के शब्द हैं – कवि की लेखनी चित्रकार की उस तूलिका के समान नहीं है जो छाया और आलोक के सामंजस्य से चित्रों को ग्राह्य बनाता है, बल्कि उस शिल्पी की टाँकी के समान है जो मूर्तियों को भित्तिगात्र में उभार देता है। हम उत्कीर्ण मूर्ति की ऊँचाई-नीचाई का पूरा-पूरा अनुभव करते हैं।

विद्यापति की काव्यभाषा में आलंकारिक रूढ़ियों का निर्वाह पारम्परिक ढर्रे पर कम नहीं है। व्यतिरेक विभावना अपह्नुति के अनेक प्रयोग रूढ़ि निर्भर हैं। पर वहीं यह सादगी भी है जो लोकसंवेदना के स्पर्श से ही सम्भव है :

मोरा अँगनवा चनन केरि गछिया/ताहि चढ़ कुररय काग रे
सोने चोंच बाँधि देव तोहें बायस/जाओ पिया आवत आज रे।

चित्र उत्कण्ठिता का और सादगी में अलग। यही सादगी है जिसने विद्यापति को लोक-कवि सी प्रतिष्ठा दी।

पूरे मिथिलांचल अर्थात् लोक में प्रचलित है – 'बिदापत नाच' जिस पर 'मैला आँचल' के लेखक फणीश्वरनाथ रेणु की टिप्पणी है कि विद्यापति शिष्ट संवेदना के विदग्ध पाठकों के बीच ही नहीं हैं – धाँगड़ दुसाध जैसी पिछड़ी जातियों के अपने प्रिय स्थानीय कवि भी हैं। विद्यापति का पाठ उतना ही नहीं है जितना संग्रहों में है। लोक अपने प्रिय कवि को स्वयं भी रचता रहा है। यह अपने आप में महत्त्वपूर्ण है। 'बिदापत नाच' वाले प्रयोग-पाठ में कवि की विनोदवृत्ति का भी पता चलता है। याद करें वह प्रसंग जब ग्रामीण स्त्री गोद में बालक-पति को लेकर बाज़ार जा रही है – क्योंकि जब तक बालक-पति को पालपोस कर बड़ा न कर ले हाट बाज़ार तो उसे ही करना है। रास्ते में लोग पूछते हैं कि यह गोद का बालक कौन है। (याद करें राम-लक्ष्मण-सीता के वनगमन प्रसंग में सीधी सरल स्त्रियों का सीता से विदग्ध परिहास – कहो साँवरे से सखि रावरे को है!) – आखिर सीता भी यही युक्ति अपनाती हैं – उनका उत्तर है, कि यह जो गोरे हैं लक्ष्मण हैं और मेरे देवर हैं! सवाल कुछ, जवाब कुछ। पर सरल स्त्रियों का समाधान हो जाता है। विद्यापति के यहाँ ग्रामीण युवती कहती है कि यह न मेरा छोटा भाई है न देवर है। अब अनुमान ही

किया जा सकता है कि यह बालक कौन है। अनमेल विवाह की त्रासदी को कहने का ढंग खिलंदड़ापन लिये हुए। जरूरी नहीं कि लोक में विद्यापति के नाम से जो चल पड़ा है सब विद्यापति का ही हो। जैसे कबीर का अपना पाठ कितना है और शिष्यों अनुयायियों ने कितना मिला दिया है, कहना कठिन है। यहाँ विचारणीय है — वह सम्मोहन जो विद्यापति की कविता ने लोक में पैदा किया है। जिन्होंने मिथिला के लोक संगीत में विद्यापति का लयात्मक पाठ सुना है, वे ही इस जादू को समझ सकेंगे।

सुभद्र झा और अन्य संग्रहकर्ताओं के विद्यापति के पाठ में काफी भिन्नता दिखाई देती है। उच्चारण-ध्वनि सब पाठों में एक-सी नहीं है। यह विद्यापति की कविता के प्रसार क्षेत्र की व्यापकता के कारण। बांग्ला पाठ, मैथिल पाठ, नेपाली पाठ तथा ऐसे ही अन्य भाषायी पाठ एक तरह की सतर्कता की माँग करते हैं। कुमारस्वामी ने बंगीय पदावली को ही अपने विश्लेषण का विषय बनाया है। पर यह सन्देह से परे है कि विद्यापति अपने गीतात्मक विन्यास में बेजोड़ कवि हैं। निराला ने इस 'वर्णपाठसुख' को बहुत महत्त्व दिया है। कुमारस्वामी ने विद्यापति को भाषा व्यवहार के क्षेत्र में आविष्कारक कहा है। उच्चतर अनुभूतियों के लिए ठेठ देसी बोली का रंग, उसकी ध्वनि विद्यापति कहीं नहीं छोड़ते। कुमार स्वामी ने इस अर्थ में विद्यापति को दांते की प्रकृति का कवि कहा है। वे उनकी कविता के पाठ की भंगिमाओं में पहाड़ी चित्रकला का सर्वोत्तम रूप देखते हैं। उनकी व्याख्या पहाड़ी शैली के अनेक चित्रों के साक्ष्य से विद्यापति के सौन्दर्य मर्म तक जाने की कोशिश है।

विद्यापति के कवि-कर्म में निहित उनका कला विवेक चकित करने वाला है। उसे रूढ़ि का निर्वाह-भर मान लेने से शायद उनके मूल्यांकन के प्रति ठीक-ठीक न्याय नहीं हो पाया है। विद्यापति की कविता का यह मर्म जितना प्रकट है उतना ही गोपन है। उनके यहाँ प्रेम के बारे में यह जितना सच है, उतना ही कविता के बारे में। प्रेम लीला के अधिक मुक्त वर्णन में भी गोपन अभिप्राय कम नहीं है। कई बार उनकी भाषा में प्राप्त ध्वनियाँ, व्यंजनाएँ, सम्बोधन गूढ़ या मूक संवाद इन अभिप्रायों के अर्थोद्घाटन में सहायक है। ऐसी कविता की पहली और शायद अन्तिम माँग यही है कि उसे सबसे पहले कविता की तरह पढ़ा जाय। यही उसकी सर्वोत्तम आलोचना है।

भाषा का यथार्थ या यथार्थ की भाषा : 'आत्महत्या के विरुद्ध'

"क्योंकि आज भाषा ही मेरी एक मुश्किल नहीं रही
एक मेरी मुश्किल है जनता
जिससे मुझे नफरत है सच्ची और निस्संग
जिस पर कि मेरा क्रोध बार-बार न्योछावर होता है... ।"

(स्वाधीन व्यक्ति)

रघुवीर सहाय के यह कहने के बावजूद 'आत्महत्या के विरुद्ध' संग्रह की कविताओं पर सबसे अधिक विचार भाषा के ही पहलू को ध्यान में रखकर किया जा रहा है – यह अकारण नहीं है। कविता की प्रचलित भाषा से अलग यहाँ कहीं अधिक खुली हुई भाषा है जो आज की दुनिया के तमाम सम्बन्धों और असलियतों को, रोजमर्रा के घुलते-मिलते या टकराते जीवन-प्रसंगों को, ऊँची और टुच्ची आकांक्षाओं को, सृजनात्मक शक्तियों और अवरोधों को हमारे इतने नज़दीक लाती है कि इनमें शरीक हो कर भी इनसे परिचित होना या उन्हें पहचानना अक्सर हमें विडम्बना या चमत्कार की तरह जान पड़ता है। इस सिलसिले में भाषा के स्वभाव को लेकर कई सवाल पैदा होते हैं। हम जो सोचते हैं या कहना चाहते हैं – उसमें और भाषा में जरूर ही कुछ न कुछ फ़ासला रह जाता है। दिक्कतें कई हो सकती हैं – एक तो आज की जिन्दगी की धारा इतनी तेज़ हो कि हम उसके समानान्तर निपट आज की भाषा को पाने में असमर्थ रह जाएँ – या हममें अभ्यास या प्रतिभा की कमी हो या वातावरण की ही गड़बड़ी से, जो स्वाभाविक भाषा करोड़ों लोग मिल कर बनाते हैं, वही न बन पा रही हो, सत्ता या स्वार्थ या और ऐसी चीजें आड़े आ रही हों।

पिछले दिनों यहाँ हुई एक बैठक में कविता की भाषा पर विचार करते हुए युवा कवि कमलेश ने उपर्युक्त दिक्कतों पर अन्य लेखकों के विचार आमंत्रित किए थे। मेरे अलावा श्री अमृतलाल नागर और श्री कृष्णनारायण कक्कड़ ने इस चर्चा को आगे

बढ़ाने की कोशिश की और बात घूम-फिर कर 'आत्महत्या के विरुद्ध' संग्रह की कविताओं की भाषा पर आ गयी। कमलेश का कहना था कि रघुवीर सहाय की भाषा ज्यादा गढ़ी हुई, प्रयत्नपूर्वक गढ़ी हुई है और वह असली जिन्दगी की धारा और भाषा की धारा का एक-दूसरे के समीप या समानान्तर लाने की कोशिश का परिणाम है। यहाँ 'गढ़ी हुई भाषा' या 'प्रयत्नपूर्वक गढ़ी हुई भाषा' – भाषा के निर्माण या उपयोग के इस पहलू पर ध्यान देना जरूरी है। देखना यह भी है कि इस प्रयत्न के पीछे कितनी गम्भीरता है और कितना कौतुक या खेल, या दोनों ही है क्योंकि, जैसा कृष्णनारायण कक्कड़ ने कहा, रघुवीर सहाय में शब्दों से खेलने की एक खास रुचि भी है – कक्कड़ के अनुसार यह खास 'रीतिकालीन' रुचि है – जबकि मैं इसे खास 'समकालीन' रुचि ही कहना चाहूँगा। कहीं ऐसा तो नहीं है कि जिसे हम कौतुक या खेल समझ रहे हों, उसकी अधिक गम्भीर और वास्तविक परिणति भी उसी जमीन पर दिख रही हो। आखिर भाषा को 'कोरे वादों-वायदों से भ्रष्ट' देख कर ही तो रघुवीर सहाय कहते हैं :

> न सही यह कविता
> यह मेरे हाथ की छटपटाहट सही
> यह कि मैं घोर उजाले में खोजता हूँ
> आग...

इस आग की तलाश में ही वे उस कविता से वास्ता छोड़ देते हैं जो साँचे में ढली भाषा की लीक पर ही चल सकती है। नयी भाषा के निर्माण की प्रक्रिया में ही वे उस सीधे 'वाक्य-विन्यास' को पकड़ना चाहते हैं, जिसका स्वभाव गद्य का ही नहीं, गद्य में भी वक्तव्य का है। और इस दिशा में रघुवीर सहाय की सफलता सिर्फ़ इसलिए नहीं है कि वे धड़कती हुई दुनिया जैसे संसद या समाचार-पत्र की चतुर युक्तियों से परिचित हैं, बल्कि इसलिए है कि इस दुनिया के प्रायः सभी सजीव सम्बन्धों और असलियतों से वे सीधे जुड़े हुए हैं। नेमिचन्द्र जैन के शब्दों में कहा जाय कि 'रोजमर्रा की दुनिया से रघुवीर सहाय का लगाव या उलझाव सच्चा और गहरा है' और इसीलिए वे 'उस पहचानी हुई दुनिया के जीवन्त प्रासंगिक और मूल्यवान अनुभव को लेकर अपने नये संसार' की रचना कर सके हैं।

रघुवीर सहाय ने 'दूसरी दुनिया' का सवाल भी अपने वक्तव्य में उठाया है 'जिसमें हमें पहले से ज्यादा रहना पड़ रहा है, लेकिन जिससे हम न लगाव साथ पा रहे हैं न अलगाव'। पर उन्हीं की भाषा का प्रयोग किया जाय तो कहना होगा कि उनका लगाव 'सतही दिलचस्पी' से भिन्न प्रकृति का है और अलगाव 'नकली

उदासीनता' से भिन्न प्रकार का है।

और यह दूसरी दुनिया, जिससे उलझना या टकराना रघुवीर सहाय जरूरी समझते हैं, आज की राजनीति और भारतीय लोकतंत्र ही नहीं, इनमें झलकने वाली एक समूची दुनिया है जिसमें असंगतियाँ ही असंगतियाँ हैं, विडम्बनाएँ ही विडम्बनाएँ हैं। भारतीय लोकतंत्र तो दर्पण है, जिस पर 'बेहिसाब असंगतियों' की एक 'धड़कती हुई सत्ता' हावी है, जिसके कारण रघुवीर सहाय को लगता है कि 'लोकतंत्र ने हमें इनसान की शानदार जिन्दगी और कुत्ते की मौत के बीच चाँप लिया है।' यों वे स्वतंत्र हैं और चाहें तो दूसरे बहुत से कवियों की तरह 'व्यक्ति-स्वातन्त्र्य की अभी तक बची हुई सुविधा का फायदा उठाकर अपने लिए बचे रहने की निजी, बिल्कुल अहस्तान्तरणीय रियायत' ले लें पर वे दूसरा, मुश्किल और सही रास्ता ही चुनते हैं, और कवि की अपनी और अलग, अछूती और असंपृक्त काल्पनिक 'अद्वितीयता' की खास रूढ़ि को तोड़ देते हैं :

"सबसे मुश्किल और एक ही सही रास्ता है कि मैं सब सेनाओं से लड़ूँ – किसी में ढाल सहित, किसी में निष्कवच होकर – मगर अपने को अन्त में मरने सिर्फ अपने मोर्चे पर दूँ – अपनी भाषा के, शिल्प के और उस दो तरफ़ जिम्मेदारी के मोर्चे पर जिसे साहित्य कहते हैं।"

(वक्तव्य)

जाहिर है कि रघुवीर सहाय का अपना मोर्चा भाषा, शिल्प और साहित्य है, पर उनका उलझाव तो समूचे जटिल सामाजिक ढाँचे से है, जिसे बदलने के लिए राजनीतिक अधिकार जैसे साधन से भी लड़ने की अनिवार्यता वे महसूस करते हैं और उसे या वैसे ही दूसरी जिम्मेदारियों को वे राजनीतिज्ञ पर ही नहीं छोड़ देना चाहते हैं। राजनीति यदि 'दूसरी दुनिया' है तो राजनीति का विरोध भी 'दूसरी दुनिया' है। उन्हीं के शब्दों में कहा जाय, उनका राजनीति की ओर एक संकटकालीन रवैया है – "वह बहुत जरूरी है या 'फ़िज़ूल' है दोनों फ़तवे संकट से भागने के बहाने हैं – वह बहुत जरूरी है, पर मैं भी अपने लिए बहुत जरूरी हूँ – अपनी उस कला-परम्परा के लिए जिसमें मैं अपनी एक मूर्ति बनाता और एक ढहाता हूँ और आप कहते हैं कि कविता की है।"

(वक्तव्य)

आज की कठोर सच्चाइयों से अपने सीधे लगाव या उलझाव के कारण ही 'आत्महत्या के विरूद्ध' संग्रह की कविताएँ हमें हमारी ही दुनिया के और नजदीक लाती है – जिसमें भोला भाई मंत्री, खुशनसीब, खुशीराम, नैकनाम नेहरू, दिग्विजयनारायण

सिंह, मुसद्दीलाल, तिवारी, शर्मा, घिघियाते उपकुलपति, कुंकुआते राजकवि, सहमत सम्राज्ञी, पिटा दलपति, फुदकते सम्पादक, महँगी मचलती महिलाएँ, क्रान्तिवार्ता करते बुद्धिजीवी, अपराधी-से आते और बख़्शे जाते हुए राज्यपाल, मुख्य मंत्री, विधायक, गुर्राते बाजे, कुलबुलाते मसौदे, महापौर के भौचक चेहरे, अधेड़ सर खोले अभिनेत्री, देश को खाते हुए दल, ब्राह्मन, ठाकुर, फर्श धोता कथाकार – और ऐसे ही जाने कितने लोग, संस्थाएँ, प्रवृत्तियाँ, संघ – आवरणहीन नंगी सच्चाइयों की तरह आते-जाते रहते हैं और दूसरी ओर सच्चाइयों का एक दूसरा ही परिप्रेक्ष्य उभरता है, जिसमें कहीं अन्धा बाप है तो कहीं हाँफता हुआ बच्चा, कहीं भीख माँगता बुड्ढा है, तो वह लड़की भी है जिसकी बाढ़ मारी गयी है, कहीं कुतरी खुशियाँ हैं, तो भूले हुए डर भी हैं, निराश बाँहें हैं या उदास कन्धे हैं, पीली कन्याएँ या सीली चाचियाँ हैं, तो सुथन्ना सँभालती जनता भी है – और उसके बाद आज भी भयावह अमानवीयता का यह दर्द-भरा, मानवीय संवेदनायुक्त साक्षात्कार भी है :

'एक शब्द कहीं नहीं कि वह लड़का कौन था
क्या उसके बहनें थीं
क्या उसने रक्खे थे टीन के बक्से में अपने अजूबे
वह कौन-कौन से पकवान
खाता था
एक शब्द कहीं नहीं एक वह शब्द जो वह खोज
रहा था जब वह मारा गया।'

(आत्महत्या के विरुद्ध)

रघुवीर सहाय के सामने एक ओर उस बाहरी ढाँचे का संकट है जिसमें हर पाँच साल बाद होने वाला निर्वाचन जड़ से कुछ बदल देता है तो साहित्य अकादमी – औरत वही रहती है – जिसमें स्वाधीन देश के लोग चौंकते हैं तो स्वाधीन व्यक्ति से। जिसमें गरीब को तो सभी जानते हैं पर गरीबी को बिसरा चुके होते हैं – जिसमें बनिया बनिया रहता है, बाम्हन बाम्हन, कायथ कायथ, पर कविता लिखे, तो आधुनिक हो जाता है, दूसरी ओर भीतर का संकट है – यानी रचना का संकट – जहाँ अपनी सीधी और सच्ची पहचान ही सबसे दुर्लभ चीज़ हो गयी है –

कुछ भी लिखने से पहले हँसता और निराश
होता हूँ मैं
कि जो मैं लिखूँगा वैसा नहीं दिखूँगा
दिखूँगा या तो

रिरियाता हुआ
या गरजता हुआ
किसी को पुचकारता
किसी को बरजता हुआ
अपने में अलग सिरजता हुआ कुछ अलग
मूल्यों को
नहीं मैं दिखूँगा

इन तमाम उदाहरणों में कवि का खास नाटकीय अन्दाज भी देखा जा सकता है जिसने विशिष्ट काव्यानुभव को भी सहज और सजीव और व्यापक प्रासंगिकता दे दी है। वहीं रघुवीर सहाय के शब्द-प्रयोगों के सम्बन्ध में गम्भीरता और कौतुक के द्वन्द्व या सम्बन्ध का जो सवाल पहले उठाया गया है, उस पर भी विचार कर लेना चाहिए। जैसा मैं पहले संकेत कर चुका हूँ, विचारणीय यह है कि कहीं गम्भीरता के समानान्तर कौतुक का सह-संयोजन ही तो सच्चाई की विडम्बनाओं को अधिक उजागर नहीं कर रहा है। 'फिल्म के बाद चीख' जैसी कविता उदाहरण है कि वास्तविक स्थिति यही है, जिसमें फिल्म और संसद ही नहीं, कितनी ही प्रसंगहीन स्थितियाँ हैं, जो अनुभव कराती हैं कि 'यह क्रीड़ा-कौतुक अर्थ-चमत्कार के साथ ही शिल्प-सिद्धि का भी सूचक है' (कविता के नये प्रतिमान : नामवर सिंह) :

सेना का नाम सुन देश प्रेम के मारे
मेजें बजाते हैं
सभासद भद भद भद कोई नहीं हो सकती
राष्ट्र की
संसद एक मन्दिर है जहाँ किसी को द्रोही कहा नहीं
जा सकता
दूध पिये मुँह पोंछे आ बैठे जीवनदानी गोंद–
दानी सदस्य तोंद सम्मुख पर
बोले कविता में देश प्रेम लाना हरियाना प्रेम लाना
आइसक्रीम लाना है।

कहाँ तो रंगीन फिल्म की झलक, जो पेट-पीठ के प्रदर्शन तक ही सीमित है – कहाँ झूठे देश प्रेम की उपहासास्पद स्थिति का 'आइसक्रीम' जैसे प्रयोग से जुड़ा हुआ व्यंग्य और कहाँ 'दर्शकदीर्घा' में से जिन्दा रहने के लिए जानबूझ कर 'चीखने' की अनिवार्यता – दरअसल गम्भीरता और कौतुक या खेल का अनोखा रिश्ता ही है जो

इस किताब की प्रसंगहीनता को तीखे ढंग से प्रासंगिक बनाता है :

एक बार जानबूझ कर चीखना होगा
जिन्दा रहने के लिए
दर्शकदीर्घा में से
रंगीन फिल्म की घटिया कहानी की
सस्ती शायरी के शेर
संसद सदस्यों से सुन
चुकने के बाद

'शराब के बाद का सबेरा' कविता तो गम्भीरता और कौतुक के इस अनोखे रिश्ते का सर्वोत्तम उदाहरण है ही।

लिखने से पहले रघुवीर सहाय का 'हँसना' और 'निराश' होना मनःस्थितियों का यह विरोधाभास विरोधाभास नहीं है, गम्भीरता और कौतुक के इसी उपर्युक्त अनोखे रिश्ते की भूमिका है। दूसरे शब्दों में, यह कविता और यथार्थ के रिश्ते की भूमिका है : इस रिश्ते को नये सिरे से खोजने या उपलब्ध करने की एक नयी और अनोखी शुरुआत है। पिछले दो-चार वर्षों में जो कविता लिखी गयी है, खास कर इधर के युवतर कवियों द्वारा, उसमें एक अतिरिक्त चीखती हुई गम्भीरता मिलेगी। जहन्नुम इस पूरे राजनीतिक ढाँचे का हो, यन्त्र का हो, या सिर्फ यौन-सम्बन्धों का, उसके प्रति युवतर कवियों का रवैया उसे ले कर मर-मिटने का है, जबकि उसका वास्तविक साक्षात्कार गम्भीरता को कौतुक दृष्टि से खेल-स्वभाव से खरोंचती हुई रघुवीर सहाय या श्रीकान्त वर्मा की नयी कविताएँ ही करा पाती हैं। फर्क इतना ही रह जाता है कि उससे रघुवीर सहाय का निस्संग उलझाव उसे तोड़ने या बदलने की प्रेरणा भी देता है, जबकि श्रीकान्त का उदासीन अलगाव हमें अपने अकेले बन्द घर में लौटा देता है। यही कारण है कि रघुवीर सहाय की कविताएँ मानव-नियति का निराशापूर्ण चित्र ही नहीं खींचती हैं, बल्कि उस सार्थक संवेदना का पुनराविष्कार भी करती हैं जो मनुष्य की सृजनात्मक शक्तियों को नये सिरे से जगाने में समर्थ हो, उसकी खोई हुई स्वाधीनता को खोज कर लाने में सक्षम हो :

मैं अपने घर में फिर
वापस जाऊँगा
मैंने कहा
बीस वर्ष –
खो गये भरमे उपदेश में

एक पूरी पीढ़ी जनमी पली-पुसी क्लेश में
बेगानी हो गयी अपने ही देश में
यह
अपने बचपन की
आजादी
छीन कर लाऊँगा...

(मेरा प्रतिनिधि)

इसी पुनराविष्कार की कोशिश में कविता एक 'दुनिया के अन्दर एक दूसरी दुनिया' की रचना करने के लिए विवश होती है। विजयदेवनारायण साही के अनुसार, "आज के जीवन के स्पंदन की तलाश भाषा के भीतर से निचुड़ते हुए रक्त की तलाश है, क्योंकि आज के कवि का समय यथार्थ के बाहर किसी लोकोत्तर अदृश्य में नहीं, यथार्थ के भीतर अन्तर्भुक्त संचार की तरह अनुभूत होता है।"

अवश्य ही रघुवीर सहाय के इस संग्रह की प्रतिनिधि कविताएँ वे ही हैं, जिनमें 'भाषा का यथार्थ' और 'यथार्थ की भाषा' दो भिन्न-भिन्न पहलू नहीं रह गये हैं। वे न सिर्फ एक हो गये हैं, बल्कि अपने द्वन्द्व में भी अधिक अर्थपूर्ण बन सके हैं।

एक औरत, दो बच्चे, एक गोद एक पैदल
पता पूछती रहती है प्रधान मंत्री का
दस बरस बेदखल हुए उसे हुए पाँच अधपागल

(खब्ती औरत)

आश्चर्य नहीं कि बहुत से लोगों का ध्यान इस भाषा और यथार्थ के बीच के बहुतेरे सम्बन्धों को नज़रअंदाज कर सिर्फ 'व्यंग्य-विद्रूप' पर जाय, पर यह भाषा और यथार्थ दोनों की नासमझी का ही लक्षण होगा या फिर कविता की 'अपनी भाषा' या 'अपने यथार्थ' को ले कर मन में बने हुए रोमांटिक पूर्वाग्रहों का।

आंचलिक उपन्यास और मैला आँचल

कहना न होगा कि ग्रामीण आंचलिक जीवन पर आधारित सभी उपन्यास एक ही तरह के आंचलिक उपन्यास नहीं हैं। जिस अर्थ में 'मैला आँचल' आंचलिक उपन्यास है, उस अर्थ में कम ही उपन्यास आंचलिक उपन्यास कहे जा सकते हैं। 'मैला आँचल' में आंचलिक परिवेश का क्षेत्रीय यथार्थ ही उसे आंचलिक नहीं बनाता, भाषा शिल्प, गीतगान, आंचलिक समाज की अन्तर्ध्वनियाँ, छोटी-बड़ी क्षुद्रताएँ, जादुई सम्मोहन पैदा करने वाली ऐन्द्रिकता – सब कुछ मैला आँचल को श्रेष्ठ आंचलिक उपन्यास बनाने में सहायक है। आलोचक नेमिचन्द्र जैन ने सचेत रूप से 'मैला आँचल' को 'संवेदनात्मक' और 'संगीतात्मक' प्रभाव के लिए महत्त्वपूर्ण बताया है। उनकी धारणा यह है कि शहरी जीवन की एकरसता और आत्माभिमुखता से ऊबकर जीवन वैविध्य और जीवन राग की खोज में नये कथाकार आंचलिक जीवन, आंचलिक यथार्थ तथा आंचलिक कथाशिल्प की ओर आकृष्ट हुए। शहरी जीवन कवित्व और संगीतात्मकता से वंचित था जबकि आंचलिक परिवेश में ये दोनों तत्त्व विद्यमान थे। इस आंचलिक जीवन में प्रकृति सजीव धड़कन का आभास देती थी। ग्रामीण यथार्थ केन्द्रित सब उपन्यास इस सजीव जीवन्त रागमयता का आभास नहीं देते। मैला आँचल की विशिष्टता इसी जीवन्त रागमयता के कारण है। 'मैला आँचल' में आंचलिक जीवन के मर्म का जैसा भावात्मक प्रस्तुतीकरण है, अन्यत्र दिखाई नहीं देता। आंचलिक जीवन की उथल-पुथल जहाँ उथलपुथल का आभास देती है, वहीं प्रकृति की जीवन सम्पन्नता का भी। यद्यपि महायुद्ध और देशव्यापी स्वाधीनता आन्दोलन ने भीतर ही भीतर इस अंचल को भी आन्दोलित किया है, पर यहाँ वह जीवन्त अन्तःसंगीत भी बचा हुआ है जो प्रेम, आसक्ति के स्पर्श से निरन्तर सजीव है।

'मैला आँचल' संकेत है कि यहाँ के जीवन में बहुत कुछ सोया-सोया, दबा-दबा, अवरुद्ध, सहमा-सा वातावरण है जिसमें नये घटनाचक्र के कारण अचानक हलचल होने लगती है। जब मलेरिया सम्बन्धी अनुसन्धान के लिए डॉक्टर प्रशान्त

शहर का मोह छोड़कर इस वीरान धूसर प्रान्तर में आता है तो जैसे अंचल की सब दबी-ढँकी इच्छाएँ जागने लगती हैं। डॉक्टर प्रशान्त ने कमला या कमली के ही मन में उथलपुथल नहीं पैदा की है मठ में संथाल जीवन में राजनीतिक सामाजिक सुधार के कार्यक्रमों में भी नयी उम्मीदें जगा दी हैं। सब कुछ टूट रहा है, बदल रहा है, नया हो रहा है।

इसमें सन्देह नहीं कि इस अंचल से रेणु का घनिष्ठ परिचय है। रेणु उसके राग में ही नहीं, क्षुद्रताओं में भी धँसे हुए हैं। पर परिचय मात्र इतना महत्त्वपूर्ण उपन्यास रचने के लिए काफी नहीं है। जैसा नेमिचन्द्र जैन स्वीकार करते हैं – ज़रूरी है वह दृष्टि जो इस पूरे अंचल की आत्मा को ठीक-ठीक पकड़ सके, अभिव्यक्त कर सके। नेमिचन्द्र जैन लिखते हैं – " 'मैला आँचल' के लेखक ने इस विक्षुब्ध जिन्दगी के ही बहुत से स्तर, बहुत से पर्त, बहुत से पहलू इस उपन्यास में प्रस्तुत किए हैं। और यही नहीं, ये तमाम स्तर और पहलू इस प्रकार कितने ही भिन्न-भिन्न दृष्टि-बिन्दुओं से दिखाए गये हैं कि जीवन एक साथ कई एक...में हमारे सामने प्रस्तुत होता है, बहुत कुछ चलचित्र की भाँति समग्र होकर भी और अलग-अलग भी, दूर से भी और समीप से भी।" (अधूरे साक्षात्कार, पृष्ठ 34)। इस अर्थ में परिचय से महत्त्वपूर्ण है वह दृष्टि बिन्दु जिसके आधार पर इस जीवन यथार्थ की आन्तरिक धारा या लय की पहचान सम्भव है।

'मैला आँचल' के जो प्रसंग बहुत मार्मिक तथा प्रभावशाली हैं वे हैं – मठ पर नये महन्त को चादर मिलने की घटना, बिदापत नाच, होली का राग-रंग, डॉक्टर प्रशान्त और कमला के प्रणय-मर्म का उद्घाटन, संथालों के जीवन का शेष समाज और जीवन से सम्पर्क (राग तथा संघर्ष दोनों स्तरों पर), बावनदास की आत्मकुंठा, पीड़ा और मृत्यु। बालदेव और लछमी के देह तथा मन में धीरे-धीरे जो परिवर्तन आता है – एक-दूसरे की आँखों में खो जाना, मादक स्पर्श की अनुभूति, बालदेव को लछमी की देह से बीजक की गन्ध पाना या अनुभव करना – ये सभी प्रसंग बहुत मार्मिक हैं और रेणु की भाषा की ऐन्द्रिकता तथा अर्थमयता का यहीं आभास मिलता है। इस भाव-तरलता की तुलना 'शेखरः एक जीवनी', 'नदी के द्वीप' 'त्यागपत्र' आदि से की गयी है पर वास्तविकता यह है कि 'मैला आँचल' की भावतरलता अतुलनीय अद्वितीय है।

रेणु विचारधारात्मक संघर्ष को राजनीतिक यथार्थ के कुछ पक्षों के भीतर दिखाते जरूर हैं, पर वहाँ भी प्रेम और आन्तरिक इच्छाएँ प्रकट होती हैं। कालीचरन केवल राजनीतिक कार्यकर्ता नहीं हैं, उसके पास भी मानवीय हृदय है जो काँपता या धड़कता है। चरखा सेंटर की मास्टरनी मंगला को लेकर उसके हृदय में भी नयी प्रणयाकुलता

जन्म लेती है। बहुतों का पवित्रतावाद स्त्री की गन्ध पाकर ढह जाता है – इस अन्तर्द्वन्द्व को बावनदास के चरित्र के माध्यम से अभिव्यक्ति दी गयी है। राजनीतिक परिवर्तन का वृत्तान्त लिखते हुए रेणु शेष मानवीय संवेदन को तिरस्कृत नहीं करते।

यह 'मैला आँचल' के लेखक की विशेषता है कि वह नायक नायिका के रूप में कोई स्मरणीय चरित्र नहीं उपस्थित करता। डॉ. प्रशान्त और कमला सब पात्रों में घुलमिल जाते हैं। वे एकदम अलग नायक-नायिका की-सी छवि बनाकर अलग नहीं खड़े हैं। महत्त्वपूर्ण सब हैं – जैसे, बालदेव, जैसे लछमी, जैसे महन्त सेवादास, जैसे कालीचरन, जैसे बावनदास। पर कोई इतना महत्त्वपूर्ण नहीं कि 'क्लासिक' चरित्र बन सके। इसीलिए यहाँ यदि कोई नायक सरीखा चरित्र है तो वह है अंचल। अंचल ही नायक है। नेमिचन्द्र जैन लिखते हैं – "कुल मिलाकर जो बात भाववस्तु के बारे में कही गयी है वही इस उपन्यास के शिल्प के बारे में भी सही है। उसके शिल्प में नवीनता है। विभिन्न भावों, मनोदशाओं और घटनाओं को तथा बहुत-से व्यक्तियों और समूहों के कार्यों और भावावेगों को एक नये ढंग से बार-बार 'टेलेस्कोप' करने की पद्धति से एक साथ ही गति का और स्थिरता का, दूरी का और समीपता का प्रभाव उत्पन्न होता है।" इस रूप में नेमिचन्द्र जैन को उपन्यास एक फिल्म जैसा लगता है जिसके पार्श्व-संगीत में मादक और ढोल और लोकगीतों के मादक स्वर निरन्तर सुनाई पड़ते हैं।

एहि प्रीति कारन सेत बाँधल,
सिया उदास सिरी राम हे
सावन हे सखी सबद सुहावन
रिमझिमि बरसत मेघ हे

0 0

अरे फागुन मास रे गवना मोर होइत
कि पहिरूँ बसंती रंग हे
बाट चलेत आ केशिया सँभारि बान्हू
अँचरा हे पवन झरे हे ए ए ए।

0 0

बैरिन कोयलिया, आजहु बोलय आधी रतिया हो राम आँ आँ
सुतल पिया के जगावे हो रामा

0 0

पर यहीं 'मैला आँचल' के शिल्प में बिखराव, विच्छिन्नता का प्रश्न उपस्थित होता

है। क्यों एक दृश्य बनता है और मिट जाता है। एक और दृश्य आता है फिर लुप्त हो जाता है। कोई दृश्य सूत्रबद्धता लेकर नहीं आता। नेमिचन्द्र जैन की टिप्पणी है – "ऐसा लगता है कि विभिन्न भाव एक बड़े भारी वाद्य वृन्द के अलग-अलग वाद्य हों जिनकी स्वर संगति अपनी-अपनी जगह ठीक होते हुए भी उनके सम्मिलित प्रवाह में समन्वय नहीं है। लगता है कुछ विवादी स्वर लग रहे हों अथवा कुछ संवादी स्वर ध्वनियों की विविधता में कहीं खो गये हों।" पाठक जिसे लेखक के शिल्प की सीमा समझ रहे हैं – कि इसमें एक सूत्रता का अभाव है – दरअसल वही बिखराव 'मैला आँचल' की कला है। वही इस आंचलिक उपन्यास का प्रमुख शिल्प गुण है। यह केवल सपाट वृत्तान्त की-सी शैली वाला उपन्यास नहीं है। यह खंड-खंड स्थापत्य में रचा हुआ लयबद्ध उपन्यास है। कथाएँ छूटती जाती हैं, पर कथा-लय बनी रहती है।

गोपीकृष्ण प्रसाद ने रेणु के उपन्यास-रूप या उपन्यास-शिल्प की सबसे प्रमुख विशेषता बताते हुए लिखा है – "रेणु के इस नये फार्म की एक बड़ी विशेषता है कि उन्होंने अपनी सामग्रियों को ऐन्द्रिय अनुभूति के रूप में ग्रहण किया है। उन्होंने शब्द, रूप, रस, गन्ध, स्पर्श से जुड़ी इन्द्रियों के माध्यम से अपनी रचना-सामग्रियों को प्राप्त किया है और अभिव्यक्ति के क्रम में भी इन्हीं माध्यमों का उपयोग किया है।" इसलिए 'मैला आँचल' में आंचलिक पर्व, उत्सव, रीति-रिवाज, गीत-गान का जो वैविध्य है वही रेणु के कला-रूप के संयोजन का प्रमुख हेतु है। रेणु ने अंचल के जीवन के सभी रूपों को साक्षात् देखा है, सब आवाजें सुनी हैं, सब गन्ध भरपूर पिया है। सारे जीवन की छवियों को सीधे छूकर जीकर देखा है। यहाँ रेणु की कला यह है कि इस प्रकृति जीवन के अनन्तराग को उन्होंने जितनी गहरी सम्पृक्ति के साथ अनुभव किया है वर्णन में यथावश्यक कलात्मक दूरी भी प्रदर्शित की है। इसीलिए एक प्रसंग के तुरन्त बाद रेणु दूसरा प्रसंग लाते हैं। एकसूत्रता को तोड़ देते हैं।

'आंचलिक' की रेणु की अवधारणा सोची-समझी अवधारणा है। वह न अनुकरण है न आकस्मिक प्रयोग। रेणु कथा-रूपों में जितना गहन वैविध्य दिखाते हैं वह आंचलिक जीवनानुभवों से सहज स्फूर्त या स्पन्दित है। गोपीकृष्ण प्रसाद कहते हैं – "यह उल्लेखनीय है कि रेणु ने इन सामग्रियों को एक विशिष्ट अचल और काल की परिधि में ग्रहण किया : कोशी अंचल के धरातल पर घटने वाली घटनाएँ, जीवन-व्यापार, प्रेम, संघर्ष, आन्दोलन यानी अचल की पूरी संस्कृति-कोशी अंचल की इसी सामग्री को उन्होंने अभिव्यक्त किया है। इसीलिए उन्होंने अपने उपन्यास में अभिव्यक्त रचना-सामग्री को पाठकों के बीच प्रामाणिक सिद्ध करने के लिए उपन्यास को 'आंचलिक' कहा है। स्पष्ट है कि यह 'आंचलिक' अवधारणा वस्तुतः

सामग्री की प्रामाणिकता स्थापित करने की एक कलात्मक पद्धति का द्योतक है।''

'आंचलिक' शब्द का एक प्रचलित अर्थ यह भी है – अंचल विशेष की जीवन पद्धति, रीति-रिवाज़, लोक-रीति, लोक-रूढ़ि, बोल-चाल अर्थात् अंचल की पूरी संस्कृति से जुड़ा हुआ। इसे कुछ लोग किसी एक रचना प्रकार की विशिष्टता मानने से इनकार करते हैं। उन्हें लगता है कि ये विशेषताएँ तो किसी अन्य प्रकार के उपन्यास में भी सम्भव हैं। पर ध्यान से देखें तो जिस तरह ये विशेषताएँ 'मैला आँचल' के रचना-विधान, अन्तर्वस्तु और संरचना में निहित हैं, अन्यत्र इस रूप में अकल्पनीय हैं।

'मैला आँचल' में केवल सेक्स-सम्बन्धों या यौन-प्रसंगों को देखें – वे 'मैला आँचल' में जिस तरह मौजूद हैं अन्यत्र इसी सहजता अनजाने ढंग से नहीं दिखेंगे। बालदेव लछमी का प्रेम प्रेम कैसे है यह आसानी से प्रकट नहीं है। बहुत सूक्ष्मता से कहीं-कहीं उनकी मनःस्थिति का पता चलता है।

''बालदेव ने पहली बार लछमी की ओर गरदन उठाकर देखने की हिम्मत की। निगाहें ऊपर उठीं और लछमी की बड़ी-बड़ी आँखों में वह खो गया।...आँखों में समा गया बालदेव शायद।''

बालदेव धूनी के पास बैठकर बीजक के पन्ने उलटता है :

बीजक बतावे चित्त को जो चित्त गुप्ते होय।
शब्द बतावे जीव को बूझे बिरला होय॥

लछमी लालटेन जलाकर सामने रख गयी। अक्षर स्पष्ट हो गये – ''संतो, सारे जग बौराने।''...लछमी के शरीर से खास तरह की सुगन्ध निकलती है। पंचायत में लछमी बालदेव के पास ही बैठी थी। बालदेव को रामनगर मेला के दुर्गा मन्दिर की तरह गन्ध लगती है – मनोहर सुगन्ध। पवित्र गन्ध। "...औरतों की देह से तो हल्दी, लहसुन, प्याज और घाम की गन्ध निकलती है।''

यह ऐसा प्रेम है जो धीरे-धीरे सुलग रहा है। रेणु इस प्रेम को 'गन्ध' से पकड़ते हैं। यह आंचलिक वातावरण की अबोधता में धीरे-धीरे जगने वाला प्रेम है। रेणु ही जान सकते हैं कि और स्त्रियों में हल्दी, लहसुन, प्याज की तरह की या घाम की-सी गन्ध कैसी निकलती है और यह अनुभव तो सबसे विलक्षण अलग है – लछमी के शरीर की गन्ध जो पवित्र मनोहर बीजक जैसी है। आंचलिकता इस आंचलिक जीवन के ऐन्द्रिक राग में है जिसे रेणु रचनात्मक विवेक से व्यक्त करते हैं।

बीच में यह प्रसंग है कि लछमी को सान्त्वना देने की पूरी भाषा सोचकर आते

हैं बालदेव और सामने पड़ते ही भूल जाते हैं। रेणु लिखते हैं – "बालदेव जी सब भूल गये। लछमी को सान्त्वना देने के लिए रास्ते में जितनी बातें सोची थीं, दोहा, कवित्त, सब भूल गये।...बालदेव जी की गढ़ी हुई ढाढस की बाँध इस तेज धारा में नहीं टिक सकेगी। बालदेव जी की भी आँखें छलछला जाती हैं। फल्गू में भी बाढ़ आती है।" अब बालदेव जी को अनुभव होता है – कि बीजक से भी लछमी की देह की सुगन्ध निकलती है। इस सुगन्ध में एक नशा है। इस पोथी के हरेक पन्ने को लछमी की उँगलियों ने परस किया है –..."पोथी पढ़ि पढ़ि जग मुआ, पंडित भया न कोय, ढाई आखर प्रेम का पढ़ा तो पंडित होय।" लछमी को देखने से ही मन पवित्र हो जाता है। यह है इस अंचल का चुप-चुप सुलगता प्रेम जिसे प्रेम कहना कठिन है। पर यह है। इसी क्रम में एक और विरल रागमय क्षण –

लछमी देखती है, बालदेव जी आजकल बहुत दुबले हो गये हैं। बालदेव जी के दिल में जरा भी मैल नहीं। कितने सरल हैं।...न जाने क्यों लछमी का जी आज बालदेव जी को देखकर इतना चंचल हो रहा है। बालदेव जी सच्चे साधु हैं :

'बिरह की ओदी लाकड़ी
सपुचे और धुधुआए
दुख से तबहिं बाचिहौं
जब सकलो जरि जाय।'

ये सारे प्रसंग 'मैला आँचल' में एक कथालय बनाते हैं। प्रमुख-अप्रमुख जैसा विभाजन घटनाओं के बीच नहीं किया जा सकता।

इस प्रकार 'मैला आँचल' ऐसा आंचलिक उपन्यास है जो कथानक का स्वरूप, कथानक की अवधारणा बदल देता है। चरित्रों में नायक-नायिका की अवधारणा बदल देता है। अंचल को ही नायक बना देता है। एक विराट छवि से जुड़ी हैं – असंख्य छवियाँ।

बावनदास गाँधी भक्त कहाँ-कहाँ से होकर मुख्य कथा में प्रकट हैं। पहले उनकी यह मूर्ति। यहाँ भी रेणु का रेखांकन चरित्रांकन देखने योग्य – 'बावनदास'!

पूर्व जन्म का फल अथवा सिरजनहार की मर्जी। प्रकृति की भूल अथवा थायरायड, थायमस और प्युटिटिरी ग्लैंडूस के हेर-फेर। डेढ़ हाथ की ऊँचाई! साँवला रंग, मोटे होठ, अचरज में डाल देने वाली दाढ़ी और चौंका देने वाली मोटी-भोंड़ी आवाज़। ऊँचाई के हिसाब से आवाज दस गुना भारी। अजीब चाल, मानो लुढ़क रहा हो। अज्ञात कुल-शील। जन्मजात साधु। जिस ओर गुजरता, लोगों की निगाहें बरबस अटक जातीं। फिर ताज्जुब की हँसी मुस्कराहट। पीछे-पीछे बच्चों का हुजूम,

तमाशा, कुत्ते भूंकते, इनसान हँसते। गर्भवती औरतें छिप जातीं अथवा छिपा दी जातीं।

यह है रेणु की चित्रण कला। बेडौलपन। हास्यास्पद। बावनदास। एक हास्यास्पद चरित्र का करुण अन्त। इसका आभास पहले ही ठंड में ठिठुर रहा है बावनदास। लछमी सहानुभूति से कम्बल देना चाहती है, पर अब उसे कम्बल की जरूरत नहीं। रेणु लिखते हैं – 'लछमी चुप हो जाती है...बावनदास जी को अब कम्बल की जरूरत नहीं। अब उन्हें किसी चीज़ की जरूरत नहीं है। लछमी मानो सब कुछ समझ जाती है :

धरती फाटे मेघ जल
कपड़ा फाटे डोर।
तन फाटे की ओखदी
मन फाटे नहीं ठौर

यही बावनदास एक दिन कुंठा में स्त्री शरीर को नींद की-सी स्थिति में जैसे फाड़-फाड़ कर देखना चाहता था। चरित्रों के अन्तर्विरोध रेणु की कल्पना में ऐसे ही प्रकट होते हैं।

'मैला आँचल' में सब कथाएँ गाँव-घर की हैं, पर वे ही कभी-कभी मिथकीय लगने लगती हैं जैसे कमला की गर्भ-कथा-(डॉक्टर प्रशान्त और कमला के प्रेम सम्बन्ध की पूर्णता के संकेतार्थ लेकर) : "आज दो दिनों से खाने-पीने के बाद कमली के गर्भ में पलता हुआ शिशु हाथ-पाँव फड़फड़ाता है। लाज से वह कुछ कहती नहीं है माँ को। लेकिन जब से उसे आने वाले की आहट मिली है, कमली का मन किसी दूर में खो-सा गया है। एक ही साथ बहुत-से बच्चों के मुखड़े खिलखिला उठते हैं उसकी आँखों के आगे। बच्चे उसके साथ आँख-मिचौनी खेल रहे हैं। कौन है वह? सभी प्यारे। ताजे कमल की तरह खिले हुए। वह किसका हाथ पकड़े? वह एक चंचल बालक को उठाकर गोद में ले लेती है। कितने कोमल हैं उसके हाथ-पैर। कैसी मीठी मुस्कराहट। कितना चंचल। मेरा चुलबुला राजा रे। कमली की छाती से दूध झरने लगता है।"

'गोदान' और 'मैला आँचल' एक तरह के उपन्यास नहीं हैं, न एक तरह के आंचलिक उपन्यास हैं। 'गोदान' में तो गाँव शहर की कथाओं का सहसंयोजन ही आंचलिकता के बोध में बाधक है। हाँ, होरी के गाँव की कथा का संसार अपने में जितना जीवन तत्त्व सँभाले हुए है उसमें आंचलिकता का आभास हो सकता है। नेमिचन्द्र जैन दोनों उपन्यासों की तुलना करते हुए लिखते हैं – "'गोदान' और

'मैला आँचल' में साम्य केवल ऊपरी है। दोनों उपन्यासों का न केवल युग भिन्न है, बल्कि दोनों की मूल भाववस्तु भी भिन्न है। 'मैला आँचल' में युगजन्य दबाव के फलस्वरूप तीव्रता से बदलते हुए ग्राम की गति का चित्र अवश्य है, पर उसमें 'गोदान' जैसी वह 'क्लासिक' तसवीर नहीं है जो युगों तक मिटती नहीं। 'मैला आँचल' के पात्र एक युग की उपज हैं जो जितनी तेज़ी से आते हैं उतनी ही तेजी से गतिचक्र में विलीन भी हो जाते हैं। 'गोदान' के होरी और धनिया अजन्ता के भित्ति चित्रों की भाँति हैं जो सैकड़ों वर्ष बाद भी उतने ही प्राणवान और जीवन्त बने हुए हैं।'' (अधूरे साक्षात्कार, पृष्ठ 42)

'मैला आँचल' के गाँव में नयी संस्थाओं (अस्पताल, स्कूल, सहकारी समितियाँ, वैज्ञानिक तकनीक, नौकरशाही) ने सामाजिक परिवर्तन की गति किसी सीमा तक तीव्र की है, पर मूल जीवन बहुत कुछ धीमी गति से चलने वाला है। यहाँ सभी चरित्र एक ओर अपनी जीवन कथा में पूर्ण हैं दूसरी ओर पूरी सामाजिक संरचना से जुड़े हैं। गोपीकृष्ण प्रसाद की मान्यता है कि यहाँ यथार्थ का चित्रण भर नहीं है – यथार्थ का निर्माण भी है। चरित्र-चित्रण में आदर्शवाद, यथार्थवाद जैसा विभाजन यहाँ अप्रासंगिक है। लघुता में से ही महागाथा रूप लेती है – यही या ऐसा ही है मैला आँचल का कथाशिल्प। देखें कि परिष्कृत व्यंग्य और हास्य का स्पर्श भी 'मैला आँचल' की भाषा में है। यह भी आंचलिकता का स्वाद लिये हुए – ''सैनिक जी और चिनगारी जी की तरह गर्म माखन शिवनाथ चौधरी जी नहीं देते हैं। लेकिन बात पक्की कहते हैं। कल (मशीन) का पिसा हुआ आटा नहीं खाते हैं। चीनी नहीं, गुड़ खाते हैं।''

'मैला आँचल' का अन्त निष्कर्षमूलक या समाधानमूलक नहीं है। वह सीधे-सीधे सुखद दुखद नहीं है। रेणु ने अन्त को अनिश्चित यां खुला हुआ छोड़ दिया है। जैसी देश समाज की तत्कालीन स्थिति है उसमें यही अन्त विश्वसनीय हो सकता था। कथा के अन्त में ममता की उपस्थिति एक भावात्मक प्रसंग है। वह डॉक्टर प्रशान्त की अनन्य आत्मीया है। पर कार्य क्षेत्र दोनों के अलग ही रहे। ममता ने डॉक्टर प्रशान्त के गाँव में आकर काम करने को महत्त्वहीन नहीं माना – यद्यपि यह दुनिया ममता की नहीं थी। वह उपस्थित हुई तो डॉक्टर प्रशान्त और कमला के पुत्र नीलोत्पल की बरही में। जन्मोत्सव। नीलोत्पल नाम ममता ने दिया। एक दिन सद्यःस्नाता ममता के गीले केश छू लेता है डॉक्टर प्रशान्त। वह माधुर्य से बरजती है – 'अरे धत्त। औरतों का भीगा केश नहीं छूना चाहिए। दोष होता है।' प्रशान्त उसके तरल भावाकुल मन को इस तरह देखता है जैसे शरतबाबू के उपन्यासों की नारी को देख रहा हो। "रूप बदल दो, नाम बदल दो, समय बदल दो, जगह बदल

दो, पर यह कभी बदल नहीं सकती।'' और डॉक्टर प्रशान्त – वह भी किस शरतचन्द्र के भावलोक में रचे-बसे नायक से कम है। भावात्मक आदर्शवाद की सप्राण अभिव्यक्ति। उसका अन्तिम संकल्प है :

''ममता! मैं फिर काम शुरू करूँगा – यहीं, इसी गाँव में। मैं प्यार की खेती करना चाहता हूँ। आँसू से भीगी हुई धरती पर प्यार के पौधे लहलहाएँगे। मैं साधना करूँगा, ग्रामवासिनी भारतमाता के मैले आँचल तले।'' 'मैला आँचल' शीर्षक रेणु को कवि सुमित्रानन्दन पन्त से ही मिला था – जिसकी पंक्तियाँ थीं – भारत माता ग्रामवासिनी।

'गोदान' में स्त्री

कभी कमलादेवी चट्टोपाध्याय ने 'द अवेकेनिंग ऑफ़ इंडियन वूमेन' में स्त्री आन्दोलन को यौनिकता के सवाल से बड़ा सवाल माना था। उनके लिए उन्नीसवीं सदी के उत्तरार्द्ध में स्त्री एक समूह या जाति के रूप में नया जन्म ले रही थी। अब सामाजिक-आर्थिक-राजनीतिक प्रश्न उसके विमर्श के बाहर न थे। आगे चलकर इतिहासकार पार्थ चटर्जी मानते हैं कि उपनिवेशवाद के दायरे के बाहर ही स्त्री मुक्ति सम्भव है। यह धारणा प्रेमचन्द के स्त्री-सम्बन्धी विचारों के अनुरूप है। प्रेमचन्द का अवदान बड़ा इस अर्थ में है कि उन्होंने कल्पित चरित्रों द्वारा यह क्रांतिकारी स्त्री-विमर्श उपस्थित किया। कमलादेवी चट्टोपाध्याय ने कहा था – 'Men and women acted as souls, not as sexes, and soul force was their weapon' यानी लैंगिक शब्दावली छोड़कर भारतीय मुक्ति-संघर्ष के दौर में आत्मिक शक्ति को स्त्री मुक्ति का भी हथियार कहा गया था। आज के सन्दर्भ में 'गोदान' को फिर से पढ़ते हुए, 'गोदान' में स्त्री की उपस्थिति पर विचार जरूरी है।

यहाँ हम 'गोदान' के साथ 'कर्मभूमि', 'सेवा सदन', 'निर्मला' और 'ग़बन' को भी विमर्श में शामिल करेंगे। अकारण नहीं, कि जो समीक्षक जैनेन्द्र की मृणाल, सुनीता या कम्मो और अज्ञेय की किसी शशि, रेखा या गौरा को प्रेमचन्द के यहाँ ढूँढ़ने चलेंगे, वे निराश होंगे। उन्हें 'गोदान' स्त्री विहीन भी लग सकता है। कभी कलिकथा वाया बाईपास' (अलका सरावगी) को राजेन्द्र यादव ने स्त्री विहीन कहा था। 'शेष कादम्बरी' शायद लेखिका का प्रतिवाद था। 'निर्मला' को स्त्रीवादी (feminist) मानने वाले भी 'गोदान' की स्त्री विहीनता से दुखी हैं। धनिया, झुनिया, सिलिया, मुन्नी, मालती, सुखदा, नैना, घासवाली – प्रेमचन्द के महत्त्वपूर्ण स्त्री चरित्र हैं। केवल 'गोदान' को आधार मानें, तो धनिया होरी से कमतर नहीं है, बल्कि अपनी प्रखरता में भारी पड़ती है। रामविलास शर्मा ठीक कहते हैं कि धनिया की ट्रेजडी होरी की ट्रेजडी से कम नहीं है। होरी की मृत्यु उसे अधिक ट्रैजिक बनाती है। धनिया जीते-जी एक ट्रैजिक आख्यान बनती है। कमलादेवी चट्टोपाध्याय जिसे आत्मिक

शक्ति (Soul force) कहती हैं, वह और है क्या!

इन दिनों स्त्री मुक्ति आन्दोलन का एक मकसद यह है कि परिवार प्रथा का अन्त हो और विवाह का विकल्प तय करने वाली सह जीवन जैसी दूसरी संस्थाएँ बनें। प्रेमचन्द भारतीय परिवार को बड़ी जीवनी शक्ति बताते हैं। यहीं हम स्त्री की मुक्ति खोज सकें, तो यह एक बड़ा उपक्रम होगा। 'सेवा सदन' की सुमन ने परिवार छोड़ा तो क्या-क्या दुर्भाग्य नहीं झेलने पड़े। 'निर्मला' में निर्मला परिवार के भीतर रहकर अधिक मानसिक तनाव झेलती रही, पर परिवार की तानाशाही को कहीं व्यापक अर्थ में चुनौती दे सकी। उसका एक स्वगत-संवाद अपनी अन्तर्वस्तु में क्रान्तिकारी या विस्फोटक है। पति ने निर्मला और अपने बेटे मंसा के चरित्र पर सन्देह कर मंसा को हॉस्टल भेज दिया और अन्ततः उसने दम तोड़ दिया। निर्मला के भीतर से फूटते शब्द हैं – 'न जाने क्यों उसे अपने पास देखकर मेरा हृदय फूला न समाता था। इसीलिए मैंने पढ़ने का स्वाँग रचा, नहीं तो वह घर में आता ही न था। यह मैं जानती हूँ अगर उसके मन में पाप होता, तो मैं उसके लिए कुछ भी कर सकती थी।' 'कुछ भी' और 'स्वाँग' जैसे शब्दों को गौर से सुनें, तो निर्मला के साहस या दुस्साहस का पता चल सकता है।

'गोदान' अकेले किसान की संघर्ष-गाथा नहीं है, वह स्त्री की संघर्ष गाथा भी है। धनिया के साथ कोई बड़ी घटना नहीं हुई। आधी उम्र में ही झुर्रियाँ दिखने लगीं–वह क्रान्ति चली गयी, जिससे होरी सम्मोहित था। पर आवाज में दम था। सत्ता, सूदखोर और पंडितों की, पुलिस प्रशासन की भी ऐसी-तैसी कर सकती थी। गोबर-झुनिया के बीच का अवैध प्रेम और विवाह, मातादीन पंडित और सिलिया चमाइन का प्रेम – ऐसे कई प्रसंग हैं, जो परम्परा को महज़ रीति मानकर सन्तुष्ट नहीं हैं, वे परम्परा में सेंध लगाते हैं और स्त्री को मुक्त करते हैं। प्रेमचन्द झूठी नैतिकता के कायल नहीं हैं। इसलिए सिलिया चमाइन का पं. दातादीन के बेटे मातादीन से प्रेम एक दुस्साहसिक प्रसंग है। यहाँ न पंचायत की बाधा है न मान-मर्यादा की। आज दलित चेतना पर धर्मवीर जैसे चिन्तकों का वर्चस्व है और वे प्रेमचन्द को खारिज करने पर तुले हैं। 'गोदान' 35-36 का उपन्यास है, जो दिखाता है कि हड्डियाँ खिलाकर चमारों ने मातादीन को अपनी जाति में शामिल कर लिया। प्रेमचन्द 'मैस्कुलिन' साहित्य के पक्षधर हैं, पर मातृत्व की वेदना का मर्म उनके लिए अजाना नहीं है। कम पाठकों ने इस प्रसंग को लक्ष्य किया है। यहाँ सिलिया के अतृप्त मातृत्व को जो अभिव्यक्ति प्रेमचन्द ने दी है वह हृदय-द्रावक है :

'एक महीना बीत गया। सिलिया फिर मजूरी करने लगी थी। सन्ध्या हो गयी थी। पूर्णमासी का चाँद विहँसता-सा निकल आया था। सिलिया ने कटे हुए खेत में

से गिरे हुए जौ के बाल चुनकर टोकरी में रख लिये थे और घर जाना चाहती थी कि चाँद पर निगाह गयी और दर्द-भरी स्मृतियों का मानो स्रोत खुल गया। अंचल दूध से भीग गया और मुख आँसुओं से।' बच्चा जीवित नहीं है पर स्तनों में दूध उतर आया है। यह एक मार्मिक काव्यात्मक बिम्ब है। चन्द्र-दर्शन से अन्तःस्रवण यह जैविकी का वह रहस्य है जिसे विज्ञान भी शायद अपने तर्क से समझ सके। सिलिया जैसी निचले वर्ग की अनपढ़-गँवार स्त्री की कल्पना या अनुभव विलक्षण है। शरत शायद यहाँ तक जा सके हों – प्रेमचन्द को जिनका प्रतिपक्ष माना जाता है। यह व्यक्तित्वांतर कैसे सम्भव हुआ। प्रेमचन्द ने बेटे के, सद्यः जन्मे बेटे की मृत्यु का दुख जाना था। अमृतराय ने 'कलम का सिपाही' में यह प्रसंग लिखा है।

एक और प्रसंग। झुनिया गर्भवती है और गोबर ने उसे होरी धनिया के यहाँ ला छोड़ा है। गोबर तो भगोड़े की तरह भाग निकला है। होरी धनिया तय करके बैठे हैं कि इस 'दुश्चरित्रा को आने नहीं देना है। पर जैसे ही झुनिया की आहट मिलती है, निर्दय धनिया का मातृत्व जाग उठता है। वह होरी को समझाती है – 'तुम उसका हाथ पकड़ोगे तो वह चिल्लाएगी। इतनी रात गये, अँधेरे सन्नाटे में जाएगी कहाँ!' प्रेमचन्द के शब्द हैं : 'दोनों द्वार के सामने पहुँच गये। सहसा धनिया ने होरी के गले में हाथ डालकर कहा – देखो, तुम्हें मेरी सौंह, उस पर हाथ न उठाना। वह तो आप ही रो रही है। भाग की खोटी न होती, तो यह दिन ही क्यों आता!' प्रेमचन्द धनिया की ओर से ही सही, युवा वैधव्य की त्रासदी पर संकेत कर रहे हैं। यह मार्मिक प्रसंग शब्दों से अधिक कहने वाला है। तोलस्तोय जैसे बड़े लेखक ही इन क्षणों का मर्म जान या बता सकते हैं। कभी नन्ददुलारे वाजपेयी जैसे आलोचक प्रेमचन्द को दूसरे दर्जे का कथाकार मानते थे क्योंकि उनमें मनोवैज्ञानिक सूक्ष्मता नहीं है। यह वर्णन मनोवैज्ञानिक सूक्ष्मता का परिचायक नहीं है क्या! प्रेमचन्द लिखते हैं : 'होरी की आँखें आर्द्र हो आयीं। धनिया का मातृ-स्नेह उस अँधेरे में भी जैसे दीपक के समान उसकी चिन्ता-जर्जर आकृति को शोभा प्रदान करने लगा। दोनों ही के हृदय में जैसे अतीत यौवन सचेत हो गया। होरी को इस वीत-यौवना में भी वही कोमल हृदय बालिका नज़र आयी, जिसने पचीस साल पहले उसके जीवन में प्रवेश किया था।'

कहने का अर्थ यह है कि मनोवैज्ञानिक सूक्ष्मता महज़ काव्यात्मकता के अधीन नहीं है। साधारण गद्य में भी यह विशेषता प्रकट हो सकती है। प्रेमचन्द ने स्त्री की प्रखरता को भी महत्त्व दिया और दलित सुंदरी (घासवाली) मुलिया से ज़मींदार को कहलाया – कि 'तुम चमारिन को पत्नी तो नहीं बना सकते, पर उसके साथ खिलौने की तरह खेल सकते हो। कहीं तुम्हारी पत्नी भी किसी और के प्रति खिंचाव महसूस

करे तो तुम बर्दाश्त नहीं करोगे।' गीतांजलि श्री ने 'Between Two worlds' में इस प्रसंग को सही परिप्रेक्ष्य में रखा है। सामन्तवाद का पुरुष वर्चस्व मुलिया जैसी घासवाली से यह भाषा सुनने का अभ्यस्त नहीं है। इसलिए मुलिया को स्त्री सशक्तिकरण की दिशा में एक कोशिश या हस्तक्षेप मानना चाहिए।

'सेवा सदन' उस अर्थ में वेश्या जीवन पर लिखा उपन्यास नहीं है, जिस अर्थ में सौ साल पहले का 'उमरावजान अदा'। इसके लेखक मिर्जा हादी रुस्वा कई भाषाओं और विषयों के जानकार थे – संस्कृत, अरबी, गणित, ज्योतिष, हिब्रू। और उन्होंने 'उमरावजान' होकर ही यह उपन्यास लिखा। कवयित्री के रूप में उमरावजान 'अदा' की खोज उनकी अपनी है। यह वेश्या जीवन की अन्तरंगता चकित करने वाली है – जिसने फ़िल्म के रूप में और अधिक ख्याति प्राप्त की। प्रेमचन्द ने मध्यवर्गीय स्त्री को खोल के भीतर ही मुक्त दिखाया पर सेवा सदन की सुमन आगे की, अधिक व्यापक फलक पर संघर्ष कथा प्रत्यक्ष करती है। सुधारवाद की सीमाओं के बावजूद यथार्थ जीवन के कई पहलू यहाँ उजागर हैं। धर्म के नाम पर चलने वाले अनाथालयों का अन्तर्जगत भी और पाखंड या दलाली भी यहाँ संकेतों में व्यक्त है।

'गोदान' में स्त्री की उपस्थिति बहुरूपात्मक है। मेहता से विवाह नहीं, सिर्फ प्रेम करने वाली मालती तितली या मधुमक्खी न होकर आधुनिक बोध सम्पन्न है। प्रेम उसके लिए त्याग है। मालती को नकारात्मक ढंग से आँकने वाले आलोचक बेशुमार हैं। वे शहरी कथा को ही गैर-जरूरी मानते हैं – जबकि प्रेमचन्द ने एक मुकम्मल कथा के रूप में गाँव शहर का द्वैत दिखाया है। राय साहब न हों तो होरी किसकी प्रजा के रूप में अपनी भूमिका निभाए। गोबर मजदूरी करने जाएगा, तो शहर में ही जाएगा। मालती मेहता के सम्पर्क में सामाजिक कार्यकर्त्री नजर आती है। वह गाँवों में जाती है और ग़रीब मलिन बस्तियों में मुफ्त दवा बाँटती है। दूसरी ओर क्लब जीवन की अभ्यस्त है। पुरुषों की नज़र पहचानती है। पुरुष उससे आतंकित होते हैं। मेहता भी मालती के साथ हैं तो अकारण नहीं। यह फ्री सेक्स नहीं है पर सह जीवन तो है। मेहता भी मानते हैं – 'विवाह आत्मा को और जीवन को पिंजरे में बन्द कर देता है।' मालती भी पुरुष वर्चस्व को स्वीकार नहीं करती। समानता में यकीन करती है। स्त्री-पुरुष समानता की कायल तो झुनिया भी है जो अपने भगोड़े पति गोबर से कह सकती है – 'सर्वस तो तभी पाओगे जब सर्वस दोगे।' मालती का मानना है कि पुरुष अपने को परीक्षक मानकर स्त्री को नहीं पा सकेगा – उसे उपासक की तरह ही मन्दिर में प्रवेश मिलेगा, जो स्त्री का अपना संसार है। यह मुक्ति है, भोगवाद नहीं है। प्रेमचन्द के यहाँ स्त्री यौन वस्तु (Commodity) नहीं है। वह सजीव है, प्रखर है और गाँधीवाद के दौर वाले जीवन

मूल्यों से अनजान नहीं है। शिक्षा भी मुक्त करती है। अगर स्त्री एक अलग जाति है तो वर्ग संघर्ष का ही प्रतिरूप है – यौनिकता का संघर्ष।

'सेवा सदन' में सुमन का वेश्या होना और उस जीवन से निकल आना एक अर्थ में क्रान्तिकारी कदम है – जो सतह पर दिखाई नहीं देता। कभी रमाबाई रानाडे ने 'पूना सेवा सदन' के लिए कठिन संघर्ष किया था। लड़कियाँ शिक्षित होकर बाल-विवाह से इनकार करने लगीं। नये शिल्प या तकनीक सीखने लगीं, आत्म निर्भर होने लगीं। 'पूना सेवा सदन' ने ही स्त्रियों में अधिकार चेतना जगाई। यह उन्नीसवीं सदी के अन्तिम चरण की घटना है। रमाबाई ने स्त्री के उत्पीड़न को जाना। प्रेमचन्द इस ऐतिहासिक बदलाव से अपरिचित न थे। 'विविध प्रसंग' का एक पूरा महिला खंड – स्त्री विमर्श से ही सम्बन्धित है। प्रेमचन्द 1931 में कह सकते थे – 'हिन्दू समाज ने अपनी देवियों के साथ बहुत दिनों जुल्म किया और अब उस जुल्म की जड़ खोदने में देर नहीं करनी चाहिए।'

'गोदान' का स्त्री-विमर्श कोई सैद्धांतिकी (Theory) नहीं बनाता, पर सब मिलाकर वह भारतीय पुरुष सत्तात्मक समाज तंत्र में ही अपनी उपस्थिति का नया साक्ष्य देता है। समझौता और संघर्ष – यह द्वन्द्ववाद (Dialecties) 'गोदान' में प्रकट है। लड़कियाँ असमान विवाह के लिए अभिशप्त हैं। समाज, लोक मरजाद के नाम पर घुटने को विवश हैं। यहीं प्रेमचन्द ने अगर मालती जैसी शिक्षित, पेशे से डॉक्टर यानी 'वर्किंग वूमेन' की सृष्टि की तो वह अपने में कम नहीं है। 'सुखदा' में हरिजनों के मन्दिर प्रवेश में अपनी ही पारिवारिक तानाशाही के विरुद्ध लड़ना और गिरफ्तारी देना एक सकारात्मक रणनीति है। स्वच्छन्दता में भी मर्यादित – देसी जिन्दगी के भीतर ही यह सीख मालती को मिल जाती है। मेहता-मालती जब गाँव जाते हैं तो मेहता को काली जंगली युवती को पानी भरते देख मुग्ध होने पर मालती ईर्ष्यालु होती है। यहाँ शायद पहली बार उसे मेहता को बगैर उनकी पत्नी हुए बरजने का मौका मिल जाता है। मालती को एहसास होता है कि सौन्दर्य गोराई या कुलीनता का मुहताज नहीं है। काली कलूटी मानी जाने वाली युवती की देह यष्टि भी पुरुष को रिझा सकती है। आज तो 'Black Beauty' फैशन में शामिल है। भारतीय विवाह व्यवस्था की विडम्बना यह है कि पिटती हुई स्त्री भी इसे पुरुष का प्रेम मानकर प्रसन्न है। अब आँकड़े और तथ्य बता रहे हैं कि यह वैश्विक स्थिति है। चीन, जापान में अधिक कमाऊ पत्नियाँ भी पिटती हैं और विद्रोह नहीं करतीं। 'गोदान' की स्त्री यह तो दिखाती है कि केवल शृंगार उसका अलंकार नहीं है, श्रम भी उसका अलंकार है। दिन-रात खटती स्त्री को जो पाना है, अपने निर्धारित समाज में ही पाना है। धनिया से सिलिया तक कई स्त्रियाँ इस जीवन-यथार्थ को स्वीकार करती हैं कि

जीवन यौनिकता से कहीं बड़ी सच्चाई है।

भारतीय पितृसत्तात्मक समाज में स्त्रियाँ कैसे जीती हैं, इस पर कथाकार भीष्म साहनी की प्रतिक्रिया इस रूप में है – 'हमारे परिवारों में पत्नियाँ बोलती तो हैं, जिरह तो करती हैं, सख्त सुस्त भी कह लेती हैं, पर एक सीमा तक। एक अदृश्य सीमा-रेखा तक पहुँचते-पहुँचते वे चुप हो जाती हैं क्योंकि आगे पति का एकछत्र अधिकार शुरू हो जाता है।' 'गोदान' में जिरह सिर्फ धनिया करती है और पुरुष सत्ता तथा भद्र वर्ग के प्रति आक्रामक भी दिखती है। 'कर्मभूमि' की मुन्नी जिस गोरे सिपाही द्वारा बलत्कृत होती है, एक दिन उसकी हत्या कर देती है और जेल-अदालत का सामना भी करती है। कभी 1932 में प्रेमचन्द लिख सकते थे – 'भारतीय महिलाओं ने अपने कार्यक्रम से सिद्ध कर दिया है कि वे समाज के क्षेत्र में पुरुषों से आगे निकल गयी हैं।' एक समय की 'Wishful thinking' भी आगे का यथार्थ है। आज सब सत्ताओं से ऊपर के माफिया को महिला पुलिस अधिकारी गिरफ्तार कर पा रही है, तो यह स्त्री-मुक्ति के लम्बे संघर्ष का ही साक्ष्य है। इसमें सन्देह नहीं कि प्रेमचन्द परिवार के क्रूर ढाँचे के भीतर ही जहाँ-तहाँ स्त्री-मुक्ति की माँग करते दिखाई देते हैं। हम न भूलें कि प्रेमचन्द के जन्म के सवा सौ साल बाद भी पारम्परिक ग्रामीण तंत्र में पुरुष वर्चस्व जस का तस कायम है। पंचायत के चुनाव स्त्रियाँ जीत रही हैं, उनमें कुछ का स्वर बदल गया है, पर पर्दे के पीछे विजय का श्रेय लेने वाला परिवार का मुखिया, यानी पुरुष है। 'साझी दुनिया' और 'सहमत' जैसे संगठन सचेत रहेंगे तो एक दिन पुरुष सत्ता का लौह-जाल टूटेगा। टूटेगा ज़रूर।

लाल पान की बेगम : आंचलिक से अधिक

प्रेमचन्द के बाद फणीश्वरनाथ रेणु ही ऐसे बड़े कथाकार हुए जिन्होंने आंचलिक संवेदना से आगे जाकर मानवीय मर्म की विलक्षण कहानियाँ लिखीं। 'तीसरी कसम', 'रस प्रिया', 'लाल पान की बेगम' उनकी अविस्मरणीय कहानियाँ हैं। प्रेम इन कहानियों का अन्यतम भाव है, भाव से अधिक भाव को देखने जानने का नज़रिया। 'लाल पान की बेगम' गार्हस्थिक राग की कहानी है – स्वीकार करें कि बिरजू की माँ ही 'लाल पांन की बेगम' है जिसकी खुशी में पति का अनिवार्य साझा है। जब तक नाच या मेला देखने-दिखाने के लिए टप्पर गाड़ी लेकर बिरजू का बाप नहीं आ जाता, तब तक बिरजू की माँ की झल्लाहट, गुस्सा, निरर्थकता का एहसास चरम उभार पर है। कहीं पड़ोसिन मखनी फुआ, कहीं बागड़ (बैल) की कुकुरमाछी, कहीं चम्पिया का बेशऊरपन, कहीं जंगी की पतोही से लड़झगड़ कर बिना खानापानी किए बिरजू की माँ सो जाना चाहती है कि न आये गाड़ी लेकर उसका आदमी, नहीं देखेगी वह नाच। मुँह ढाँप कर सो जाएगी। इसी तनाव में कहानी शुरू होती है। यह तनाव वह काव्यगुण नहीं है जिसकी चर्चा नयी समीक्षा के आन्दोलन से जुड़े एलेन टेट ने की है। यह कथातत्त्व है जिसमें अमर्ष, क्रोध, गुस्सा सब शामिल है।

आगे बढ़ें तो बिरजू की माँ के मन में वह अभिमान है जो मर्द का दिया है। 'खेत में पाट लगा देखकर गाँव के लोगों की छाती फटने लगी, धरती फोड़कर पाट लगा है; वैशाखी बादलों की तरह उमड़ते आ रहे हैं पाट के पौधे!' सबकी नजर इसी फसल पर लगी है। उसके पति के जीवट पर। इसलिए गाड़ी न आने पर ताने दिए जा रहे हैं। बिरजू की माँ इस 'गोबरगनेश घर वाले' से भर पाई। वह अपने को भी कोसती है कहाँ से किस कुसमय उसने मेले की बात चलाई जो पूरे गाँव में फैल गयी। तभी बाहर बैलों की घंटियाँ सुनाई पड़ीं। पूरे घर में सब सो जाने का नाटक कर रहे हैं। चम्पिया-बिरजू के बाप ने देखा कि न रोशनी है न चूल्हे में आग न रोशनी न चिराग। चम्पिया को धान की बालियों का गुच्छा पकड़ाया कि झोंपड़े के ओसारे पर रख दे और दिया जलाए।

बिरजू की माँ गुस्से में फट पड़ी – 'डेढ़ पहर रात को गाड़ी लाने की क्या जरूरत थी? नाच तो अब खत्म हो रहा होगा।' पर धान की हरी बाली देखते ही गुस्सा गायब। मर्द ने भी कहा – 'नाच अभी शुरू भी नहीं हुआ होगा। कम्पनी की गाड़ी खास हाकिम साहब को लेने गयी है।' दृश्य बदल गया। वही फुआ रोटी पकाएगी – मीठी रोटी। बिरजू ने 'मलेटरी टोपी' पहन ली। रेणु लिखते हैं – 'पूर्णिमा का चाँद सिर पर आ गया है।...बिरजू की माँ ने असली रूपा का मँगटीक्का पहना है, आज पहली बार। बिरजू के बप्पा को हो क्या गया है, गाड़ी जोतता क्यों नहीं, मुँह की ओर एकटक देख रहा है, मानो नाच की लाल पान की...।' रेणु ने 'बेगम' नहीं कहा। जैसे अभिधा से बचना हो। यही है कहानी छोटी, सघन, राग सघन आंचलिक। प्रेम की कहानी। अद्‌भुत अपूर्व। विद्यापति ने जिसे 'अजुगत' कहा है – अवर्णनीय।

गाड़ी में बैठते ही लाल पान की बेगम हो चुकी रूपगर्विता और प्रेमगर्विता बिरजू की माँ की देह में गुदगुदी जगने लगी। बिरजू को कहना पड़ा – 'उड़न जहाज की तरह उड़ाओ बप्पा'। जंगी की बहू टीशन वाली को रोने से मना किया और कहा गया कि गाड़ी में जगह ही जगह है। खवास की बहू गिलट का झुनकी-कड़ा पहन कर झुनकती आ रही है। बिरजू की माँ को अपने गौने के दिन याद आये। चम्पिया, सुनरी, लरेना की बीवी और जंगी की पतोहू बायस्कोप का गाना छेड़ेंगी। अब रेणु की लाल पान की बेगम का हाल यह है –

"चारों ओर गौने की साड़ी की खसखसाहट जैसी आवाज होती है।...। बिरजू की माँ के माथे के मँगटीक्के पर चाँदनी छिटकती है।"

चम्पिया ने गाना शुरू किया – 'चंदा की चाँदनी...'। बिरजू की माँ की निगाह जंगी की पतोहू पर है और वह अनुभव करती है – "गौने की साड़ी से एक खास किस्म की गन्ध निकलती है।" अब किसे बताना है कि कौन है – 'लाल पान की बेगम!'

कहना न होगा, इसे गार्हस्थिक प्रेम की मार्मिक कहानी के रूप में पढ़ा जाएगा। तब 'तीसरी कसम' की हीराबाई याद आएगी – हिरामन याद आएगा – नौटंकी के बनने उजड़ने का दिन याद आएगा। यहाँ न उजाड़ है न सूनापन न परकीया प्रेम की दरकार! जिसे आचार्य श्रेष्ठतम प्रेम मानते हैं। यहाँ स्वकीया नायिका ही जैसे कोई और हो। 'दाम्पत्य-रस' की एक अनोखी कहानी जिसे धीमे-धीमे ही पढ़ना होगा। किसी को भ्रम नहीं होना चाहिए कि स्वकीय प्रेम की दृष्टि से ही 'लाल पान की बेगम' महत्त्वपूर्ण कहानी है। प्रेम स्वकीया-परकीया नैतिक-अनैतिक में फर्क नहीं करता। रेणु के ही शब्द हैं – 'मैं आस्कर वाइल्ड की तरह कला को नैतिकता-अनैतिकता से परे मानता हूँ। नैतिकता के लिए अन्ध आग्रह मुझमें नहीं है।' हम देख चुके हैं

कि धान की बाली के हरे रंग ने बिरजू की माँ का गुस्सा उड़ा दिया। रेणु तो लिखते हैं – "धान की इतनी अच्छी फसल, जितनी अच्छी इस साल है, हो तो खेती करने में कविता करने का आनन्द है।" रेणु कहानी में भी कवि-मर्म की प्रगाढ़ता प्रकट करते हैं। गौने की साड़ी की खसखसाहट का-सा स्पर्श बिम्ब काव्य-बिम्ब ही हो सकता है।

दलित मुक्ति और उसके अन्तर्विरोध

धाँगड़ पत्थरों को गाभिन करते हैं
मैं थके हुए घोड़ों की गिनती करता हूँ
अपने आपको ताँगे से जोतकर
बान की लाश को छू लेता हूँ जलता हूँ
धाँगड़ पत्थरों को खून से घुलाते-मिलाते हैं
मैं पत्थर ढोता हूँ
धाँगड़ पत्थरों का घर बनाते हैं
मैं पत्थरों से सिर फोड़ता हूँ

—नामदेव ढसाल
('बाप, धाँगड़ और मैं' कविता से)

हिन्दी में अधिक से अधिक बीस-पच्चीस वर्षों से दलित साहित्य चर्चा में है। मराठी, कन्नड़, गुजराती में और पहले से। मराठी में दलित साहित्य को सबसे प्रखर अभिव्यक्ति मिली। कन्नड़ में भी, रचना और आलोचना दोनों में शूद्र प्रज्ञा ने महत्त्व अर्जित किया। पर अभी-अभी कर्नाटक में जातिसंघर्ष के बदलते रूपों पर एक ऐसा विश्लेषण प्रकाश में आया है जो न सिर्फ चिन्ताकारक है, बल्कि दलित मुक्ति के लम्बे प्रयत्नों की किसी गहरी आन्तरिक विसंगति की ओर इशारा है। आँकड़े बताते हैं कि बिहार के जाति-युद्ध में भी दलितों की सामूहिक हत्याएँ आम हैं। नये तथ्य और सन्दर्भ उदाहरण हैं कि पिछले वर्षों में संस्कृति का राजनीति और जातिगत राजनीति दोनों का भयावह निरूपण हुआ है। दलित वर्ग भीतर बाहर से लगातार विभाजन का शिकार है और अस्मिता या पहचान के नये-नये रूप बनने की प्रक्रिया में है। आन्ध्र में आरक्षण के सवाल पर ऐसा अन्तर्विभाजन बढ़ता ही गया है और वह एक सम्पूर्ण दलित चेतना को विखंडित या गुमराह करने वाला है। उत्तर प्रदेश में देखा ही गया कि किस तरह अपने प्रभाव के उत्कर्ष काल में ही भाजपा-बसपा-गठबन्धन

ने दलित प्रश्नों को हिन्दुत्व के प्रश्नों में ही आत्मसात कर लिया। ऐसे सांस्कृतिक संगठन जो दलित चेतना के प्रचार-प्रसार में लगे थे, भीतर-भीतर वामपंथी सांस्कृतिक आन्दोलनों से दूर होते गये और आत्मतुष्ट सत्ताकामी विभ्रम के शिकार__होकर रह गये। दुःखद है कि दलितों की एक धारा प्रभुत्वशाली (dominant) जातीय संरचना को चुनौती देती है और दूसरी उसी के साथ गठजोड़ बनाती है। आज सत्ता में पासवान जैसे लोग आखिर भाजपा के फासीवादी उद्देश्य की हित-सिद्धि में सहायक हैं और दलितों-ईसाइयों पर लगातार हो रहे हमलों के बारे में चुप हैं। ज्यादातर जो बर्बर हिंसा के शिकार हैं, ईसाइयों में भी दलित श्रेणी में गिने जाने वाले हैं। जैसे स्त्रियाँ।

यह दलित चिन्तकों के लिए भी आत्मालोचन-जैसा विषय है कि कहीं दलित आन्दोलन का यह यथास्थितिवाद या बिखराव या विखंडन दलित साहित्य की कुछ ही पहले की तीखी धार को कमज़ोर या भोथरा तो नहीं बना रहा है! यों तो, संस्कृति के पूरे क्षेत्र में ही एक तरह की यथास्थिति या निष्क्रियता है। कभी-कभार ही कुछ ऐसे प्रयत्न दिखाई देते हैं जो अलग-थलग पड़े प्रतिरोधी संगठनों को एकजुट करने का हौसला रखते हों। स्त्री शोषण या उत्पीड़न का लम्बा इतिहास दलित उत्पीड़न से जुड़ा है पर दलितों का ही एक प्रभुत्वशाली वर्ग अपने ही वर्ग-समाज की स्त्री-दशा को लेकर चिंतित नहीं दिखाई देता। बल्कि स्त्री उत्पीड़न को लेकर उसकी अपनी सोच या ज़ेहनियत की अलग ही विकृतियाँ हैं। देखें कि किन अंचलों में हिम्मत जुटाकर स्त्रियाँ शराब बन्दी जैसा आन्दोलन चला रही हैं और उन्हें परिवार में ही प्रतारणा मिली है। या जहाँ पुरुष मौजमस्ती या निठल्लेपन के शिकार हैं और स्त्रियाँ ही खेत-खलिहान में जुटी हैं, बोझ उठाने से लेकर हाड़तोड़ मजदूरी तक, दूर-दूर से पानी ला रही हैं, ईंधन जुटा रही हैं! अभी-अभी एक खूबसूरत पहाड़ी अंचल में किशोरियों के जैसे सूखे चेहरे देखे गये – सूखे, थके-हारे-बीमार, वे कल्पना से परे थे और दहशत पैदा करने वाले थे। यह उस अंचल का तथ्य है जहाँ प्रकृति सुन्दरता लुटाती फिरती है और उस हिसाब से तो इन्हें यौवन की लाली से सराबोर नज़र आना चाहिए।

इसी सिलसिले में और भी सवाल चौंकाने वाले हैं। आखिर महाशिवरात्रि जैसे प्रभुत्वशाली हिन्दुओं के त्योहार ही एक तरह के दलित वर्ग को दूसरे दलित वर्ग के आते ही हिंसक क्यों बनाता है। उच्चवर्गीय हिन्दुत्व के पूजा प्रतीक ही यहाँ जुनून पैदा करने वाले हैं। धर्म सम्प्रदाय के संकीर्ण उन्माद के चलते ही हिन्दू दलित दलित मुसलमान या दलित ईसाई पर हिंसक हमलों में शरीक हैं। यह कैसी दलित चेतना है जो हजारों साल के उच्चवर्णवाद या ब्राह्मणवाद के कठोर वर्चस्व से छुटकारा पाने

के लिए देर सबेर संघर्षरत थी, आज फिर इन्हीं के अनुष्ठानों, पूजा-पद्धतियों के प्रति इतनी उत्साहित है। क्या दलित साहित्य पर इन घनघोर अन्तर्विरोधों की कोई छाया नहीं है। हिन्दू भूस्वामियों-सामन्तों की तर्ज पर दलित वर्गीय पुरुष समाज स्त्री पर प्रेम या अवैध सम्बन्ध या ऐसे ही दूसरे अभियोग के नाम पर बर्बर दंड के अकल्पनीय रूपों का इस्तेमाल करता है। जीवनशैली में जब-तब वैसा ही चलन अपना कर वह सत्ता-सुख की आकांक्षा तो रखता है, ज़मीनी संघर्ष से अपने को विमुख भी करता जाता है। कभी-कभार नेतृत्व की आहुति पर आयोजित रैलियाँ दलितों की सामूहिक ताक़त की झलक ही देती हों, जरूरी नहीं। दलितों में जो नया स्तरोन्नयन हो रहा है – (यह नहीं कि वह एक अच्छा लक्षण नहीं है) – शिक्षा और दूसरे कारणों से भी – उसे देखकर भी कई बार दलित चेतना के मूल संघर्ष-संकल्प से दूर हटने का आभास होता है।

दलित समाज का बहुलांश गरीबी की रेखा के काफी नीचे है। कई बार जीवन की न्यूनतम सुविधाओं (जैसे पीने के लिए पानी, रहने योग्य घर, शिक्षा, रोजगार) से वंचित। पर कहीं इसी का एक हिस्सा भद्र वर्ग की रुग्ण इच्छाओं, संस्कारों का शिकार है। जो यातना-स्मृतियाँ त्रासद आत्मकथाएँ या वृत्तान्त लिखने में सहायक हुई हैं, उन्हें भुला देने वाले माध्यम भी सुलभ हैं। यहाँ हमारी चिन्ता यह नहीं है कि सुख-सुविधाएँ दलित वर्ग को क्यों आकृष्ट कर रही हैं या कि क्यों उनके हिस्से में आ रही हैं। हमारी चिन्ता यह भी नहीं है कि 'हाई' और 'लो' कल्चर का फ़र्क मिट जाएगा तो क्या होगा! जो मिटता है, उसे मिट जाना चाहिए। पर अगर वर्गीय चेतना का एहसास ही मिट गया तो एक प्रतिरोधी वैकल्पिक सौन्दर्यशास्त्र की अब तक की सम्भावना का क्या होगा। बहस इस पर तो होती आयी है कि दलित साहित्य की विश्वसनीयता क्या हो! लेखक का जन्म से ही दलित वर्ग में होना या न होना! प्रेमचन्द दलित साहित्य या दलित वर्ग की पीड़ा लिखने के अधिकारी माने जाएँ या नहीं! और निराला! पर इस पर कम विचार किया जाता है कि यदि प्रभुत्वशाली सामन्त वर्ग (जो समाप्त नहीं हो गया है) की अभिरुचियों पर आधारित सौन्दर्यशास्त्र दलित साहित्य के मूल्यांकन की कसौटी नहीं है तो दूसरे सौन्दर्यशास्त्र, दूसरे वैकल्पिक सौन्दर्यशास्त्र की अवधारणा क्या है! क्या हैं उसके मानक! क्योंकि विद्रोह को भी विचार बनने के लिए अपने मानक तो बनाने ही पड़ते हैं। नामदेव ढसाल की कविता 'पानी' के लिए क्या कहेंगे 'अश्लीलत्व दोष' या 'च्युत संस्कृति दोष! या आक्रोश-मिश्रित पीड़ा के आख्यान का कोई वैकल्पिक महत्त्व-मानक हमारे जेहन में उभरेगा!

इत्ती-सी धार छोड़ो पानी डालो
अजी मैया अजी पटेल साहित्य
ओ मालिक ओ दे दो ना पानी
आग आग आ...
धत् तेरे में बाम्बू घुसेड़ दिया
ऐ चिपड़-चचौड़े
स्साले मेरी पेंदी तेर मुँह पर मारूँ
हट्-हट् स्साले बेटी चोद
से मुट्ठी बहादुर से बागड़ू
धत् तेरे की छिनाल की औलाद...

फिर यहीं एक और सवाल! क्या 'उदात्त' जैसी अवधारणा पर भद्रवर्गीय साहित्याभिरुचि का ही एकाधिकार या कब्जा बना रहेगा! दलित लिखेगा तो वही फूहड़ या भदेस! वही रोजमर्रा की यातना का नंगा यथार्थ! और बस! इस यथार्थ के दूसरे अनुषंग क्या होंगे! उदात्त रचने का अधिकार उसे न होगा।

यह सवाल भी इधर ही उठा है कि भूमंडलीकरण, आर्थिक उदारीकरण, विश्व-पूँजी के अनियंत्रित प्रसार, बाज़ारवाद वाले दौर में क्या उच्च सवर्ण जातीय संरचना ठीक-ठीक वही है, जो प्रभुत्वशाली (dominant) वर्गीय संरचना है! दलित चेतना के आस-पास उभरने वाली नयी शक्ति संरचनाओं पर भी नज़र रखने की जरूरत है जो उसे मूल संघर्ष से विमुख कर सकती हैं। देखें कि आपराधिक गतिविधियाँ केवल एक जाति या वर्ग तक सीमित नहीं रह गयी हैं। एक ओर नवधनाढ्य अपराधलिप्त होंगे तो दूसरी ओर आश्चर्य नहीं कि किन्हीं आकस्मिक लाभस्रोतों के दबाव ने दलित वर्ग से ही कोई माफिया न पैदा हो जो सबसे पहले अपने ही वर्गीय हितों के विरुद्ध दिखाई देगा। ये अपवाद स्थितियाँ हैं पर समाजशास्त्रीय शोधकर्ताओं ने इनके प्रति सतर्क किया है। महाराष्ट्र से, जहाँ शिवसेना, शक्ति संरचनाओं में सर्वोपरि है, ऐसे अपवाद उदाहरण अकल्पनीय नहीं हैं। अम्बेडकरवाद के नाम पर आतंक फैलाने वालों ने वहाँ कम ज्यादतियाँ नहीं की हैं। दलित चेतना के भीतर ही अम्बेडकरवाद का भी 'क्रिटीक' बनना चाहिए – खासकर जब वह सत्ता केन्द्रित विचार या विचारधारा बनने की प्रक्रिया में हो। गाँधी को सवर्ण राजनीति के दायरे में और अम्बेडकर को दलित दायरे में रखकर कभी-कभी आलोचनाविमुख तर्क-पद्धति को दूर तक खींच दिया गया है। इससे जितना फायदा हुआ है, उससे ज्यादा कहीं हानि हुई है।

दलितों के भीतर ही जो नयी जातियाँ-उपजातियाँ बन रही हैं वे इस तथ्य को और उजागर करती हैं कि दलित समाज का बड़ा हिस्सा दिनोंदिन सुविधाओं से वंचित होता जा रहा है। निश्चित नहीं है कि ज़मीन का एक छोटा टुकड़ा भी उसके पास रह ही जाएगा क्योंकि बहुराष्ट्रीय कम्पनियों के लिए, बड़े उद्योगों के लिए, सरकारी, गैरसरकारी उद्यमों के लिए ज़मीन कम होती जाती है। विस्थापन के शिकार होंगे तो सबसे पहले कमजोर दलित ही होंगे। वहीं निरक्षरता होगी। पढ़-लिख लें तो इस दौर की प्रतियोगिता या स्पर्द्धा में वे टिक न पाएँगे। आखिर आज भी वे पारम्परिक पेशों पर निर्भर हैं। एक तथ्य यह है। दूसरा यह कि हिन्दुत्व की प्रबल सत्ता संरचना उनके लिए रोज़ झूठे प्रलोभन लुटा रही है। अब अम्बेडकर की व्याख्या वे अपने हितों के अनुरूप करने लगे हैं। आदिवासियों-वनवासियों के हितों के लिए उनका हर पर्व पर झूठा आश्वासन है। ये 'कोटियाँ' भी अब उनकी बनाई हुई हैं क्योंकि मिथक का व्यापार भी करने में वे ही सक्षम हैं। रविदास जयन्ती के कार्यक्रम अब केवल उनके एजेंडे पर हैं। सन्त महन्थ उनके साथ एक ही पाँत में खाने का स्वाँग कर रहे हैं और धीरे-धीरे उनकी विद्रोही चेतना को कमज़ोर करते जा रहे हैं। समानता का नाटक यहाँ अधीनता या दासता की कला है। दलित पैंथर आदि की शुरू की क्रान्तिकारी चेतना कैसे मद्धिम पड़ती गयी है, विचार करने की जरूरत है। अगर 'दलित' केवल विचारपरक या बौद्धिक कैटेगरी नहीं है तो जातिगत और वर्गगत दलित संरचनाओं के अन्तःसंक्रमण को गम्भीर परीक्षण से गुजरना होगा।

दलित उच्चवर्गीय वर्चस्व को चुनौती भी देंगे और उन्हीं से समझौते करके साझा कार्यक्रम भी बनाएँगे जैसे पूजा-उपासना की रथयात्राओं में उनकी भूमिकाएँ पहले से तय होंगी। वे क्या करेंगे! क्या नहीं करेंगे! वह पूर्वनिर्धारित होगा – तो दृश्य बहुत बदलने वाला नहीं है। एक उदाहरण यह भी है कि सवाई माधोपुर के चमार श्रेणी में रखी गयी जाति पवित्रतम हिन्दुत्व के नज़दीक जा पहुँचती है। यह पूर्वग्रह भी काफी प्रबल है कि दलित चेतना का जो प्रतिनिधि ताकतवर प्रश्न है वह पुरुषप्रधान है क्योंकि स्त्री उत्पीड़न के विरुद्ध संघर्ष का मोर्चा दलितों ने नहीं बनाया है – शिक्षित उच्चवर्गीय स्त्रियों ने बनाया है। यह पुरुष प्रभुत्वशाली दलित मनोविज्ञान स्त्री को स्वतन्त्र सत्ता के रूप में कम ही देख पाता है। उसकी आत्मकथाओं में स्मृतियों में ज्यादातर सहने वाली स्त्रियाँ हैं। कारण वही – कि स्त्री तो जैविक कारणों से ही दुर्बल या कमजोर है। सहने वाली ही है वह। मोर्चा लेने वाली नहीं है।

स्त्रीवाद के एजेंडे को भी नये सिरे से परिभाषित करने की जरूरत है। इसी से यह मुहावरा सार्थक हो सकता है कि उनकी कोई अलग आवाज है। दलित स्त्रियाँ

भी शेष स्त्रियों के साथ जब व्यापक रूप में अपने वर्गीय (महज़ जातिगत नहीं) उत्पीड़न के विरुद्ध संगठित होंगी, तब उनकी आवाज भी और होगी और ताकत भी। स्त्री के प्रति हिंसा के रूप और लक्ष्य एक-से हैं। इसे किसी व्याख्या की जरूरत नहीं। पूछ सकते हैं कि हमारे यहाँ दलित कविता है, दलित कथा है। दलित आलोचना क्यों नहीं है। (धर्मवीर के कबीर विषयक विवेचन के बावजूद!) कम-से-कम ऐसा तो नहीं है जो वर्चस्व में एक और अखंड या अविच्छिन्न, अपरिवर्तनशील कहे जाने वाले सौन्दर्यशास्त्र का सार्थक विकल्प हो। वैकल्पिक सौन्दर्यशास्त्र केवल सुविधाप्रधान घालमेल से सम्भव न होगा। जब तक दलित आन्दोलन की क्रान्तिकारी धारा एक सम्पूर्ण ताकत बन कर नहीं उभरती और अम्बेडकर या बहुजन का भी एक अपना 'क्रिटीक' नहीं तैयार करती, यह उम्मीद नहीं की जा सकती कि वह बुर्जुआ सौन्दर्यशास्त्र का प्रखर क्रिटीक बना सकेगी या वैकल्पिक सौन्दर्यशास्त्र के नये मानक रच सकेगी। 'अठारहवीं ब्रूमेर' में मार्क्स के शब्द हैं : ''मनुष्य अपना इतिहास स्वयं बनाता है जो उसे अतीत से प्राप्त और अतीत द्वारा सम्प्रेषित होती हैं और जिसका उसे सीधा सामना करना पड़ता है।'' दलित मुक्ति और दलित साहित्य के अन्तर्विरोधों पर विचार किए बगैर दलित साहित्य के लिए किसी वैकल्पिक सौन्दर्यशास्त्र की कल्पना नहीं की जा सकती।

प्रेम, यौनिकता और महात्मा गाँधी

बहुत दिनो नहीं हुए, जब से 14 फरवरी को 'वैलेन्टाइन डे' के रूप में मनाया जाने लगा है। बाज़ार का सम्मोहन उपहार वस्तुओं से सजी दुकानें, रेस्तराँ होटल पार्क सब कहीं मौजूद हैं। हिन्दुत्व के लिए प्रेम का यह उत्सव खतरा पैदा कर रहा है। शिवसेना बजरंग दल के साथ ही भारतीय पुलिस भी 'आपरेशन मजनूँ' चला रही है। फिलहाल मेरठ की खबर चर्चा में है। संयोग है कि इधर ही सुधीर कक्कड़ की किताब 'मीरा और महात्मा' बहस के केन्द्र में है। गाँधी जी के कई प्रेम और यौनिक प्रयोग जैसे सन्दर्भ सनसनी पैदा करने वाले हैं। आज सत्य अहिंसा पर आधारित गाँधी की छवि खंडित है। नेहरू और उनसे पहले रवीन्द्रनाथ इसी तरह के विवादों में रहे हैं।

पिछले दिनों प्रभा दीक्षित का लेख 'गाँधी, यौनेच्छा और स्त्री' (सहारा समय/18 फरवरी 2006) गाँधी जी के प्रभामंडल, ब्रह्मचर्य साधना के उनके प्रयोग और स्त्री के साथ के प्रयोग में अनासक्त साझा-सहयोग को लेकर कई सवाल उठे हैं। गाँधी जी की मान्यताएँ गृहस्थ लोगों के गले नहीं उतर रही हैं। उनका विचार खटकने वाला है – 'स्त्री अगर बलात्कृत होती है तो यह उसकी भी कमजोरी है।' गाँधी का कहना है – स्त्री का शीलभंग उसकी इच्छा के बगैर असम्भव है। फिर जो गुंडे हिंस्र होकर मेडिकल छात्र पर दिन दहाड़े टूट पड़ते हैं वहाँ क्या मानें कि लड़की की सहमति इस कांड में रही होगी। उसकी पथराई आँखें, विक्षिप्त मन क्या बता रहे हैं। पुलिस-थाने में रिपोर्ट लिखाने के लिए जाने वाली स्त्री पर चार जवान टूट पड़ते हैं तो क्या मानें, कि वह मानकर चल रही थी कि यही जघन्य कांड सुरक्षा के घेरे में घटित होकर रहेगा – साथ चलती गाड़ी में खींच ले गयी लड़की से पूरे रास्ते बलात्कार होता रहता है, इसमें क्या वह अपहृत और बलात्कृत होना चाहती थी। गाँधी के तर्क कुतर्क हैं और पुरुष दम्भ सूचित करते हैं।

गाँधी जी मानते हैं कि स्त्री शीलभंग का शिकार हो जाती है और प्रतिवाद नहीं कर पाती तो उसे मृत्यु को चुन लेना चाहिए। ये घटनाएँ छोटी बच्चियों के साथ हो जाती हैं और अभिभावक सरीखे बुजुर्ग ज़िम्मेदार ठहराए जाते हैं तो यह तर्क उसे

सही कैसे साबित करे। घटनाएँ हैं कि रोज़ ही घटती हैं। कानून अन्त तक निर्णय नहीं दे पाता कि वास्तविक अपराधी कौन है? हम फिर गाँधी के तर्क-कुतर्क पर लौटें। गाँधी जी निर्वस्त्र स्त्री के साथ सोते थे और मानते थे कि वस्त्रहीन स्त्री को भी अपनी दैहिक उत्तेजना से बचना चाहिए। मनु-प्रसंग में खाट की साझेदारी को वे स्पष्ट नहीं करते और धुँधलका बनाए रखते हैं। 19 वर्ष की मनु और सत्तर पार के गाँधी नग्न अवस्था में सोते हैं और गाँधी की साधना निर्विघ्न सम्पन्न हो जाती है; तो क्या कोई खरोंच दूसरी सहयोगी स्त्री के शरीर या मन पर नहीं पड़ती। सवाल तो यह भी उठता है वे जिनके साथ इस अवस्था में सोते थे, उनके शरीर के ताप से क्या वे अछूते रह पाते थे। क्या यहाँ कोई ग्लानि नहीं होती – केवल आध्यात्मिक सन्तुष्टि का आभास होता है। वे प्रश्न अब हम कल्पित गाँधी से ही पूछ सकते हैं। प्रेम शारीरिक मानसिक यातना है और वह कहीं भी भावुक नहीं बनाता। गाँधी के तर्क-कुतर्क तो हमें यहीं तक ले जाते हैं।

क्या इसे गाँधी जी के सत्य के प्रयोग का हिस्सा कहा जा सकता है – उनका ब्रह्मचर्य-परीक्षण उनका अपना प्रयोग या प्रयास है! शायद नहीं। दूसरे किसी के बारे में सीधे इसे पाखंड ठहराया जाता है। सामाजिकता की दृष्टि से भी यह चिन्ता का विषय है। सुशीला नैयर, मनु, आभा गाँधी की चुप्पी क्या कहती है? जिस समाज में सम्बन्धों की सीमाएँ सुपरिभाषित हैं, उसमें गाँधी जी लम्बे समय तक अपने यौनिक प्रयोगों को सार्वजनिक करते रहे और समादृत होते रहे, उस समाज की भी कोई आत्मा होती है या नहीं। जिस आश्रम में सहस्नान के लिए भेजे गये लड़के-लड़की के बीच अगर कुछ घट जाता है तो लड़के के निर्वासन के साथ लड़की के केश मुड़ा देने वाले गाँधी से कस्तूरबा भी सहमत नहीं थी। कस्तूरबा ने अपनी आत्मा की तकलीफ़ छिपाई नहीं है। मीरा बेन के साथ के सम्बन्ध में इशारा है कि गाँधी बेन पर पूर्ण निर्भर हो चुके थे। यह किसके अधिकारों में हस्तक्षेप था। अपने बीस साल के बेटे से गाँधी नाराज़ हैं और उपवास करके प्रायश्चित्त करना चाहते हैं। वह किसी विवाहित प्रौढ़ा पर आसक्त ही तो हुआ था। उसने सहजीवन का विकल्प तो नहीं चुन लिया था। गाँधी जी उन स्थितियों को क्या समझ नहीं सकते जिनमें वे परस्पर आसक्त हुए होंगे। विवाहित स्त्री के सम्बन्ध में यह और भी विचारणीय है। गाँधी के कठोर पूर्वाग्रह न स्त्री को मुक्त कर पाते हैं, न अपने को।

यौनिकता का प्रश्न नाजुक प्रश्न है। इस सम्बन्ध के दायरे में दोनों पक्ष – स्त्री-पुरुष – सम्बन्ध बनाने, न बनाने के लिए जिम्मेदार हैं और अपने में स्वतन्त्र भी हैं। जैनेन्द्र के उपन्यास 'सुनीता' में क्रान्तिकारी हरिप्रसन्न सुनीता को निर्वसन ही तो देखना चाहता था और सुनीता के समर्पण को हम गाँधीवादी कह कर ही उसका

औचित्य साबित करते हैं। 'मुझे लो, हरि बाबू मुझे लो' यह कहना था कि हरिप्रसन्न ने आत्माधिक्कार से आँखें बन्द कर लीं। जैनेन्द्र ने गाँधीवाद के प्रति अगाध श्रद्धा दिखाई है पर यहाँ उनके, यानी गाँधी जी के यौनिक प्रयोगों को नैतिक ठहराने का कोई कारण नहीं है। प्रभा दीक्षित मानती हैं कि गाँधी जी की स्वेच्छाचारिता के कारण ही उनके आश्रम उनके न रहने पर वीरान हो गये। गाँधी विचार भले एक पवित्र संहिता की तरह हों, पर यौनिक जीवन के उनके प्रयोग चिन्तित करने वाले हैं। गाँधी जी खुद भी ऐसे प्रयोगों को सार्वजनिक नहीं कर पाते थे, इसलिए उनका प्रभामंडल ही उनका सुरक्षा कवच हो सकता था। स्त्री अगर भोग्या-भर नहीं है तो उसे प्रयोग में शामिल करते समय उसकी स्वीकृति तो पूछी ही जानी चाहिए थी।

आज वैलेन्टाइन डे के समय में भी लड़के-लड़कियाँ एक तरह की मर्यादा का निर्वाह कर रहे हैं, फिर भी पुलिसिया तंत्र उन्हें दंडित कर रहा है। क्या हम गाँधी जी के आदर्श को यहाँ प्रस्तावित कर सकते हैं। बड़े-से-बड़े महात्मा को भी यौन शुचिता को अपने लिए स्वतः पुष्ट मानने का कोई कारण नहीं है। जब महान व्यक्तियों की चरित्रगाथा भी स्त्री विमर्श के दायरे में पुनः विचारणीय हो उठी है, गाँधी जी के यौन शुचिता वाले आत्मतुष्ट तर्क की परीक्षा की जानी चाहिए। इधर विवाह नामक संस्था ध्वस्त हो रही है। 'सलाम नमस्ते' में युवा प्रेमी-प्रेमिका के साथ रह सकता है। मुश्किल तब आती है जब प्रेमी-प्रेमिका को गर्भवती नहीं होने देता, जैसे बच्चा उनके जीवन के रोमांस को खत्म कर देगा। पर प्रेमिका पत्नी की तरह रह रही है तो माँ बनना चाहती है। प्रसव का लम्बा प्रसंग प्रेमी का मन बदल देता है और वह उत्साह और उत्तेजना में है। जन्म जैसे पृथ्वी की सबसे महान घटना हो।

मीरा बेन और महात्मा गाँधी के बीच का पत्र व्यवहार कई गुत्थियाँ खोलने वाला है। मीरा पत्र में लिखती हैं – "आपके लिए मेरा प्रेम मुझे एक फूल की तरह खिला देता है, लेकिन यह एक एक जख्म की तरह भी खुल सकता है – लाल, कच्चे, दर्द भरे जख्म की तरह। मेरा प्रेम मुझे दुखी करता है और अधिकतर समय मैं इस दुख का स्वागत करती हूँ। आपकी अनुपस्थिति ही मेरी व्यथा है।" वे पीड़ा में मिठास का अनुभव करती थीं। आज जब सहजीवन चलन में है और कोई भी अविवाहित लड़की यौन सम्बन्ध के आनन्द को जितना छिपाती है उतना ही बताती भी है। गाँधी जी और यौनिकता पर चर्चा करना वर्जित विषय नहीं है। मीरा महात्मा गाँधी पर एकाधिकार चाहने लगी थीं और कोई भी जोखिम उठाने को तैयार थीं।

आज प्रेम को लेकर कोई कर्त्तव्यबोध नहीं है। प्रेम कोई स्थायी मूल्य नहीं रहा। 'यूज़ एंड थ्रो' की कैटेगरी में आ गया है। विदेशी लड़कियाँ बालीवुड में कम से कम पैसे पर विज्ञापन के लिए कोई भी पोज़ दे सकती हैं। एक्स्ट्रा ही उनकी जाति है।

उन्हें समझौते भी करने पड़ते हैं। कामशास्त्र के नये पाठ के लिए वे हर समय तैयार हैं। महात्मा गाँधी के प्रयोग का औजार थीं एकाधिक स्त्रियाँ – सरला देवी, चौधरानी, सुशीला नैयर, मीरा बेन, मनु गाँधी, आभा गाँधी आदि। गिरजा कुमार 'ब्रह्मचर्य, गाँधी और उनकी सहयोगी स्त्रियाँ' पुस्तक में लिखते हैं – ''वास्तव में उनके ब्रह्मचर्य के प्रयोग औरतों के साथ सोने के अभ्यास से ही निकले थे। गाँधी जी आभा को कपड़े उतार कर सोने को कहते। पर आभा ने पेटीकोट, चोली पहनना जारी रखा। आभा के पति ने हस्तक्षेप किया तो गाँधी जी ने लिखा – "मैं अन्धकार में डूबता जा रहा हूँ...यहाँ एक महान यज्ञ कर रहा हूँ जहाँ से भागना नहीं होगा और भागकर मैं जा भी कहाँ सकता हूँ।" इस पूरे प्रकरण को गाँधी की आत्मतुष्टि कहा जाएगा पर प्रयोग की वस्तु स्त्रियों का उत्पीड़न। सुशीला जैसी स्त्रियों के साथ निर्वस्त्र नहाने के प्रयोग को भी इसी श्रेणी में रखा जा सकता है। महानता का मिथक भी इस तरह के अध्ययन में ध्वस्त हो जाता है। सरदार पटेल ने गाँधी जी के दुस्साहसिक प्रयोग को सीधे-सीधे 'अधर्म' कहा है।

महात्मा गाँधी के प्रभामंडल से आविष्ट स्त्रियों ने गाँधी के यौन प्रयोगों को उत्पीड़न नहीं माना और चुप्पी साध गयीं। इधर की एक फ्लाइंग ऑफिसर अंजलि गुप्ता ने सीनियर अफसरों पर यौन उत्पीड़न का आरोप लगाया और वे खुद सैन्य कोर्ट द्वारा दोषी ठहरा दी गयीं और सेना की सेवा से उन्हें बर्खास्त कर दिया गया। मीडिया ने इसे लेकर शायद कोई चिन्ता नहीं दिखाई। यह इधर की ऐसी शर्मनाक घटना है जिस पर संसद तक में बहस होनी चाहिए, पर वहाँ अपनी-अपनी सीडी बचाने छिपाने नष्ट करने की चिन्ता है। गाँधीवाद उत्तरोत्तर अहिंसा, सत्याग्रह की सार्थकता खोता गया है और वह उस खादी-उद्योग पर टिका है जो सादगी से अधिक फ़ैशन टेक्नॉलॉजी के दायरे में है। जेसिका लाल हत्याकांड के आठ-नौ बरस बाद सारे अपराधी न्यायालय द्वारा निर्दोष बना दिए गये हैं और यह अध्याय बन्द कर दिया जाय, तो आश्चर्य नहीं।

अन्त में गाँधी और उनकी स्त्रियों के ब्रह्मचर्य प्रयोग को क्या अहिंसा और आत्ममुक्ति का सन्देश माना जाय। क्या अहिंसा ही इन प्रयोगों की कसौटी हो सकती थी। कथाकार अमरकान्त कहते हैं – "गाँधी जी का उदात्त चरित्र चरित्रहीनता के दायरे में कैसे आएगा! एक तर्क यह भी कि यदि गाँधी जी ही मनु की माँ भी हो सकते थे तो सोने में बाधा कहाँ! पुरुष के भीतर एक स्त्री का होना रवीन्द्रनाथ के अनुभवों से भी प्रमाणित है।" देखना यह है कि यह विवाद प्रभा दीक्षित को भी पुनर्विचार के लिए प्रेरित कर सकता है या नहीं!

अँधेरे समय की चुनौतियाँ और प्रेमचन्द

उत्तरोत्तर क्रूर होते समय को अगर हम 'अँधेरा समय' कह रहे हैं, तो कुछ आश्चर्य नहीं। साहित्य के दायरे में जो महान लड़ाइयाँ लड़ी गयी हैं, उनके पीछे फकीर मोहन सेनापति, प्रेमचन्द, निराला, मुक्तिबोध हैं। मुक्तिबोध ने 'अँधेरे में' शीर्षक लम्बी महाकाव्यात्मक कविता लिखी और 'अँधेरा' 'स्याह' जैसे शब्दों को नये अर्थ दिए। नेहरू ने अपनी कृति 'भारत की खोज' में अँधेरे समय का बार-बार जिक्र किया। प्रेमचन्द अपने आप में एक महान् परम्परा हैं, पर उनके भीतर कई छोटी परम्पराएँ हैं। यशपाल, जैनेन्द्र, रेणु, भीष्म साहनी इन्हीं में आते हैं। प्रेमचन्द की परम्परा तो है, पर यशपाल या जैनेन्द्र या रेणु की अलग परम्परा नहीं है। साहित्येतिहास में परम्परा एकरेखीय नहीं है। प्रवृत्तियाँ कई हैं। कभी अज्ञेय का विद्रोही नायक शेखर भी प्रेमचन्द के कथानायकों के साथ आ खड़ा होता है। साहित्य ही हमें वह व्यापक अवकाश देता है, जब निर्मल वर्मा को प्रेमचन्द या रेणु के साथ पढ़ा जा सके।

याद करें, 'गोदान', 'मैला आँचल' से पहले शिवपूजन सहाय 'देहाती दुनिया' लिख चुके थे। प्रेमचन्द के बाद निराला ने 'बिल्लेसुर बकरिहा' लिखा, जिसे श्रीलाल शुक्ल एक अर्थ में प्रति-उपन्यास मानते हैं। विनोद वृत्ति के साथ त्रासद बोध बिल्लेसुर की अनोखी पहचान है। पर 'गोदान' का होरी बिल्लेसुर का पूर्वज है। फागुन आते ही होरी का दुख उड़ जाता है। कथा के आरम्भ में धनिया-होरी का परिहास इसी किसानी संवेदना का साक्ष्य है। सहुआइन से भी होरी की हँसी-ठिठोली अर्थवान है। मिलान कुन्देरा ने उपन्यास के पीछे विनोद वृत्ति की बड़ी भूमिका स्वीकार की है। 'शतरंज के खिलाड़ी' पर प्रेमचन्द की कहानी और सत्यजित राय की फिल्म प्रेमचन्द का विलक्षण पाठ बनाते हैं। प्रेमचन्द सरल अर्थ में यथार्थवादी नहीं हैं। वे होनी-अनहोनी के द्वन्द्व के लेखक हैं। फिर वे अपने समय से आगे के लेखक हैं। नये पाठ में वे ताल्स्ताय के किसान को होरी में रूपान्तरित दिखाने वाले लेखक हैं। दलित विमर्श और स्त्री विमर्श पहले से प्रेमचन्द का सरोकार रहा है। 'सद्गति' का दुखी पुरोहित की लकड़ी चीरते-चीरते दम तोड़ देता है। फिर दलित बस्ती के

अन्त्यज दुःखी की लाश नहीं ले जाते – पुरोहित को ही यह असह्य काम करना पड़ता है। 'गोदान' में धनिया किसी सत्ता, व्यवस्था, ज़मींदार, सामन्त साहूकार, पुलिस से नहीं डरती। रामविलास शर्मा अकेले होरी को नायक नहीं मानते, होरी-धनिया के मिश्र व्यक्तित्व में नायकत्व की कल्पना करते हैं।

कभी मैंने प्रेमचन्द के स्त्री विमर्श के सन्दर्भ में कमलादेवी चट्टोपाध्याय को याद किया था जिन्होंने 'द अवेकेनिंग ऑफ इंडियन वूमेन' में स्त्री मुक्ति में यौन मुक्ति को भी शामिल किया था। होरी धनिया आखिर झुनिया को घर में स्वीकार करते हैं। दातादीन सिलिया की मुक्ति को आगे चलकर समाज स्वीकार करता है। मेहता-मालती सहजीवन की प्रक्रिया में किसी की स्वाधीनता के आड़े नहीं आते। स्त्री विमर्श महज़ लैंगिक विमर्श नहीं है। 'घासवाली' कहानी में जमींदार को फटकारंती स्त्री नयी मुक्ति का संकेत है। 'कर्मभूमि' में सुखदा का अपने लिए आन्दोलन छेड़ने का संकल्प असाधारण है। नैना इसी आन्दोलन में गोली खाकर जान देती है। 'गोदान' किसान चेतना की महागाथा तो है ही, स्त्री चेतना की महान गाथा भी है। 'निर्मला' अनमेल विवाह तो स्वीकार करती है, पर मंसा का अन्त देखकर सोचती है – 'जाने क्यों उसे अपने पास देखकर मेरा हृदय फूला न समाता था। इसीलिए मैंने पढ़ने का स्वाँग रचा, नहीं तो, वह घर में आता ही न था। यह मैं जानती हूँ अगर उसके मन में पाप होता, तो मैं उसके लिए कुछ भी कर सकती थी।' यह सुधारवाद से आगे की सोच है। कई अर्थों में प्रेमचन्द गाँधी से आगे थे। गाँधी का सोच कई बार पुरुष सत्तात्मक जान पड़ता है। कस्तूरबा को गाँधी ने बार-बार अपमानित किया। प्रेमचन्द का शिवरानी देवी से सम्बन्ध मैत्रीपूर्ण था। 'प्रेमचन्द घर में' किताब इसका उदाहरण है। दलित चिन्तक धर्मवीर को भ्रम है कि प्रेमचन्द ने स्त्री की आर्थिक आजादी की लड़ाई लड़ी ही नहीं।

मुक्तिबोध ने 'समकालीन रूसी उपन्यास' टिप्पणी में लूकाच की सीमा बताई थी कि वे क्लासिक दृष्टि में कैद थे, समकालीन रूसी कथा का मर्म नहीं समझ पा रहे थे। सम्भवतः प्रेमचन्द में भी जो नये ढंग का यथार्थवाद है – जैसे 'कफन' का – वह बहुतों की समझ से परे है। मुक्तिबोध की टिप्पणी विचारणीय है : 'प्रेमचन्द की भावधारा वस्तुतः अग्रसर होती रही, किन्तु उसके शक्तिशाली आविर्भाव के रूप में कोई लेखक सामने नहीं आया।' आगे आये तो अमरकान्त, भीष्म साहनी, कमलाकान्त त्रिपाठी आदि। 'दोपहर का भोजन' (अमरकान्त) 'चीफ की दावत' (भीष्म साहनी) को प्रेमचन्द की 'बूढ़ी काकी' के साथ पढ़ा जाएगा, तो नये अर्थ खुलेंगे। 'ईदगाह' किस मनोवैज्ञानिक यथार्थवाद से कम है। क्या 'ईदगाह' उत्तर-आधुनिक समय की चंचल पूँजी का प्रतिवाद नहीं है। चिमटे की नाटकीय जीत बहुलार्थी है।

चेखव के यथार्थवाद को गोर्की कब समझ सके। 'कफन' में घीसू-माधव की काहिली का प्रेमचन्द समर्थन करते हैं। श्रम का मूल्य न मिले, तो श्रम से विच्छिन्नता (एलीनिएशन) अपरिहार्य है। प्रेमचन्द के शब्द हैं : "हम तो कहेंगे, घीसू किसानों से कहीं अधिक विचारवान था और किसानों के विचार-शून्य समूह में शामिल होने के बदले बैठकबाज़ों की कुत्सित मंडली में जा मिला था। हाँ, उसमें यह शक्ति न थी कि बैठकबाज़ों के नियम और नीति का पालन करता। इसलिए जहाँ उसकी मंडली के और लोग गाँव के सरगना और मुखिया बने हुए थे, उस पर सारा गाँव उँगली उठाता था। फिर भी उसे यह तसकीन तो थी ही कि अगर वह फटेहाल है तो कम-से-कम उसे किसानों की-सी जी-तोड़ मेहनत तो नहीं करनी पड़ती और उसकी सरलता और निरीहता से दूसरे लोग बेजा फायदा तो नहीं उठाते।" यह है, प्रेमचन्द की अग्रगामी दृष्टि। निठल्लापन भी क्रूर सत्ता का प्रतिवाद है। श्रम से विच्छिन्नता या विलगाव की सैद्धान्तिकी तो मार्क्स ने भी अपने ढंग से बनाई थी। बस वे हताशा या पस्ती के कायल न थे। 1902 में प्रकाशित अपने लेख 'कादम्बरी' में विश्वनाथ काशीनाथ राजवाड़े ने तॉल्स्तॉय और बालज़ाक के रास्ते चलकर उपन्यास को सम्भावनापूर्ण बताया था।

प्रसंगवश, इधर नये विचारकों ने प्रेमचन्द की किसान-गाथा और बाल्ज़ाक की किसान गाथा की तुलना की है। पर एक तो बाल्ज़ाक उन्नीसवीं सदी के यथार्थ को देख रहे थे, जबकि प्रेमचन्द बीसवीं सदी के पूर्वार्द्ध में होरी को कथानायक बना रहे थे। फ्रांस में किसान संगठित थे जबकि हमारे यहाँ निराला तक ने चिन्ता व्यक्त की है कि हमारे यहाँ किसानों का कोई संगठन या आन्दोलन नहीं है। आज गुर्जर आन्दोलन ने नये सिरे से किसान-आन्दोलन खड़ा करने की कोशिश की है। 'गोदान' (प्रेमचन्द) और 'किसान' (बाल्ज़ाक) में गाय समान रूप से है, पर होरी के लिए गाय मानवीय संवेदना को पहचानती है। 'दो बैलों की जोड़ी' में पशु-संवाद बहुत कुछ कहने वाला है। 'गोदान' के अन्त में होरी की त्रासदी में 'गाय' भी शामिल है। एक अंश : 'धनिया यन्त्र की भाँति उठी, आज जो सुतली बेची थी, उसके बीस आने पैसे लाई थी और पति के ठंडे हाथ में रखकर सामने खड़े दातादीन से बोली – महराज घर में गाय है, न बछिया, न पैसा। यही पैसे हैं, यही इनका गोदान है। ...और पछाड़ खाकर गिर पड़ी।' बाल्ज़ाक 'गोदान' के इस अन्त की कल्पना नहीं कर सकते थे। वे उपन्यास के समाजशास्त्र का विमर्श जरूर बना रहे थे। 'गोदान' में गाय की उपस्थिति दिवास्वप्न की तरह है। 'गोदान' एक अर्थ में किसान-संघर्ष का रूपक है। फ्रांस और भारत का अन्तर बाल्ज़ाक और प्रेमचन्द के बीच का बहुत बड़ा अन्तर है। अछूत समस्या पर प्रेमचन्द और भगत सिंह का चिन्तन एक-सा नहीं है। भगत

सिंह लिखते हैं :

"हमारा देश बहुत अध्यात्मवादी है, लेकिन हम मनुष्य को मनुष्य का दर्जा देते हुए भी झिझकते हैं, जबकि पूर्णतया भौतिकवादी कहलाने वाला यूरोप कई सदियों से इन्कलाब की आवाज उठा रहा है। उन्होंने अमेरिका और फ्रांस की क्रान्तियों के दौरान ही समानता की घोषणा कर दी थी।" एम.एन. श्रीनिवास ने 'जातिप्रथा पर शोकगीत' निबन्ध में इसी जाति-धर्म की तीखी आलोचना की है। प्रेमचन्द ने अनुभव किया कि राष्ट्रीय स्वाधीनता के आन्दोलन में भी जाति धर्म की राजनीति साथ नहीं छोड़ती। प्रेमचन्द ने जिस मानसिक स्वराज्य की कल्पना की थी, उसमें न साम्प्रदायिकता के लिए जगह थी, न जातिवाद के लिए, न धर्मान्धता के लिए। 'सामन्त का मुंशी' लिखकर धर्मवीर अकारण एक विवाद उठा रहे हैं। साहित्य जाति-विवेक से नहीं चलता।

भ्रम है कि प्रेमचन्द जीवन-वास्तव को जटिलताओं में नहीं देखते। वे वृत्तान्त से अधिक कहते हैं। प्रेमचन्द खुद स्थूल आदर्शवाद को विसंगतिमूलक मानते हैं। बलात्कृत होने पर मुन्नी गोरे सैनिकों की हत्या कर देती है। यहाँ प्रेमचन्द हिंसा का पक्ष लेते हैं। यह स्त्री का सशक्तीकरण नहीं तो और क्या है! गाँधी यहाँ प्रेमचन्द के आदर्श नहीं हैं। यहाँ हिंसा का अपना नैतिक पक्ष है। मुन्नी को जनता की सहानुभूति प्राप्त है। उसे न्याय मिलता है, तो जनभावना के कारण। 'आहुति' कहानी में रूपमती कहती है, अगर स्वराज मिलने पर भी सम्पत्ति प्रभुत्वशाली वर्ग के पास ही रहती है, तो उसका आना, न आना एक-सा है। 'गबन' में दातादीन खटिक का चरित्र-परिवर्तन अकारण नहीं है। चरित्र नहीं बदला, तो शिक्षा किस काम की। प्रेमचन्द 'स्वराज' को धर्म बता रहे थे। सम्पत्ति या धन से दुश्मनी का सिद्धान्त हमारे आज के अँधेरे समय के लिए सबक है। आज उपभोगवाद ने 'घर' को 'बाज़ार' बना दिया है। 'कौन बनेगा करोड़पति' ज्ञान को सूचना में रिड्यूस करने का क्रूर खेल है। यह लालच पैदा करता है।

प्रेमचन्द देख रहे थे कि वह दिन दूर नहीं है, जब स्त्रियाँ सम्पत्ति का अधिकार माँगेंगी। 'कुसुम' कहती है – 'आदमी औरत को छोड़ सकता है, तो औरत क्यों नहीं छोड़ सकती! स्त्रियाँ शिक्षित हो रही हैं और स्वावलम्बी हो रही हैं।' 'धिक्कार' में एक विधवा युवती मणि चाची-चाचा द्वारा सताई जाती है, पर हालत बदलतर होने पर एक युवक इन्द्रनाथ से प्रेम करती है और चुप-चुप विवाह-भी। उत्पीड़न फिर भी नहीं रुकता, तो आत्महत्या-जैसा विकल्प ही शेष रहता है। प्रेमचन्द आगर 'ठाकुर का कुआँ' लिखते हैं, तो 'घास वाली' भी लिखते हैं। 'दो कब्रें' भी। वेश्या-जीवन पर प्रेमचन्द का लिखा हुआ, आज भी सबक है। 'आगा-पीछा' 'दलित' समाज के

अन्तर्विरोधों पर व्यंग्य है। 'आगा-पीछा' में दलित युवक कोकिला रंडी की बेटी से विवाह करने को राजी है। पर उसका पिता ही कहता है – 'तुम्हें भगवान समाई दे तो एक नहीं, चार रखो। मरदों के लिए कौन रोक है! लेकिन जो ब्याह के लिए कहो, तो ब्याह वही है, जो बिरादरी में हो। रंडी की बेटी चाहे इन्नर की ही परी हो, तो भी रंडी की बेटी है। हम तुम्हारा विवाह वहाँ कभी न होने देंगे।' यह सामाजिक विडम्बना जस की तस है। तब से वेश्या की पहचान बदली है। अब 'सेवासदन' अकल्पनीय है।

जिन 'प्रेमाश्रम' सरीखे उपन्यासों को हृदय-परिवर्तन की कहानी मानकर टाल दिया जाता है, उन्हीं में संघर्ष की-सी स्थिति भी जन्म लेती है। आर्थिक संघर्ष का मुद्दा भी उन्हीं उपन्यासों में उभरता है। जनवादी आन्दोलन की सम्भावना भी यही है। कहना कठिन है कि प्रेमचन्द के औपनिवेशिक समय में मुक्ति की आकांक्षा प्रबल थी या आज आजादी के साठ साल बाद मुक्ति उत्तर-औपनिवेशिक समय में कोई रोशनी की किरण बन कर शेष है! आज के अँधेरे समय में 'रंगभूमि' का अन्धा सूरदास कहता है :

"जीता तो प्रसन्नचित्त रहा, हारा तो प्रसन्नचित्त रहा, हारा तो जीतने वाले से कीना नहीं रखा, जीता तो हारने वाले पर ताली नहीं बजाई। ...हृदय धैर्य और क्षमा, सत्य और साहस का अगाध भंडार था।" आज अमीरी बढ़ी है तो गरीबी भी बढ़ी है। लूट-पाट की संस्कृति विकसित हुई है। सिटी मॉल की संस्कृति है। अमेरिकी वर्चस्व बढ़ रहा है। लोकतंत्र है, तो सत्ता की ओर झुका हुआ। गाँव उजड़ रहे हैं।

नन्ददुलारे वाजपेयी भ्रम में थे कि प्रेमचन्द के सभी कथा-चरित्र प्रतीकात्मक हैं। कइयों की निजता निर्विवाद है। प्रेमचन्द लोकप्रिय हुए हैं, तो भिन्न अर्थ में। वे तिलिस्म के लेखक नहीं हैं। उनकी किस्सागोई के पीछे विचार का बल है। वे अपने समाज की जटिलताओं में जाते हैं। 'चिमटा' का नायकत्व एक नयी परिघटना है। यह बाजार और बड़ी पूँजी का प्रतिवाद है। युवा आलोचक रघुवंश मणि ने 'निर्वचन' में 'गोदान' को ऑथर 'ओरियंटेड' के अर्थ में लेखक-केन्द्रित कहा है। यहाँ प्रेमचन्द हर जगह उपस्थित हैं। राष्ट्रवाद, पूँजीवाद, साम्राज्यवाद, वैश्वीकरण, बाजारवाद पर समय से पहले प्रेमचन्द की दृष्टि परिवर्तनकामी है। 'गोदान' के राय साहब का पछतावा प्रेमचन्द का समय बोध है। 'दुनिया समझती है, हम बड़े सुखी हैं। हमारे पास इलाके, महल, सवारियाँ, नौकर-चाकर, कर्ज, वेश्याएँ क्या नहीं हैं, लेकिन जिसकी आत्मा में बल नहीं, अभिमान नहीं, वह और चाहे कुछ हो, आदमी नहीं है। जिसे दुश्मन के भय के मारे रात को नींद नहीं आती हो, जो हुक्काम के तलवे चाटता हो और अपने अधीनों का खून चूसता हो, उसे मैं सुखी नहीं कहता'। यह प्रेमचन्द

हैं। गाँव-शहर की कहानी प्रेमचन्द की सीमा नहीं, ताकत है। किसान मजदूर-भर नहीं होता – गोबर की समझ बदल जाती है। यह वर्ग चेतना नहीं तो और क्या है। बाख्तिन ने उपन्यास को बहुध्वन्यात्मक (Polyphonic) कहा था और उसके लचीले, बल्कि ढीले-ढाले रूपबन्ध को सार्थक बताया था। उपन्यास इसी अर्थ में समावेशी है और अशुद्ध कला है। बेनेडिक्ट एंडर्सन और पार्थ चटर्जी ने राष्ट्र को कल्पित समुदाय कहा है। प्रेमचन्द के लिए स्वाधीन चेतना महत्त्वपूर्ण है, पर विश्व-दृष्टि (विज़न) भी महत्त्वपूर्ण है। ग्रामीण समाज के लिए राष्ट्र हाशिए पर है।

आज के सांस्कृतिक विमर्श को देखें और प्रेमचन्द को याद करें। उनका निबन्ध 'साम्प्रदायिकता और संस्कृति' आज के तीखे समय में टिप्पणी है। प्रेमचन्द के शब्द हैं : 'मुझे यह कहने में हिचक नहीं कि मैं और चीजों की तरह कला को भी उपयोगिता की तुला पर तौलता हूँ। ...हमें सुन्दरता की कसौटी बदलनी होगी।' 'समरयात्रा' में प्रेमचन्द कथा के राजनीतिक आशय को महत्त्व देते हैं। 'जेल' कहानी में मृदुला प्रदर्शन और आन्दोलन में हिस्सा लेकर जेल चली जाती है। बच्चों की चिन्ता तो है, पर देश-प्रेम भी महत्त्वपूर्ण है। स्वाधीनता-आन्दोलन के अन्तर्विरोधों को समझे बिना प्रेमचन्द को समझना कठिन है। किसान-समस्या पर मृदुला की समझ आज कहीं ज्यादा प्रासंगिक है, जब कर्नाटक के किसान आत्महत्या कर रहे हैं। मृदुला के इन शब्दों के पीछे प्रेमचन्द की समझ है :

'देहातों में आजकल संगीनों की नोक से लगान वसूल किया जा रहा है। किसानों के पास रुपये हैं नहीं, दें तो कहाँ से दें! अनाज का भाव दिन-दिन गिरता जा रहा है। पौने दो रुपये में मन भर गेहूँ आता है। ...खेत की उपज से बीज के दाम नहीं आते। मेहनत और सिंचाई उसके ऊपर। ...सरकार को तो अपने कर से मतलब है। प्रजा मरे या जिए, इससे कोई प्रयोजन नहीं है।' मृदुला में यह क्रान्ति-चेतना आयी कैसे। आज मेधा पाटेकर कुशीनगर-सिसवा में बड़ा किसान आन्दोलन संगठित कर रही हैं। कँवल भारती जैसे विमर्शकारों को पता नहीं – दलित आन्दोलन पहली बार किसने खड़ा किया। बाबा रामचन्द्र और प्रेमचन्द जैसे लोगों ने। प्रेमचन्द अन्तिम समय में केवल निचली जातियों पर लिख रहे थे। और कहानियों-उपन्यासों के साथ 'विविध प्रसंग' में संकलित टिप्पणियाँ लिख रहे थे। 'सद्गति', 'ठाकुर का कुआँ' 'कफन' इसी प्रक्रिया में लिखी गयी कहानियाँ हैं। 'ठाकुर का कुआँ' में एक ओर बीमार पति जोखू है, पत्नी गागी है! पर कुएँ का पानी कैसे नसीब हो, जो सामंत ठाकुर साहब के कब्जे में है। आखिर ठाकुर साहब का दरवाजा खुला, जैसे शेर का मुँह खुला है। गंगी पानी बिना लिए लौट गयी – जोखू पहले से रखा गन्दा पानी पी रहा था।

आज पाठकों को आश्चर्य होगा कि निर्मल वर्मा से पहले अज्ञेय ने प्रेमचन्द पर लिखा। उनके अनुसार, 'प्रेमचन्द किस्सागोई की जमीन से उठकर समाज सुधार और आदर्शवाद के गलियारों से गुजरते हुए राजनीतिक चिन्तन की ओर आये थे।' अज्ञेय आगे कहते हैं – 'प्रेमचन्द के लिए भी साहित्य का बुनियादी मूल्य संघर्ष नहीं, बल्कि संवेदना था। या उसे और भी सही नाम दें, तो महाकरुणा का। मुझे याद है, प्रेमचन्द जन्मशती पर हिन्दुस्तानी एकेडमी इलाहाबाद की संगोष्ठी का उद्घाटन करते हुए अज्ञेय ने मैथिलीशरण गुप्त के हवाले से 'महाकरुणा' का सन्दर्भ दिया था, जिसे व्यक्तिवाद की साजिश मानकर खारिज कर दिया गया। करुणा विद्रोह समानार्थी भी हो सकते हैं। अज्ञेय ने प्रेमचन्द के सन्दर्भ में विक्टर ह्यूगो के 'ल मिजराब्ल' उपन्यास का नाम लिया था – वहाँ भी दलितों-पीड़ितों का आख्यान है। यथार्थ जस-का-तस नहीं आता – वह रचना में रूपान्तरित होता है। निर्मल वर्मा ने भी प्रेमचन्द में नैतिक पीड़ा का बोध देखा। उन्होंने विवेकानन्द, महात्मा गाँधी के साथ प्रेमचन्द की व्याख्या की। निर्मल वर्मा ने जैनेन्द्र को याद किया – 'मैं अपने को बुद्धि का दुश्मन मानता हूँ, जबकि प्रेमचन्द धन के दुश्मन थे। प्रेमचन्द के लिए धर्म जाति का सवाल विषयान्तर है।'

न भूलें, कि प्रेमचन्द ने ही कहा था – 'अगर हम यथार्थ को हू-ब-हू खींचकर रख दें, तो उसमें कला कहाँ है? कला केवल यथार्थ की नकल का नाम नहीं है। कला दीखती तो यथार्थ है, पर यथार्थ होती नहीं। उसकी खूबी यही है कि वह यथार्थ न होते हुए भी यथार्थ मालूम हो'। प्रचार की आँधी में प्रेमचन्द कभी नहीं बहे। वे जमीन पर टिके रहे। प्रेमचन्द ने अंग्रेजी ढंग का नॉवेल नहीं लिखा था – यह तो जर्मन भाषाविद लोठार लुत्से भी मानते थे। प्रेमचन्द के पीछे कथा-सरित्सागर, पंचतंत्र, आजाद-कथा (फसान-ए-आजाद) = यानी पुरा कथा और दास्तान की परम्परा थी। मिर्जा हादी रूस्वा पहला स्त्रीवादी उपन्यास 'उमराव जान अदा' लिख चुके थे। प्रेमचन्द के स्रोत कई थे। उन्होंने क्लासिक्स पढ़े थे। 'कफन' पर मृणाल सेन ने तेलगु में 'ओका ओरी कथा' फिल्म बनाई। लोकेल के अन्तर के होते हुए भी यथार्थ तो वही है, जो उत्तर प्रदेश-बिहार में हो, या आंध्र में। यह है, प्रेमचन्द की कथा का भूगोल! हलकू, घीसू, माधव, झींगुर, बुद्धू की जाति न बताकर या बताकर प्रेमचन्द जाति प्रथा को ध्वस्त कर रहे थे। धर्मवीर को प्रेमचन्द 'हिन्दू' कहकर कमजोर बता रहे हैं।

प्रेमचन्द संयोग से ही मार्क्स की ओर झुके थे। मार्क्स की यह धारणा प्रेमचन्द के लिए आदर्श थी, कि समाज ठहरा नहीं रहता, गतिमान रहता है। समाजी व्यवस्था बदले तो बदले, दलितों का संघर्ष जारी रहता है। साहित्य की पक्षधरता इसी

गतिशीलता के कारण है। नेहरू विश्व इतिहास की झलक खंड दो में एक पूरा अध्याय मार्क्सवाद पर लिखते हैं। नेहरू लिखते हैं : 'मार्क्स ने वर्ग-संघर्ष का प्रचार नहीं किया। उसने यह साबित किया है कि असल में वर्ग-संघर्ष तो पहले से मौजूद है और किसी-न-किसी रूप में सदा से चला आ रहा है।' 'पूँजी' में मार्क्स बता रहे थे – साहित्य का प्रयोजन है – 'आजकल के समाज की गति को या उसके आर्थिक नियम को नंगा करके दिखा देना'। मार्क्सवाद मुकम्मल नहीं है इसीलिए वह द्वन्द्व को महत्त्व देता है।

आज प्रेमचन्द का नया पाठ बनाना है, तो उसे डि-कंस्ट्रक्ट करना होगा। प्रेमचन्द का साहित्य हर समय नया जान पड़ता है, यही उनका ऐतिहासिक विवेक है। हम प्रेमचन्द के यथार्थ को 'विगत' न मानकर सतत वर्तमान मानते हैं। मिलान कुन्देरा ने उपन्यास विधा को 'ईश्वर का विनोद' कहा है। लूकाच ने ईश्वरविहीन समय में महाकाव्य को उपन्यास के रूप में ही सम्भव बताया है। प्रेमचन्द का यूटोपिया भी इसी संघर्षशील समय में आकार ले रहा है। प्रेमचन्द की बहुलतावादी दृष्टि आज दलित, स्त्री, आदिवासी को मिलाकर बनती है। राजनीतिक समाज का अपना यूटोपिया हो सकता है, पर वह इन्तजार नहीं कर सकता। राजनीतिक कल्पना से प्रेमचन्द कथा का पुनर्जन्म सम्भव करते हैं। 'उपन्यास की मृत्यु' या 'उपन्यास का पुनर्जन्म' महज़ सांकेतिक पद हैं। उपन्यास को भी हमारे अँधेरे समय का 'क्रिटीक' होना है।

दुःस्वप्न की परछाइयाँ

जितेन्द्र भाटिया इन दिनों कथाकार से अधिक विमर्शकार के रूप में जाने जाते हैं। समान्तर कहानी के दौर से चलकर अब वे वहाँ पहुँचे हैं जहाँ 'जुस्तजू-ए-निहाँ उर्फ़ रुणियावास की अन्तः कथा' – जैसा उपन्यास लिखा जा सकता है और जहाँ जोखिम-भरी अनिश्चितता और अकेलेपन के भीतर पहुँच कर एक पूरे समय में आती-जाती दुःस्वप्न की परछाइयाँ पढ़ी जा सकती हैं। सन्देहवाद और आस्था के द्वन्द्व में रुणियावास की अन्तः कथा आंचलिक कथा से अधिक है। इस अर्थ में उपन्यास सन्देह या जिज्ञासा को कहीं अधिक महत्त्व देता है।

रुणियावास की कहानी डूँगरपुरा की ओर शुरू में ही इस तरह मुड़ती है कि 'ओझल बाबा' जैसे जीवित मिथक रहस्य का ऐसा मायाजाल खड़ा करते हैं – जिसमें बस आती जाती है तो खस्ताहाल! नागफनी की बाड़ है तो सर्वथा क्षतविक्षत! और लोगों की मुरादें पूरी करने वाला बाबा है, तो उसके साथ गाँव की एक चालू छोरी भी है। कहानी यह रहस्य बनाए रखती है कि खँडहर के भीतर कोई सिद्ध योगी है भी या नहीं। अहाते का कुआँ अपने आप में संक्रान्ति काल का सजीव रहस्य है। राजस्थान के प्रकृति और पर्यावरण में झाड़-झंखाड़ बहुत हैं। बहुत भेदने पर कीकर की सूखी शाखों से ढँका तार का एक हिस्सा नजर आता है जो बाबा के आने-जाने का रास्ता हो सकता है। बाबा का एकान्त सच्चाई का-सा आकार ग्रहण करता है। आखिर एक दिन यह खयाल पुख्ता होने लगता है कि 'बाबा शाबा' कुछ नहीं, उस खँडहर की आड़ में रामगोपाल चोरडिया नाम का कोई नीम पागल छिपा हुआ है जिससे टकराना अपने से टकराना है। लोकमत यह है कि यह चोरडिया 'परलोक विधा' का जानकार है और उसकी जिन्दगी को रहस्यमय बनाने वाली हमेशा की तरह कोई एक 'औरत' है।

जितेन्द्र भाटिया ने राजस्थान के प्रकृति-पर्यावरण को बनाया ही ऐसा है कि उसका रहस्य जानना मामूली उपक्रम न रह जाय। वह रचना की-सी बीहड़ यात्रा का विलक्षण चाक्षुष बिम्ब बन सके। मूल कहानी अवान्तर कथा हो जाय और अवान्तर

प्रसंग अधिक मूलगामी जान पड़े। ओझल बाबा मिलें न मिलें – डेढ़ सौ बातूनी मैनाएँ, लम्बी पूँछ वाले हरियल तोते, भोथरे गले बाले झक्क काले पहाड़ी कौए तो हैं जिनसे संवाद निरन्तर सम्भव है। नास्टेल्जिया में भी 'झुज्जे' को फँसाने की कला आदिमता की याद दिलाती थी। आकाश गंगाएँ हैं जिनकी रोशनी में किशोर-किशोरियों के मिलने में बाधा न थी। बसनोदा गाँव का भूगोल जानना हो तो कस्बे के चायवाले से, पीसीओ से, साइकिल सवारों से, ऊँट गाड़ियों से मुठभेड़ कहीं-न-कहीं अनिवार्य थी। बस याद रहता है चोरडिया! क्या वह तयशुदा जिन्दगी से भागा था। उधर महानगर की उच्चतर तकनीकी की ऊब थीं। पर इसी में कोई नयी कामगर लड़की अजूबा हो सकती थी। दफ्तर की कुंठाओं से मुक्ति इन्हीं बहानों में सम्भव थी।

कहना न होगा कि शहरी चालूपन पर चोरडिया और सिरफिरी लड़की की अनुमान-निर्भर प्रेम कहानी में सनसनी ज्यादा थी। यहाँ गुमनाम प्रेम में साझा करती प्रकृति क्या कम रहस्यपूर्ण थी। खोजी पत्रकार यहाँ से विफल ही लौट सकते थे क्योंकि मीडिया प्रकृति के बीहड़ में कितनी दूर चल सकता था। क्या वह इसके लिए इन्तजार कर सकता था कि एक दिन रहस्यमय बाबा प्रकट ही हो जाएगा। या वह मान ही लेगा कि यहाँ सब कुछ मिथकीय मनगढंत है। इस बदहवासी में और कुछ हो न हो, एक विराट खालीपन था जिसके लिए जितेन्द्र भाटिया के शब्द हैं : "उपलब्धि के उस चरम क्षण से गुजरते हुए मुझे महसूस हुआ कि अनाम जंगली खुशबू में लिपटा चालीस वर्षों से अप्राप्य वह दुर्लभ यथार्थ किसी घायल कस्तूरी मृग की तरह परास्त, मेरे ठीक सामने, लगभग मुझे छूता हुआ, धीरे-धीरे शिथिल होता चला जा रहा है... ।" क्या इसे अयथार्थ या फन्तासी मान लें या इसके अन्दर छिपे प्रत्यक्ष परिचित से ऊब का रचनात्मक विकल्प मान लें।

यहीं है एक फिरंगी का सामना, जो खुद ओझल बाबा का रूप था या उसकी खोज में था। यह घुमंतू डेविड हाइडेल वर्ग से चलकर आया पर्यटक मात्र था, याकि इस समय के प्रकृति में व्यापार खोजने वाला कोई गुप्तचर था। जितेन्द्र भाटिया ने अध्यात्म की खोज तक ही फिरंगी के जतन को सीमित रखा है। लाडन बाई इस अध्यात्म को लोक से, देह से जोड़ती है। उसका गूँगापन जैसे वह जमा हुआ पत्थर है जिसे फिजियोथेरेपी जानने वाला डेविड पिघलाने में कामयाब होता है और आखिर रुलाकर ही उसकी आवाज वापस ला पाता है। जैसे डेविड ही सर्चलाइट की मदद से खँडहर के अभेद्य रहस्य को भेद पाता है। सन्देह सन्देह से ही कहता है। बहुत सारे सवालों के उत्तर अकल्पनीय हैं। जैसे खँडहर क्या सिर्फ खँडहर था! या कि कोई तहखाना जिसमें बहुत सारे सम्बन्ध, स्मृतियाँ तहाकर बन्द कर दिए गये हैं। लाडन बाई है तो कहाँ तक यथार्थ है! कहाँ तक फंतासी! ओझल बाबा चोरडिया वहम है

या कि उनका वजूद है! एक ही समय में क्या कई कई समय मौजूद हो सकते हैं। क्या सारी कथाएँ अन्ततः एक तिलिस्म रचती हैं और वे ही अपने को तोड़ती भी हैं।

'जुस्तजू-ए-निहाँ उर्फ़ रुणियावास की अन्तः कथा' के आरम्भ में मिर्ज़ा ग़ालिब की पंक्तियाँ दी गयी हैं – "जला है जिस्म जहाँ, दिल भी जल गया होगा/कुरेदते हो जो अब राख जुस्तजू क्या है!" जुस्तजू (तलाश) के साथ 'निहाँ' (गुप्त) कहकर शीर्षक में ही संकेत दे दिया है कि यह कोई ऐसी कौतुक कथा है जो पाठक के प्रकृति के रहस्य के साथ मनुष्यजाति के भेदों को – जीवन और मृत्यु को खोलती है और पाठक को अधिक से अधिक अज्ञात के प्रति चौंकाती है। एक दिन सूचना तकनीकी के विपुल ज्ञान में जानकारियाँ रहस्य को खत्म कर देंगी। इसलिए शायद जितेन्द्र भाटिया की समझ यह हो कि रहस्य बचा रहेगा तो बहुत कुछ बचा रहेगा। किसे पता है कि जंगल और खँडहर में कितनी सुरीली या बेसुरी आवाजें छिपी हुई हैं। कहानी के शुरू में ही डूँगरपुर जाते हुए साइकिल कैरियर पर दूध के हंडे लटकाने वाला किसी 'अल्लाह मियाँ' का पर्सनल फरिश्ता नजर आता है। रहस्य यहीं से शुरू होता है।

यहाँ सिलसिलेवार कोई कहानी नहीं कही गयी है। अन्धविश्वास अनेक हैं, पर ऐसे कितने हैं कि आप उनसे पूरी तरह पल्ला छुड़ा सकें। लातीनी अमरीकी लोक का अन्धविश्वासों से ढेर सारी कथाओं को जो जोड़ना है वह क्यों है मार्क्वेज़ इसका उत्तर नहीं देते। और और अन्धविश्वासों के किस्से बयान करते हैं। मन्नत मानने वाले और किसी अजनबी करिश्माई के लिए पकवानों से भरी दो सुसज्जित थालियाँ किसके दिमाग की उपज थीं। चोरडिया और लाडन बाई को किसने देखा था। क्या वे अस्तित्वमूलकता मात्र के लिए चुनौती थे। पर अब अगर लाडन बाई की खोज रोशनी में प्रकट हो जाय तो एक खब्त से दूसरे खब्त को बढ़ावा ही मिल सकता था। पर यहाँ नवें अध्याय में आधुनिक दौर की हिन्दुत्व प्रेमी शुद्ध आर्य मानसिकता की इस ग्रंथि की ओर इशारा भी है कि अपने महान भारत देश में धर्मभीरु होने का पाठ कराने के लिए क्या-क्या तर्क पुराने पुरखों के नाम गढ़े जा सकते थे, इसका भी कोई अन्त नहीं था। जितेन्द्र भाटिया मानते हैं कि हमारे यहाँ प्रकृति पर भरोसा मानवीय उद्यमों पर भी दयालु था कि मामूली जिन्दगी भी अज्ञात खुशी से भर जाने वाली थी। यहाँ सन्देहशीलता अटूट है। फिर भी धर्मभावना ने कहानियाँ गढ़ने में वह सफलता प्राप्त की है कि कहीं भी कोई देवता प्रकट हो सकता है और उसे लेकर मनमानी किंवदंतियाँ प्रचलित हो सकती हैं।

जितेन्द्र भाटिया के इस दिलचस्प अतर्क्य उपन्यास में महज किस्सागोई नहीं

है, वह आत्म-मीमांसा भी है जो अद्भुत अलौकिक आश्चर्यजनक के लिए किसी तर्क को पर्याप्त नहीं मानती है। एक अंश है – "क्या हम दोनों एक साथ उस उड़नछू बाबा के किसी तांत्रिक चूतिया चक्कर में फँस गये थे? या कि वह बाबा दरअसल था ही नहीं और अपने दिमागों में उसके वजूद की कोई सुविधाजनक पवनचक्की गढ़कर हम डॉन क्विहोते की तरह खामखाह किसी फर्जी लड़ाई में अपनी तलवारें भाँजते चले जा रहे थे?" मीडिया अगर चमत्कार को रपट बनाएगा तो उसमें कितने-कितने पेंच पैदा होंगे, इसका अनुमान लगाना कठिन है। अन्त में इतना ही कहना काफी है कि किसी भी बहाने से अज्ञात जंगल और खँडहर में घुसेंगे तो कथा तो मिलेगी ही, कथा के विरुद्ध वह अवान्तर कथा भी मिलेगी – जहाँ हम नहीं जाना चाहते थे। एक ऐसा 'जुनून भरा वैयक्तिक अभियान' ही कथा को विमर्श में और विमर्श को कथा में बदल सकता है।

जितेन्द्र भाटिया न केवल कथाकार और विमर्शकार हैं, विज्ञान और तकनीकी की दुनिया में उनकी गहरी पैठ है। आत्मानुभव उनकी कुल पूँजी नहीं है। वे वर्जित क्षेत्रों में जाते हैं और अपना अँधेरा समय बखूबी देख पाते हैं। बीहड़ क्षेत्रों में धँसने की रुचि कथा को भी बहुआयामी बनाती है।

कहानी का पुनःपाठ

रशीद जहाँ की जन्मशती पर शकील सिद्दीकी सम्पादित कथा चयन 'रशीद जहाँ की कहानियाँ' पढ़कर आधुनिक बोध से सम्पन्न स्त्री विमर्श का यह रूप सामने आया जो सज्जाद ज़हीर द्वारा सम्पादित 'अंगारे' (1934) से एक ऐतिहासिक प्रस्थान साबित हुआ। 1936 में प्रगतिशील लेखक संघ के स्थापना वर्ष में जब प्रेमचन्द कहानी में आ रहे बदलाव को लक्ष्य कर रहे थे, तो रशीद जहाँ उनकी नज़र के बाहर न थीं। 1923 में आई.टी. कॉलेज की वार्षिक पत्रिका में रशीद जहाँ की कहानी 'सलमा' प्रकाशित हुई जो प्रेम और विवाह के द्वन्द्व की ओर इशारा कर सकती थी। इकबाल का रिश्ता सलमा से तय हो रहा था, तो सबकी सहमति से। सलमा में हुस्न के साथ शाईस्तगी भी थी। मुसलिम परिवारों में नज़दीक के रिश्ते ही प्रचलित थे। जमीला इस छेड़छाड़ में साथ थी। जिस दिन इक़बाल ने जाहिर किया कि वह जमीला को प्यार करता है, सलमा ने अपने को अलग कर लिया। सीढ़ियों से गिरना तो बहाना था कि शादी की बात टल जाय और समय पर जमीला-इकबाल एक हो जाएँ। यह पहली कहानी सलीके से कही गयी है और प्रेम और विवाह के द्वन्द्व को प्रत्यक्ष करती है।

रशीद जहाँ की पहली कहानी 'दिल्ली की सैर' में ज़बान की तुर्शी और ताजगी देखने लायक है। 1932 में लिखी कहानी में सफ़र पर जाने और निराश लौटने का वृत्तान्त है। मुसलिम मध्यवर्गीय परिवार, रेल का पहला सफर, शौहर की बेपर्वाही, मर्दों की ताकझाँक – ग़रज़ यह कि सफर से भी महत्त्वपूर्ण है – सफ़र की दास्तान। रशीद जहाँ लिखती हैं – "अपनी सब मिलनेवालियों में मलिका-बेगम ही पहली थीं जो पहले-पहल रेल में बैठी थीं और वह भी फरीदाबाद से चलकर देहली एक रोज़ के लिए आयी थीं। मोहल्लेवालियाँ तक उनके सफ़र की दास्तान सुनने के लिए मौजूद थीं।" एक तो उनके शौहर की जान पहचान के निगोड़े स्टेशन मास्टर मिल गये। ये तो बस चलते बने। होटल में खा-पी आये, तो बेगम से कहा – 'कहो तो पूरी-वूरी ला दूँ।' जवाब मिला "मैं बाज़ आयी इस मुई दिल्ली की सैर से। तुम्हारे

साथ तो कोई जन्नत में भी न जाय। अच्छी सैर कराने लाए थे। फरीदाबाद की गाड़ी तैयार थी। उसमें मुझे बिठाया और मुँह फुला लिया कि तुम्हारी मर्जी, सैर नहीं करतीं तो न करो।'' तो यह था सफ़र जो जहाँ से शुरू हुआ, वहीं खत्म भी। रेल के डिब्बे की चहल-पहल, शोर-शराबा, कुलियों की चीख-पुकार – दृश्यांकन रोचक है। किस्सागोई का अन्दाज़। एक छोटी कहानी और होती भी क्या!

'इफ्तारी' में असगर और नसीमा शादी करते हैं तो रोमांस बचाकर रखते हैं। पहले मँगेतरों की तरह रहे, फिर शादी हो गयी। नसीमा खुल कर जीवन में आगे आना चाहती है पर असगर धीरे-धीरे नौकरी में डूब गये। नसीमा रोज़ा नहीं रखती। बेटे से रोज़ा न रखने का अपना संकल्प दुहराती हैं। पर गैर-जिम्मेदार लोगों से बचकर दूसरे जरूरतमन्दों की मदद करना चाहती हैं। बेटे के लिए ज़रूर संदेश है – दोज़ख मिटाना तुम्हारे कर्त्तव्यों में शामिल है और वह कबूल करना चाहता है कि वही उसका आदर्श होगा। एक साधारण कहानी। रशीद जहाँ जिस समय से लिख रही थीं आदर्शवाद ही कहानी का स्थायी मुहावरा था। बस यहाँ एक मनोवैज्ञानिक समझ लेखक को रास्ता दिखा सकती थी। शकील सिद्दीकी रशीद जहाँ को यथार्थवाद के निकट पाते हैं, पर यह प्रेमचन्द जैसों का यथार्थवाद था जो आदर्शवाद से ही ऊर्जा पाता था।

रशीद जहाँ की कहानी 'बेजुबान' पितृसत्तात्मक समाज की धौंस को बेनकाब करती है जहाँ लड़की दिखाई नहीं जा सकती – भले वह कुँवारी बैठी रहे। यह मानसिकता धार्मिक नैतिकता के चलते बनी थी। मुसलिम समाज में स्त्रियाँ देह में बन्द हैं – वे अपने हुस्न से बेपर्वाह एक ढर्रे की जिन्दगी जिए जाती हैं। यह सामन्तवाद की ठसक है कि लड़की जान पहचान वालों को भी दिखाई नहीं जा सकती। कहानी के शुरू में ही यह ठसक बता दी गयी है : ''सिद्दीकी बेगम की शादी में बहुत दिक्कतें पेश आ रही थीं। असल नस्ल की सय्यदानी थीं। बाप अच्छे-खासे खाते-पीते खुशहाल थे। सूरत भी सैकड़ों में एक थी। सिद्दीकी बेगम गैर तालीमयाफ्ता थीं। जिसे सय्यदों ने खासियत जाना था वह कमजोरी निकली। अब तो दिखाना ही जरूरत शर्त थी। हालात ऐसे हैं कि नयी लहर की यहाँ पैठ नहीं।'' रशीद जहाँ लिखती हैं : ''बरसों से एक नयी लहर दिल्ली के कोने-कोने में दौड़ रही है लेकिन फिर भी ऐसे घर मिल जाएँगे जहाँ न किसी आँधी का गुज़र है और न किसी ज़लज़ले का असर।'' बहुत हुआ तो लड़के क़ुरान पढ़ लिए या देवबन्द जाकर आलिम बने। 'बेजुबान' जैसी कहानी को आज भी मुस्लिम समाज की ज़ेहनियत के सन्दर्भ में पढ़ा जा सकता है। कहानी के अन्त में सुगरा मुशता कहती हैं – 'ऐ हैं बेगम, रहती किस दुनिया में हो। किस घर में लड़कियाँ नहीं दिखाई जा रही हैं।'

अन्ततः बात पढ़ी-लिखी लड़कियों की आज़ादी पर आ जाती है। लड़कियाँ हैं कि दूर के मदरसों में पढ़ने जा रही हैं, साइकिलों पर चढ़ रही हैं। पर सय्यदानी को तो यह सब गवारा नहीं।

'आसिफजहाँ की बहू' एक रोचक कहानी है कि हर साल प्रसव करने वाली स्त्रियों की ज़ेहनियत बताती है। कुबरा बेगम की पहचान ही थी जब देखो तब बच्चे को जन्म देती और वह भी लड़का। आसिफ जहाँ रोईं कि बहू लड़की को क्यों नहीं जन्म देती। कुबरा बेगम तड़प रही थीं कि इस बार बचेंगी नहीं। तब तक खबर मिली – लड़की है लड़की। प्रजनन के वही ढंग – दर्द बढ़ाने के। पता चला कि आँवल कब गिरेगी। नाल तो तब कटे, जब आँवल गिरे। बहरहाल औरतों में चुहल जारी है। प्रसव का नाटक खेला जा रहा है। दूल्हा साहब पकड़े गये जो ज़नानखाने की ओर कान लगाए बैठे थे। यह कहानी स्त्री-विमर्श के नये दौर में भी पुनःपाठ की माँग करती है।

'छिद्दा की माँ' कहानी में सास के पास कोई बहू नहीं टिक पाती – ऐब ही ऐब नज़र आते। सास ने देखा – बहू (छिनाल?)...ईदू से हँस रही थी। बुढ़िया बहू को पीट रही थी और छिद्दा भी। पर नयी बहू के तेवर और थे। उसने सास का दिमाग़ ठिकाने लगा दिया। रशीद जहाँ नयी बहू के साथ हैं। 'बहू' में एक अध्यापिका एक फाहशी बदचलन औरत को स्कूल में बुलाये – हँस-हँस कर बातें करे, यह नौकरानियों तक को गवारा नहीं। समाज में किस स्त्री को क्या नाम दिया जाय, यह परिस्थितियों पर निर्भर है। रेल-सफर की ही एक और कहानी है – 'मेरा एक सफ़र'। तरह-तरह की औरतें। हिन्दू और मुसलमान। वे लड़ेंगी भी और सफ़र खत्म होने पर गले लग कर ऐसे रोएँगी कि जाने कब का संग-साथ हो। रशीद जहाँ लिखती हैं – "औरतें भी क्या हैं! ज़रा में कुछ और ज़रा में कुछ। अभी तो दुपट्टे के आँचल छूने पर लड़ाई थी और अब गले मिलकर रो रही थीं।" कभी प्रेमचन्द ने कहानी को मानव मनोविज्ञान की सृष्टि क्या कहा, वह हो भी गयी, एक दूसरी सृष्टि।

रशीद जहाँ की कहानी 'सौदा' में एक खूबसूरत औरत तीन मर्दों के बीच जैसे खेल खेल रही है। एक बेचैनी, एक चाहत। पहले कौन जाय। औरत के साथ। मुए सब एक जैसे हैं – कुत्तों की तरह। स्त्री उत्पीड़न का शिकार न बनना चाहे, तो कोई बलात् उस पर अधिकार न कर सके। 'क़ानून और इन्साफ' कहानी में इंगलिश क्लब की दास्तान और है। राबिन्सन पर विवाहित-अविवाहित तमाम स्त्रियाँ मरती थीं पर यहाँ भावना ग़ायब थी। उधर मटरू की बीवी गुजरिया को भोला ले उड़ा। यातनाएँ दी जाती रहीं। गुजरिया नाबालिग थी पर मर्जी की मालकिन। वहशीपन के साथ भावात्मक उन्माद भी।

अन्त में रशीद जहाँ की एक ड्रामाई अन्दाज़ में लिखी कहानी 'मर्द व औरत'। सिर्फ संवादों में कही गयी। औरत जॉब को महत्त्व देती है और आजादी की कायल है। मोहब्बत का दम भरने वाली औरत से मर्द कहता है – 'अच्छा यह बताओ, शादी कब करोगी'। औरत का कहना है – ''जब कहोगे, तब, लेकिन अपनी नौकरी नहीं छोड़ूँगी''। चाहें तो अन्तर्राष्ट्रीय महिला दिवस के लिए इसे रशीद जहाँ का सन्देश मान लें। रशीद जहाँ 'अंगारे' वाली नाम से जानी गयीं जबकि उसमें सज्जाद ज़हीर आदि की महत्त्वपूर्ण कहानियाँ छपी थीं। धार्मिकता पर मनोवैज्ञानिक चोट करने वाली कहानियों के लिए रशीद जहाँ 2006 में भी पढ़ी जाएँगी। मुसलिम समाज में स्त्री पुरुष सम्बन्धों पर रशीद जहाँ की टिप्पणियाँ हमारी स्मृति में बनी रहेंगी।

आख्यान और इतिहास

'जहाँ बाँस फूलते हैं' के बाद 'रूपतिल्ली की कथा' श्रीप्रकाश मिश्र का दूसरा उपन्यास है। पहला अगर मिज़ो अंचल पर था तो यह खासी जाति का वृत्तान्त है। लेखक इसे 'गप्प' कहता है। 'रूपतिल्ली की कथा' नेशन एंड नैरेशन के ढंग का आख्यान है। होमी जी भाभा, बाख्तिन आदि ने इस आंचलिक किस्सागोई को भारतीय उपन्यास की उपलब्धि बताया है। श्रीप्रकाश मिश्र मुख्यधारा में नहीं हैं, पर इतिहास के उत्खनन के लिए सराहे गये हैं। यहाँ भी खासी जाति के रहन-सहन, खान-पान, नृत्यगान, प्रेम-विवाह के साथ एक तरह के धर्मान्तरण के सवाल पर टिप्पणियाँ हैं – जनजातियों के बीच ललमुँहों का आना रोचक है। उपन्यास का पहला वाक्य प्रकृति-चित्रण के लिए पठनीय है – "बूँदें तड़ातड़ गिर रही थीं। गिर क्या रही थीं, कोड़े की तरह बरस रही थीं। घने पेड़ों के चौड़े पत्तों पर उनका टपर-टपर जैसे सूखी पथरीली ज़मीन पर घोड़ों के टापों की मार हो।"

उपन्यास में राफ़ताब, दबइल सिंह, रितियाङ, जयंती, नजवा, राली, अल्खा, खरलुक्की, कान्द्रा योगी, झकाड़ी, लिङदोह, रिंजा, सतिया, बसंता, मोती, पादरी, जीरा – जैसे चरित्रों का कार्निवाल है उपन्यास। रूपतिल्ली उपन्यास का केन्द्रीय लोकेल है। उपन्यास जितना इतिहासधर्मी है, उतना ही आंचलिक आदिवासियों के रीति-रिवाज, अन्धविश्वास, किंवदन्तियाँ, मिथक ज्ञान के साथ कल्पना केन्द्रित भी हैं। जो कालखंड इस कथा का आधार है – वह है 18वीं सदी के अन्त से 19वीं सदी के आरम्भ तक का। राफ़ताब का कोपिली नदी को पार करना एक समय को पार करना है। सुपारी का तना भी इस अंचल में साँप जान पड़ता है। बलिप्रथा इसकी त्रासद रीति है। कोपिली माई को बलि तो चाहिए ही। पशु-बलि या नर-बलि। यौन सम्बन्धों की छूट है। प्रेमी शिविरों में मिलते ही प्रेमिका के चुनाव में जुट जाते हैं। यौन सम्बन्ध आम हैं। रितियाङ के बारे में कहा गया है – 'रितियाङ अभी ठीक से किशोरी भी नहीं हुई थी कि एक दिन ढोल भर रुपया और कोख भर गर्भ लेकर घर पहुँची।' बाद में कभी बुढ़ापे में उसे विवाह की सूझी।

दबाइल सिंह अपने को 'कोपिली-पुत्र' कहता है। उसे जन्म का पता नहीं। किसी ने पालपोस कर बड़ा किया। सोना गाँव में राफ़ताब, दबइल दोनों सुखी हैं। प्रकृतिगन्ध विकल करती है। तैरती हुई नजवा को राफ़ताब बचाता है। लहर खाती सुस्थ काया। जब पुरुष का स्पर्श मिला उसने अपना पूरा भार उस पर डाल दिया। उनमें कब प्रेम हुआ, कब दैहिक मिलन, कब वह गर्भवती हुई, कहना कठिन है। रूपतिल्ली की शोभा ऐसी – "पिरामिड की तरह उभरे नीले पहाड़ के गले में चाँदी की हँसुली की तरह उभगोट चमक रही थी। ...एक धवल आभा गहरी नीली वनस्पतियों के थक्कों को दमकाती हुई हल्के नीले आकाश में तनी लगती।"

राली साहब को मुखबिरों से पता चला कि उसके खच्चर पर चढ़कर भगी विवस्त्रा नहाने वाली महिला खिर्रिय की देव-रानी है तो उसने मिलना चाहा। सियेम (राजा) के सामने रानी। खसिया बालाओं का मंगल नृत्य। राली-सियेम-मिलन आनुष्ठानिक-भर न था। जयंती आयी। इधर अल्खा आवरी का छरहरा शरीर प्रेमातुर था। मिल्लिम से आया कुमरिकाओं का दल इस रूप की आभा का साक्षी है। अल्खा रिंजा की खोज में विकल थी। हेमन्त के दिन थे। चित्रग्रीवों का दल। सब कुछ चुप्पी में समाया-सा। पशु-बलि। तांत्रिक कान्द्रा योगी प्रेम और काम का पाठ बनाने वाला। अल्खा-रिंजा नृत्यरत। एक अगर अपरूप सुन्दरी थी तो दूसरा पुरुष-सौन्दर्य की प्रतिमूर्ति। रिंजा से प्रेम है पर अल्खा तो मानिनी ठहरी। रिंजा विवाह करना चाहे तो अल्खा के पिता के अधीन रहना होगा – तीन साल तक। अल्खा बिना मर्द के तीन साल रहे तो कैसे : यहीं अल्खा आवरी का रूपवर्णन यों है :

"अल्खा न केवल उनमें सबसे लम्बी थी, उसके बाल पिंडलियों तक फैले थे। उसके गति की लोच सबसे अधिक थी, जिससे कस्तूरी और अगरू की मिली-जुली गन्ध उठ रही थी।"

यहीं संकेत है, समाज अब मातृकुल से सरक कर पितृकुल में बदल रहा था। स्त्री मुक्त होकर भी भोग्या ही थी। पहले स्त्रियों का अपहरण वंश चलाने के लिए था अब राजा के विलास के लिए। इधर यौन मुक्त जयन्ती राली से प्रेम कर रही थी। महीरूह का खिलना खसिया लोक में अनहोनी का संकेत था। पादरी ईसाई धर्म का प्रचार कर रहा था। उन्हें तमाम सुविधाएँ दे रहा था। जयन्ती पेट से है। रिंजा की माँ प्रेम के नाम पर फिसलती जा रही थी। युवा स्त्रियाँ रिंजा को दबोच लेतीं। निस्सीर डिन्डोह का दत्तक पुत्र हो गया था। आदिवासी समाज इस हद तक वर्जनामुक्त था कि कोई पुरुष किसी स्त्री से सम्बन्ध बना सकता था। कोपिली जाति की देवी है – मानुष-बलि तक चाहती है।

बसन्ता सोचता है – "क्या इस तरह की लोककथाओं से खासी का इतिहास

गढ़ा जा सकता है?'' इस समाज के लिए 'इतिहास' अनजाना शब्द है। इतिहास जाति का अतीत होता है – जातीय मूल्यों को आगे बढ़ाने वाला। आदिवासी समाज सभ्य नहीं हुआ – ट्राइबल बना रहा। पोती जयन्ती को कलंकिनी मानती है। उसकी कोख में ललमुँहे का बीज है। वही खसिया जाति को नष्ट करेगा। कुमारी मातृत्व की प्रथा पहले भी थी पर इतने विकृत रूप में नहीं। सात पुरुषों की पत्नी और तीस पुरुषों की भोग्या – समुदाय को वर्णसंकर होना ही था। अब अंग्रेज खासी लड़कियों से शादी करने लगा तो रूपरंग तो बदलेगा ही, आर्थिक सम्पन्नता भी आएगी। राली जयन्ती को लेकर मफलाँड चला गया। युवक-युवतियों में मुक्त सम्बन्ध है। पादरी 'वर्जिन मेरी' की चर्चा करता जैसे मुक्त युवाओं को वैचारिक समर्थन मिल जाता। योगी तांत्रिक था – भैरवी साधना सिखा रहा था। अल्खा भी साधिका थी – ''अल्खा को लगा एक पिघली आग उसके तलपेट और अन्तस्थल को जलाती नाभि की ओर बढ़ रही है।'' हिडिम्बा मुक्त देवी हैं। योगी का कहना था कि अल्प वय की युवती के साथ संयोग नवता देता है। ईसाई से हिन्दू बनने के लिए पंचगव्य खाने का विधान था। पादरी ईसाई समाज बनाने में एकाग्र था। राफ़ताब तक की बलि सम्भव थी।

रूपतिल्ली की कथा के अन्त में तिरोत सिंह देखता है या सोचता है – ''मनुष्य की जब प्रथम चेतना ने विश्व को पहली बार देखा होगा तो धरती से आसमान तक सब एक विशाल खोखल, एक शून्य लगा होगा। ...आसमान में बिखरे ज्योतिपिंड बिल्कुल नगण्य लगे होंगे।...'' सोचा जा रहा है कि लड़ाई राजे-रजवाड़ों की रक्षा तक सीमित तो नहीं, नया सैन्य संगठन है। रिंजा 'हेल' में है। उसे कलकत्ता ले जाया जाएगा और फाँसी दे दी जाएगी। बसन्ता अल्खा आवरी को उसके पति रिंजा से मिलाना चाहता है। पर रिंजा 'हेल' से ग़ायब है। वह अल्खा को कहता है – शरीर धर्म निबाहो, मेरा प्रेम बाधक नहीं है। जोर राय रूपतिल्ले के माथे तक पहुँचा। घायल। हताश। रानी निपट नंगी मर चुकी थी। रिंजा की बेटी तीर चलाना सीख रही थी। उसके निशाने पर कौन होगा – सत्ता में होंगे अंग्रेज।

श्रीप्रकाश मिश्र ने एक जनजाति के संघर्ष और विद्रोह को भारत के स्वाधीनता आन्दोलन की पूर्वपीठिका बना दिया है। 18वीं शती के अन्त, उन्नीसवीं शती के प्रारम्भ की कथा का निहितार्थ यही है – आदिवासी समाज की मुक्ति। यह है रूपतिल्ली की मुक्ति-गाथा। आख्यान इतिहास पुनर्नवता देता है। कथा बिम्ब और शिल्प की अन्य विशेषताएँ अपनी जगह। लेखक के लिए इतिहास के स्रोत अनेक हैं। गप्प भी एक स्रोत है। एक ऐतिहासिक उपन्यास बाख्तिन के अनुसार बहुध्वन्यात्मक (Polyphonic) होगा ही। जनजातियाँ सब-आल्टर्न इतिहास का

हिस्सा बन गयीं। कथा-रस ही इतिहास-रस को प्रगाढ़ करता है। स्त्रियाँ कथा में प्रमुखता पा सकी हैं, तो जीवन के रागप्रधान होने के कारण। अन्त में स्त्री भी तीरन्दाजी सीखती है, जो अभी तक सम्भव नहीं था। यह अल्वा की बेटी है।

'रूपतिल्ली की कथा' पढ़ते हुए याद रखना चाहिए कि भारतीय जीवन सामूहिक-सामुदायिक जीवन होता है। उसकी रीतियाँ प्रथाएँ प्रेम, विवाह, संघर्ष सब एक कम्यूनिटी के भीतर घटित होता है। एक कृषिप्रधान संस्कृति में या मछुआरों की संस्कृति में एक आवाजाही बनी रहती है। भूगोल, इतिहास, भाषा, संगीत, संस्कृति, पर्यटन सबमें उसे लक्ष्य किया जा सकता है। जहाँ रानी बूढ़े राजा में कामासक्ति जगाने के लिए विवस्त्र हो जाती है और कोई युक्ति न देखकर विपरीत रति में लीन होती है, उसके तुरन्त बाद प्रकृति का चित्र इस प्रकार है—

"साफ रातों के बाद जो धुँधले फजीर आते हैं, पूरब में उनका मौसम आ गया था। भिनसार की सर्दी अपने पारदर्शी काले परवाने में जंगल को समेटे हुए थी, जिससे वह और भी नीला हो गया था। उसके पंजे में दुबली नदी साँप की तरह दुबकी धीरे-धीरे कराह रही थी और पिघली चाँदी की रेख की तरह चमक रही थी।"

सार्त्र ने नातालिया सरूत पर लिखा है कि उपन्यास में अमूर्त फन्तासी भी यथार्थ का रूप लेती है। उपन्यास का एक स्थानिक भूगोल या देशकाल जरूरी है। जो तात्कालिक है उसका भी एक भ्रामक पार्श्व होता है जो कथा को अर्थमय पठनीय बनाता है। 'रूपतिल्ली की कथा' में कोई मुखौटा नहीं है – लोक को मुखौटे की जरूरत नहीं। विवरण समृद्ध कथा में अवकाश यहाँ सम्भव नहीं है। पर उसके न होने से आख्यान इतिहास बना रहता है, उपन्यास नहीं बन पाता। उपन्यास-लेखन भाषा को मुक्त भी करता है, पर कहीं गोपन या प्रत्यक्ष की सम्भावना को बनाए रहता है। यहाँ कथा-भाषा की पारदर्शिता एक बड़ी विशेषता है। 'रूपतिल्ली की कथा' को आदिवासी खासी समाज के मानवीय सम्बन्धों का क्रिटीक कहा जा सकता है। यह उपन्यास इस अर्थ में नया है कि इसमें लेखक वर्णित समाज में घुलमिल जाता है। दस वर्षों तक इसी समाज में रहना श्रीप्रकाश मिश्र के लिए सघन साहचर्य का प्रमाण बन गया है। श्रीप्रकाश मिश्र इस समाज के भीतरी व्यक्ति हैं, बाहरी नहीं। लेखक खुद इसी समाज से संवादरत है। यह एक ऐसा समाज है जिसमें मिश्रित नस्लीय सम्बन्ध अभिव्यक्ति पाते हैं। अगर उपन्यास का कोई राजनीतिक विमर्श है तो वह प्रच्छन्न है। आंचलिक शब्द अनेक हैं जिनके अर्थ का निर्देश जरूरी हो गया है। जैसे क्वाय (कच्ची सुपारी), माउ बिन्ना (स्मृति शिलापटों की शृंखला), जैम्पेन (कौपीन), नोड – थाड (सृष्टि की रचना करने वाला देवता), हटटी (छोटी टोकरी) – ऐसे अबूझ शब्दों से कथा-प्रवाह में बाधा आये तो आये, आदिवासी जीवन चित्रण विश्वसनीय

जान पड़ता है। 'जामुन' 'खरगोश' के व्यंग्यार्थ परिहास मूलक हैं – लड़की कहती है – 'अब जिसे खरगोश नहीं मिलेगा, वह जामुन ही तो खाएगा!' 'रूपतिल्ली की कथा' को भाषा की व्यंजकता के लिए भी सराहा जाएगा। एक कवि ही कथा-भाषा की तहें खोल पाता है।

मीडिया और राजनीति

मीडिया का इन्द्रजाल इतना प्रबल और आक्रामक है कि राजनीति के केन्द्र में मीडिया है और मीडिया के केन्द्र में राजनीति। अगर राजनीति आक्रामक है तो मीडिया भी सनसनीखेज और आक्रामक। यह अकारण नहीं है कि आज ब्रांड महत्त्वपूर्ण है, मूल्य नहीं। मीडिया के शिखर-पुरुष सुधीर कक्कड़ 'मीरा एंड महात्मा' लिख कर गाँधी का कुपाठ कर रहे हैं। फिल्में फैशनलिटी चैनल पर चमत्कार कर रही हैं। 'चीनी कम' 'पेज-3' 'तारे जमीं पर' 'चक दे इंडिया' अलग-अलग तरह की फिल्में हैं। आज प्रिंट मीडिया, इलेक्ट्रानिक मीडिया दोनों के लिए यथार्थ थ्रिल है, रोमांस है, सनसनी है। खबरें अखबारों में, टी.वी. चैनलों पर दुहराई जाती हैं। सेक्स रैकेट कांड हर दिन उन्हीं-उन्हीं पन्नों पर छपता है और मॉल-मसाला की तरह पढ़ा या देखा जाता है।

एक ओर मीडिया में छोटी फिल्में हैं – गहरी सचाइयाँ उद्‌घाटित करती हुई। जैसे वसुधा जोशी की 'गर्लसांग', विपिन विजय की 'हवा महल', परंजय गुहा की 'विंडो ऑफ होप', विन्दु नायर की 'बियांड वीमेन्स स्टोरियो टाइप्स', सुमित खन्ना की 'ऑल रोड्स लीड टु सिनेमा', नीरू सिंह की 'फ्रीडम टु ग्रो', अरविन्द सिन्हा की 'मुक्ति समय में ध्रुपद'। कोंकड़ा सेन पर केन्द्रित 'पेज-3' क्राइम न्यूज का आख्यान है। पर यथार्थ कहना उन्हें पेज-पाँच या सात पर डाल देता है। अखिला कृष्णन की 'लॉस्ट एंड फाउंड' विस्थापन का बयान है। इधर अजय नावरिया का उपन्यास 'उधर के लोग' जातिवाद पर कठोर टिप्पणी है। एक स्त्री आत्महत्या करती है, दूसरी अलग रहने लगती है। एक ओर राख में जिन्दगी दिखाने वाली फिल्में हैं, दूसरी ओर जिन्दगी को तहस-नहस करने वाली या राख बनाने वाली फिल्में। अब साम्प्रदायिक उन्माद में भी 'तमस' (भीष्म साहनी) को भूलने का दौर है। सत्थू की 'गर्म हवा' अब शायद ही बने। समय मंगलेश डबराल के लिए क्रूर होता गया समय है, जब कुलीनतावाद फिर केन्द्र में है। 'ग्रेट एक्सपेक्टेशन्स' (मुस्तफा) को विषयान्तर माना जा रहा है। खबरें मांसलता, हिंसा, तोड़फोड़, उपद्रव को केन्द्रीय बनाती हैं। भ्रूण हत्या पर खबरें हैं, पर बलात्कार पर चटखारे लेने वाली खबरें थ्रिलर मानी जाती हैं। और

बेशुमार हैं।

दिन दहाड़े 'रेहन पर रग्घू' का छव्वो कुचल कर, सिर कूट कर मार दिया जाता है, जो ढोला उससे प्रेम करती है, वही हत्या का कारण बनती है। दृश्य यह है कि युवाओं के प्रिय खेल–जैसे क्रिकेट–लीडन्यूज बनते हैं। पर गाँव के खेल – कबड्डी, चिक्का –'देहाती दुनिया' के साथ खत्म हो जाते हैं। जब शिवपूजन सहाय ने 'देहाती दुनिया' जैसा पहला आंचलिक उपन्यास लिखा था, तब आगे उसे 'एन.सी.ई.आर.टी.' के पाठ्यक्रम में जगह मिली। अब रेणु की फिल्म 'तीसरी कसम' तो लोकप्रिय हुई – पर 'रस प्रिया' 'लाल पान की बेगम' को तवज्जो नहीं मिली। पिछले दिनों मेधा पाटेकर, संदीप पांडे ने कुशीनगर के जनसम्पादकों का एका बनाने की पहल की – जो आस-पास ही बड़ी खबर नहीं बनी। 'आउट लुक' में कुमार हर्ष की कवरेज एक अच्छी पहल है।

अभी लखनऊ दूरदर्शन के 'इवनिंग मसाला' में मुझसे नेहा कपूर और महेन्द्र पांडे ने आध घंटे की बातचीत की। संगीत, साहित्य, संस्कृति, आतंकवाद, मीडिया, नये प्रकाशन सब चर्चा में थे। पर बीच में कार्यक्रम रोककर कमर्शियल ब्रेक में 'देवदास' फिल्म का गाना श्रोताओं के लिए ज़रूरी हो चला है। शुद्ध साहित्य कार्यक्रम से हटकर 'इवनिंग मसाला' की रेटिंग ऊँची है। कार्यक्रम सप्ताह में दो दिन सोमवार-मंगलवार दिखाया जाता है। ऐंकरों में दुनिया भर की जानकारी थी। शुरू में ही नेहा कपूर ने 17 जून की एक-दो सदी की जानकारियाँ दीं। यह वह मीडिया है, जो इंटरनेट, ब्लॉग आदि से सूचनाएँ लेता है। ई-मेल, इंटरनेट, चैट उनके विमर्श में हैं।

विकलांगता बढ़ रही है, रेल दुर्घटनाएँ आम हैं, पर खबरें हैं – तो एयर होस्टेसेज की छरहरी काया उड़नपरी जैसी। यह है समय का बदलाव। एक ओर यौन उत्पीड़न की कथाएँ हैं, उन पर आधारित फिल्में, दूसरी ओर जितेन्द्र नाथ पाठक जैसे विमर्शकार 'बापू और उनके बाद' जैसी किताबें लिख रहे हैं। भगत सिंह पर सभी महत्त्वपूर्ण पत्रों ने 'विशेषांक' निकाले हैं। युवा कवि उन पर ग़ज़लें, दोहे लिख रहे हैं। अरविन्द 'असर' के शब्द हैं –

'पूर्ण सफल थे भगत सिंह अब, इन्कलाब के रण में
क्रान्ति की ज्वाला फैल चुकी थी, अब भारत के जन-जन में'।

इधर ही शम्भु गुप्त ने 'मैंने पढ़ा समाज' में अर्जुन कवि के दोहों पर लम्बी-लम्बी टिप्पणियाँ लिखी हैं। आश्चर्य कि अर्जुन कवि कक्षा चार से आगे पढ़ न सके – पर उन्होंने समाज को पढ़ा। यह भी मीडिया की भूमिका है। प्रतिपक्ष की राजनीति है।

पेड़ गरीबी नीम कौ, पीपल लदे अमीर
रस पीते देवैं नहीं, बैठ गिनें जागीर

रगड़ नाक पाषान कूं, सब दुनिया सुख च्हाय
मेहनत मरन समान है, देव धान रचि नायँ

यहाँ सिंगार-पटार करती युवतियों की समाज के प्रति नकारात्मक सोच का पता चलता है। खबरों की हौंस है कि ग्राम पंचायत की अध्यक्ष स्त्रियाँ केवल अँगूठा-छाप हैं। इसलिए उनके पति-परमेश्वर ग्राम पंचायत के कार्यकारी संचालक हैं। अर्जुन कवि जर्जर चरखे के रूपक द्वारा मौजूद राज्य व्यवस्था की पोल खोलते हैं। राम जन्म भूमि, बाबरी मस्जिद-विवाद पर भी अर्जुन कवि की नज़र है –

कोउ बाबरी मस्जिद कहै जनम भूमि कोउ राम
भरे पेट के खेल हैं, ये सारे पैगाम

याद करें – मस्जिद ध्वंस के अगले दिन प्रभाष जोशी जैसे सजग पत्रकार ने जनसत्ता का पहला पन्ना खाली छोड़ दिया था – बस एक मोटी काली पट्टी नीचे दे दी गयी थी। यह मीडिया की नयी भाषा थी। अग्रलेख से अधिक कहने वाली काली पट्टी। मीडिया सत्ता का द्वन्द्व जगजाहिर है। पर सच्चा मीडिया खरी-खरी कहता है और सपा-बसपा-कांग्रेस से लेन-देन नहीं करता। अल्पना मिश्र कहानी में कहती हैं – 'बाहर जो हो रहा है वो मानो नींद में हो रहा है'। इधर जेनरेशन गैप पर विमर्श दैनिक पत्रों का जरूरी पन्ना है। कैरियर, इवेंट, प्रतियोगिता-परीक्षा की तैयारी कैसे करें! जैसे स्तम्भ हैं। 'कौन बनेगा करोड़पति' के बाद 'पाँच फेल' या 'पाँच पास' जैसे कार्यक्रम हैं। 'सारेगामा' में कोई युवा लाखों उसी समय पा सकता है।

इधर मीडिया को साहित्य से नया मसाला मिल रहा है। आत्म-कथाएँ चर्चा में हैं – 'अन्या से अनन्या' (प्रभा खेतान), 'गुड़िया भीतर गुड़िया' (मैत्रेयी पुष्पा)। राजेन्द्र यादव 'हंस' में थ्रिल रोमांस छाप रहे हैं। साधारण जन दृश्य से गायब है। वह राजू शर्मा के उपन्यास 'हलफनामे' का मकई राम है, जिसे श्रीलाल शुक्ल के लंगड़ (राग दरबारी) की तरह न्याय नहीं मिलता। अब लोक सेवा आयोग के परीक्षाफल गलतियों से भरे हैं। यह कम्प्यूटर-मैनेजमेंट है। मृणाल पांडे की कृति 'रास्तों पर भटकते हुए' पर लाल बहादुर वर्मा की टिप्पणी (नया ज्ञानोदय, जुलाई, 2007) है – इसी कृति के उद्धृत अंश हैं –

'इस दुनिया में जितना ब्लफ़ है, काउंटर ब्लफ़ भी उतना ही है। सारी राजनीति बेहयाई के कीचड़ में सनी है'। सड़ाँध में राजनीति पर वरिष्ठ पत्रकार मृणाल पांडे

लिखें तो लिखें, बहुतों के लिए वह 'न्यूज' नहीं है।

मीडिया वहीं महत्त्वपूर्ण है, जहाँ युवाओं की दिन-रात की कोशिश है। वे मल्टीनेशनल्स की बड़ी नौकरियाँ छोड़ कर छोटे शहरों में 'हिन्दुस्तान', 'जनसत्ता', 'राष्ट्रीय सहारा' की पहचान बदल रहे हैं। अँधेरे समय में मीडिया रोशनी है। मृणाल पांडे कहती हैं :

'इच्छा शक्ति से भरा हृदय इस दुनिया का अन्तिम अजेय द्वीप है'। 'ओ उबीरी' 'अपनी गवाही' जैसी कृतियाँ मीडिया को नयी चमक देती हैं। यहाँ यथार्थ केन्द्र में है, राजनीति हाशिए पर है। विपन्नता का विमर्श इसी समय में सम्भव हुआ है। इसी को वरिष्ठ आलोचक नामवर सिंह 'सादगी का सौन्दर्यशास्त्र' कहते हैं। या महाश्वेता देवी 'प्रतिरोध की राजनीति'।

कथा का पुनर्जन्म

जिन प्रत्ययों या अवधारणाओं को हम दुहराते रहते हैं उन्हें अनिवार्यतः एक आलोचक का रूढ़ लहजा नहीं मान लेना चाहिए – जैसे कविता का अर्थात्, कविता का उत्तर जीवन, आख्यान के विरूद्ध आख्यान, कथा के विरुद्ध कथा-विनोद या उपन्यास के विरुद्ध उपन्यास। यह चमकदार पदावली भर नहीं है, अपने समय की रचनात्मक विडम्बना का सहज स्वीकार है। मैं मानता हूँ कि कथा हर पाठ में भी नयी होती है, जैसे 'उसने कहा था' 'कफन' 'सद्गति' या मुक्तिमार्ग। सौ साल से भी पहले मिर्जा हादी रूस्वा ने जो उपन्यास लिखा था : 'उमराव जान अदा', वह भी उपन्यास का नया जन्म ही था। उड़िया कथाकार फकीर मोहन सेनापति ने 'छह बीघा जमीन' लिखा, तो वह भी कथा रूप का नया आविष्कार ही था। आज काशीनाथ सिंह 'काशी का अस्सी' लिखते हैं और उसे उषा गांगुली 'काशीनामा' नाम से मंचित करती हैं, तो वह भी कथा रूप का पुनर्जन्म ही था। न हो, तो मृणाल सेन सौमित्र चटर्जी उसे उत्साहपूर्वक क्यों देखें? यह उपन्यास फिल्म की तरह है। कनाडा का छायाकार इसे फिल्म का रूप देना चाहता है। गीतांजलि श्री का 'तिरोहित' बहुतों के लिए अबूझ है, पर छत का रंगमंच ही तो है। टेरेस थिएटर।

असगर वजाहत की लघु कथाएँ – खास कर जो गुजरात हादसे पर लिखी गयीं, अपने लिए नया फार्म खोज लेती हैं। ऐसे समय पर सवनक हुए बिना 'साइलेंस' और 'स्टोरी' का संगठन बना पाना नये कथा विवेक का संकेत है। गीतांजलि श्री 'तिरोहित' में कहती हैं – "पर कहानी तो पीछे भी है जहाँ हम देख ही नहीं रहे। दाएँ भी है, बाएँ भी है। हम बीचोबीच हैं और हर तरफ है कहानी, कुछ इतनी ही दिखती, कुछ उतनी ही। और वह कहानी जो हमारे अन्दर है...।" यह कहानी का हिस्सा है। आगे एक वाक्य है – "दृश्य और संवाद को सही क्रम में बिठाने की ताकत अचानक सुन्न-सी लगती है।" कथा एक जन्म में कई जन्म लेती है। वह बयान तक सीमित नहीं है। लेखक को परोक्ष रूप से ही सही कहानी में होना ही है। कहानी सूचना भी हो सकती है, समाचार भी – पर उससे अधिक

भी। इसीलिए विपर्यास विखंडन उसकी शर्त है। अलका सरावगी 'दूसरी कहानी' लिखती हैं – एक कहानी लिखी जाकर 'दूसरी' हो जाती है। 'क्षमा करो हे वत्स' (देवेन्द्र) का ढंग और है। गीतांजलि श्री जिसे 'नामालूम-सा स्फुरण' कहती हैं – वही है कथा का नया जन्म। एक त्रासद संगीत कई बार कथा के कायान्तरण में सहायक है।

एकान्त श्रीवास्तव ने 'कविता का आत्म पक्ष' में 'रचना का पुनर्जन्म' शीर्षक टिप्पणी में लिखा है – (हालाँकि यह टिप्पणी अनुवाद पर है) – "एक मिट्टी से पौधा उखाड़ना है और दूसरी मिट्टी में उसे रोप देना है। इस प्रक्रिया में जड़ों के रेशे नहीं टूटने चाहिए। पत्तियों और फूलों को कुम्हलाना नहीं चाहिए। क्या दूसरी मिट्टी की प्रकृति इस पौधे की प्रकृति के अनुकूल होगी या क्या स्वयं यह पौधा अपनी जड़ों से नयी भूमि से जीवन-रस ग्रहण कर सकेगा। नयी भूमि रचना के पौधे को सुखा भी सकती है और उसे पुनर्जीवन भी दे सकती है।" कथा के पुनर्जन्म की व्याख्या के लिए यह एक सटीक रूपक हो सकता है।

कहानी में जहाँ 'सूखा' (निर्मल वर्मा) जैसी औपन्यासिक गीतात्मकता सम्भव है, वहीं 'ग्रहण', 'वजूद', 'अँधेरा', 'जलडमरूमध्य' जैसी महाकाव्यात्मक छलाँग भी। ब्राडस्की ने इसे 'एपिक स्वीप' कहा है। अन्तरंग बहिरंग में आवाजाही कहानी को नाटक बनाती है। जैसे 'परिन्दे' का 'प्रस्थान' के प्रवेशांक में छपा रूपान्तरण कहानी को सहज ही नाटक बना देता है। यह सम्भावना 'चीफ की दावत' (भीष्म साहनी) 'वापसी' (उषा प्रियम्वदा) 'दोपहर का भोजन' (अमरकान्त) में भी है। कहानी सिर्फ लालटेन के साथ अन्धी सुरंग में उतरती है। इसी कोशिश में कथा का पुनर्जन्म सम्भव होता है। अलका सरावगी के उपन्यास 'शेष कादम्बरी' में नानी (रूबी गुप्ता) और कादम्बरी, मानी नातिन के बीच का फोन संवाद एक युक्ति से अधिक कथा रूप का पुनर्जन्म है। यहाँ संवाद और एकालाप का नैरन्तर्य है।

कथा विधा से मुठभेड़ भी एक असहज स्वप्न है। मुक्तिबोध की कहानियों में कविता भी है, कथा भी, जिरह भी। व्यक्तित्व कथा में आता है तो सतह का ही नहीं। "व्यक्तित्व के न मालूम कितने ही पहलू हैं जो मुझसे छिपे हुए हैं जैसे पंखुरी के भीतर पंखुरी, अथवा प्याज की परतों के अन्दर की परतें"। (मुक्तिबोध) आनन्द हर्षुल की कहानियाँ – जैसे 'पृथ्वी को चन्द्रमा', 'महानगर में गिलहरी', 'मौत पर छलाँग' एकरेखीय सपाट नहीं हैं। चरित्र हैं तो 'मैं' 'वे'। आनन्द हर्षुल का कथा संगीत विलक्षण है। युवा पीढ़ी में नीलाक्षी सिंह, कुणाल सिंह, चंदन पांडे, अल्पना मिश्र, कविता, महुआ माजी का शिल्प एक जैसा नहीं है। कभी वह शिल्पहीन शिल्प है। जैसे 'एक था बुझवन' (नीलाक्षी)। कथा का पुनर्जन्म आकस्मिक नहीं है। बेशक

मीडिया के दबाव ने कथा में कई बदलाव किए हैं। पंकज मित्रा के यहाँ शीर्षक नैरेटर के भीतर कई तरह की भंगिमाएँ लिए होते हैं। कभी अलका सरावगी ने 'द ग्रेट कलकटा किलिंग' जैसे शीर्षक दिए थे। महुआ माजी ने 'मैं बोरिशा इल्ला' में ऐसे शीर्षक दिए हैं – 'अ से अजगर आशके तेड़े' 'शामदाशी दरवाजा खोलो' 'दूर हो जा थोड़ा मुखी' 'मेघे मेघे नाराय'। एक महागाथात्मक उपन्यास में ये शीर्षक अकारण नहीं है। इनसे सृजनात्मक कल्पना के नये गवाक्ष खुलते हैं। अल्पना मिश्र के यहाँ शीर्षकों से कथा के भेद खुलते हैं – जैसे – 'कलछुल पर टँगी पृथ्वी और स्वप्न में गुझिया मन तुम काहे दुन्द मचाये'।

एक कलाकृति जस-की-तस नहीं रहती। वह अलग-अलग पाठ में अलग-अलग निहितार्थ प्रकट करती है। कृतियाँ वही रहती हैं, पर उनको पढ़ने का ढंग बदल जाता है। इन दिनों बाज़ार के प्रभुत्व के कारण भी कलाकृतियाँ अपना रूप और अर्थ बदल लेती हैं। इन दिनों फैशन चर्चा में है। डर है कि कथा 'शिल्प' को अपना सर्वस्व न मान ले, बल्कि अपनी कथात्मकता बचाए रखे। कथा की मूल पूँजी होने पर ही उसकी बाह्य संरचना (एक्सटीरियर) बदल सकती है और अर्थवान रह सकती है। विजयदान देथा को लेकर राजस्थानी लोक ऊहापोह में है कि वह लोककथा को अपनी कथा बना रहे हैं, जैसे 'दुविधा'। सचाई यह है कि लोककथा विजयदान देथा के बयान में एक और पाठ बन जाती है। यह सृजनात्मक कल्पना के कारण ही होता है। कथा का पुनर्जन्म एक लम्बी प्रक्रिया है। वाचिक से लिखित तक यह नया जन्म नये ढंग से चरितार्थ होता है। रवीन्द्रनाथ ठाकुर इसे सबसे अधिक जानते थे। उनके लिए अनिश्चयता के भीतर ही नयी सृष्टि सम्भव होती है।

इक्कीसवीं सदी में आलोचना

अगर सभ्यता का इतिहास बर्बरताओं के दुहराव का आकलन-जैसा इतिहास है तो आलोचना का इतिहास बर्बरताओं के प्रतिरोध का दस्तावेज है। इसी अर्थ में आलोचना सभ्यता समीक्षा है। इक्कीसवीं सदी के पहले दशक में ही आलोचना एक बृहत्तर अर्थात् (Space) पा सकी है। वह कला संस्कृति जीवनशैली फिल्म साहित्य आदि पर एक निरन्तर संवाद बनाती है और केवल कृति-विशेष की पाठ-मीमांसा तक सीमित नहीं है। यहाँ तक कि अब 'कफ़न' 'शतरंज के खिलाड़ी', 'उसने कहा था, 'त्याग पत्र', 'मैला आँचल' जैसी कृतियों का भी मूल्यांकन बड़े दायरे में सम्भव हो पा रहा है। नयी से नयी कृतियाँ क्लासिक के साथ संवाद बनाती जान पड़ती हैं। चेखव ताल्स्ताय समकालीन हो चले हैं। कालिदास भी। यह अचानक नहीं हुआ है। याद करें तो बीसवीं सदी के पहले दशक में आलोचना 'पोस्टमैन' का काम करती थी यहाँ की खबर इस मुहल्ले से अधिक ले जाने में वह सूचनात्मक थी। आगे वह कृतियों के बीच व्यवच्छेद के लिए जानी गयी। यह रामचन्द्र शुक्ल के कारण ही सम्भव हुआ, जिनकी आलोचना को छायावादी कवियों के गद्य ने समृद्ध किया।

मिथक, इतिहास और कल्पना के मेल से एक नयी आलोचना इधर सम्भव हुई है। आलोचना के इतिहास में युगान्तर कभी-कभी ही सम्भव होता है, जबकि संक्रमण काल कई-कई घटित होते रहते हैं। आलोचना में विचारधारा और सौन्दर्यशास्त्र पर लम्बी बहसें हो चुकी हैं। रामचन्द्र शुक्ल सौन्दर्यशास्त्र को 'गडबड़झाला' कहते थे। जर्मन-यहूदी लेखक वाल्टर बेंजामिन ने कहा था : "यह बिल्कुल झूठ और कपोल कल्पना है कि आज आलोचना अपने प्रतिमान सौन्दर्यशास्त्र से ग्रहण कर सकती है। आलोचना यह समझने में विफल रही है कि सौन्दर्यशास्त्र का समय हमेशा के लिए समाप्त हो सकता है।" आज से पहले भी आलोचना दर्शन, समाजशास्त्र, कलाशास्त्र, राजनीति के साथ एक निरन्तर सम्बन्ध बनाती रही है, फिर भी साहित्य उसके लिए केन्द्रीय रहा है। आज का समय आलोचना में दलित विमर्श, स्त्री विमर्श, हाशिए की संस्कृति जैसे अनेक विमर्शों के लिए जाना जाता है। पाठ के साथ सन्दर्भ

का सम्बन्ध बहुलार्थी रहा है। इक्कीसवीं सदी में आलोचना विमर्श प्रधान है और इसी अर्थ में सभ्यता-समीक्षा है। महत्त्वपूर्ण है – आलोचना का ऐतिहासिक परिप्रेक्ष्य जिसके विमर्श में विश्व-दृष्टि बहिष्कृत नहीं।

इक्कीसवीं सदी की हिन्दी आलोचना में अगर लोकतंत्र, स्वायत्तता और सामाजिकता का विमर्श जिनके यहाँ प्रमुख है, उनमें सत्यप्रकाश मिश्र की एक अपनी भूमिका है। व्याख्यानों, सम्पादकीय टिप्पणियों, स्वतंत्र लेखों में सत्यप्रकाश मिश्र समाजवाद को यूटोपिया से अधिक मानते हैं। कबीर को वे छह सौ साल बाद भी सार्थक बताते हैं। रहीम–जैसों की सेकुलर संवेदना उन्हें अपने समय के लिए सन्देश नजर आती है। वैश्विक विमर्श में सत्यप्रकाश मिश्र स्थानीयता को महत्त्व देते हैं। 'हिन्दी नाटक क्यों और कैसे' शीर्षक लम्बे निबन्ध में वे 'मुआवजे' (भीष्म साहनी), 'यमगाथा' (दूधनाथ सिंह), 'दरिन्दे' (हमीदुल्ला), 'कोर्ट मार्शल' (स्वदेश दीपक) पर विशेष रूप से विचार करते हैं और इन कृतियों को भुवनेश्वर, मुक्तिबोध, धर्मवीर भारती, मृणाल पांडे की परम्परा का विकास मानते हैं। अपनी विचारोत्तेजक टिप्पणी में सत्यप्रकाश मिश्र लिखते हैं : ''इस समय नाटक के क्षेत्र में जो कुछ हो रहा है वह संकट से उबरने का प्रयत्न नहीं, बल्कि संकट से मुक्त होने की कोशिश में और अधिक संकट उत्पन्न कर रहा है।''

'मय्यादास की माड़ी' (भीष्म साहनी) पर केन्द्रित सत्यप्रकाश मिश्र के लेख का शीर्षक है : 'संघर्षशील रचनात्मकता का नया पाठ'। यहाँ सत्यप्रकाश मिश्र का तीक्ष्ण आलोचनात्मक विमर्श मौजूद है। सत्यप्रकाश मिश्र की दृष्टि में उपन्यास जीवन की वास्तविकताओं का अनेकमुख साक्षात्कार करता है और काल के कई आयामों को पकड़ता है। यहाँ अनेक विपर्ययों के बावजूद मनुष्य की जिजीविषा का मार्मिक आख्यान सम्भव है। यहाँ सत्यप्रकाश मिश्र 'तमस' की त्रासदी को भी लक्ष्य करते हैं जो पुनः मनुष्य की जिजीविषा का मार्मिक साक्ष्य है। रुक्मिणी के आर्तनाद (मय्यादास की माड़ी) के बहाने स्त्री-विमर्श भी गौरतलब है। सत्यप्रकाश मिश्र के लिए बड़ा उपन्यास इसी मानवीय जिजीविषा को रेखांकित करता है।

इधर के नये विमर्शों – उत्तर आधुनिकता, संरचनावाद, उत्तर-संरचनावाद, भूमंडलीकरण – पर सत्यप्रकाश की निश्चित राय थी कि अपने इतिहास और भूगोल, संस्कृति या राजनीतिक समय के भीतर ही कोई नया पाठ या पुनःपाठ सम्भव है। सत्यप्रकाश मिश्र ने विजयदेव नारायण साही से सीखा कि आलोचना मुख्यतः सम्प्रेषण है। साही ने जायसी जैसे कवि से जो नया सम्बन्ध बनाया, वही सत्यप्रकाश मिश्र को दूर तक शिक्षित करने वाला था। सत्यप्रकाश के लिए साहित्य या आलोचना की कोई स्वायत्त दुनिया नहीं है। महत्त्वपूर्ण है साहित्य या आलोचना की

सामाजिकता। यह मार्क्सवाद सैद्धान्तिकी भी है तो सौन्दर्यशास्त्र के रूप में। जड़ या ठस शास्त्रवाद किसी काम का नहीं। सत्यप्रकाश मिश्र की दृष्टि में यह विडम्बना ही थी कि जब अंग्रेजी आलोचक संस्कृत काव्यशास्त्र के ध्वनि-वक्रोक्ति सिद्धान्त से अपने प्रतिमान ले रहे हैं, हम वैश्विक होने के लिए गायत्री चक्रवर्ती स्पीवाक से आतंकित हैं। पश्चिमी आलोचक के सम्पर्क में रहें और नये प्रतिमानीकरण के लिए उत्साहित हों तो कोई हानि नहीं। दरीदा और वाक्यपदीय को एक साथ पढ़ना जरूरी लगे तो पढ़ें। अभिनवगुप्त का पाठ नये दौर में कहीं अधिक सार्थक है।

सत्यप्रकाश मिश्र की दृष्टि में किसी भी साहित्य को देश के सन्दर्भ में ही पढ़ा जा सकता है। अमरकान्त को सत्यप्रकाश इधर के कथाकारों में अधिक महत्त्वपूर्ण मानते थे। 'दोपहर का भोजन' और 'डिप्टी कलक्टरी' उनकी प्रिय कहानियाँ थीं। इधर 'इन्हीं हथियारों से' जैसे बड़े उपन्यास को उन्होंने एक जरूरी कृति बताया। प्रेमचन्द का 'गोदान' कभी कमतर करके नहीं आँका जाएगा। आख्यान की एक से अधिक परम्पराएँ हैं जो 'बाणभट्ट की आत्मकथा', 'त्याग-पत्र', 'शेखर एक जीवनी' को पठनीय बनाती हैं। सत्यप्रकाश मिश्र रेणु को प्रेमचन्द के बाद का सर्वाधिक महत्त्वपूर्ण कथाकार मानते थे।

सत्यप्रकाश मिश्र की दृष्टि में निर्मल वर्मा न कलावादी थे न हिन्दुत्ववादी। उनकी दुनिया सरल अर्थ में अस्तित्ववाद से निर्मित नहीं थी। 'लाल टीन की छत' 'अन्तिम अरण्य' बुनियादी प्रश्नों से जुड़ते हैं। एक प्रकार का अध्यात्म भी लोक की जरूरत हो सकता है। छठीं-सातवीं शताब्दी तक में नये काव्य मुहावरों का अनुसन्धान सम्भव था। दूसरी परम्परा के संस्कृत कवि इसी को प्रमाणित करते हैं। 'आखिरी कलाम' (दूधनाथ सिंह) को वे एक महत्त्वपूर्ण उपन्यास मानते थे। श्रीलाल शुक्ल उनकी पसन्द के कथाकार थे। 'विस्रामपुर का संत', 'रागदरबारी' कहीं एक दूसरे से जुड़ते भी हैं। प्रतिबद्धता कट्टरता नहीं है, न प्रतिबद्ध होने के लिए मार्क्सवादी होना जरूरी है। प्रगतिशील आलोचकों ने विपिन अग्रवाल और नरेश मेहता की अनदेखी की, जो एक गलत कदम था। शम्बूक पर अगर जगदीश गुप्त लिखते हैं तो प्रगतिशील वे क्यों नहीं हैं।

भारतीय उपन्यास की अगर सम्यक पहचान बनेगी तो गुजराती, मराठी, बांग्ला, हिन्दी, उर्दू, कन्नड़ उपन्यासों को मिलाकर बनेगी। यहाँ भी आंचलिकता मुख्य पहचान बनेगी। परम्परा में ही उपन्यास को आधुनिक होना है। चमत्कारवाद कभी भी अच्छे साहित्य की पहचान नहीं है। विभूतिभूषण, ताराशंकर, प्रेमचन्द को मिलाकर ही भारतीय उपन्यास का क्रिटीक बनेगा। यू.आर. अनन्तमूर्ति के उपन्यास 'संस्कार' को वे रवीन्द्रनाथ के 'गोरा' उपन्यास के साथ पढ़ने के पक्ष में थे। ग्रामीण यथार्थवाद

और नगरीय यथार्थवाद एक-दूसरे से जुड़कर ही अर्थवान हैं। छन्द में ही छन्द से मुक्ति सम्भव है। 'रस' को 'लोकोत्तर' मानना एक तरह की चूक है। वस्तु-रूप की विविधता का गुणात्मक मूल्य है। शिल्प रचना के लिए गैर-जरूरी नहीं है पर रचना के मूल्यांकन की एकमात्र कसौटी भी नहीं है।

सत्यप्रकाश मिश्र ने आपात् काल को भारतीय लोकतंत्र के लिए घातक बताया। वे श्रीकान्त वर्मा के दृष्टिकोण से सहमत नहीं थे जिनके यहाँ लेखक परम स्वतंत्र है और राजनीति उसके लिए वर्जित विषय है। यहाँ सत्यप्रकाश मिश्र रघुवीर सहाय के साथ थे और 'रामदास' उनकी प्रिय कविता थी। मार्कण्डेय, कमलेश्वर, शेखर जोशी उनके प्रिय लेखकों में थे। कविता को जरूरी होना है और लोकोन्मुख भी होना है। तुलसी, कबीर के बीच तुलना का प्रश्न ही नहीं है। उनके रास्ते अलग हो सकते हैं, गन्तव्य एक हैं। साहित्य का इतिहास हमेशा आधा-अधूरा रहेगा क्योंकि समय बहुत कुछ जोड़ता-घटाता रहता है। रामविलास शर्मा पर लिखते हुए सत्यप्रकाश मिश्र को लगा "रामविलास शर्मा की समस्त रचनाएँ प्रारम्भिक विचार बीजों का विकास मात्र हैं, ऐसा मानना सम्भव नहीं है, परन्तु साम्यवादी विचारधारा की गहरी मानवीय दृष्टि और साम्राज्यवाद विरोधी चेतना परिचालक भाव के रूप में सर्वत्र विद्यमान है।" रामविलास शर्मा जहाँ रीतिकाल की सामन्ती अभिरुचि तथा भोगवादी दृष्टि के विरोधी हैं वहीं उसकी गार्हस्थिक रागात्मकता को सराहते हैं। महत्त्वपूर्ण है शृंगार का मानवीय पक्ष। स्वाधीनता आन्दोलन के परिप्रेक्ष्य में छायावाद का मूल्यांकन इस दृष्टि से रामविलास शर्मा का बड़ा काम है। सत्यप्रकाश मिश्र को यहाँ भारतीय समाज और लोक मानस की गहरी समझ दिखाई देती है। 'हिन्दी जाति', 'हिन्दी नवजागरण' जैसे अभिप्राय, हमेशा विचारणीय रहेंगे।

ऐन इस वक्त जब न्यूयार्क में विश्व हिन्दी सम्मेलन आयोजित है 'माध्यम' के जुलाई-सितम्बर 2003 का सम्पादकीय याद आता है – इसे सत्यप्रकाश मिश्र की आलोचना का ध्रुवक मान सकते हैं : "राजनीतिक मूल्य का 'अन्य' नहीं होता, बल्कि उसके विरूद्ध और उससे भिन्न मूल चिन्तन ही हो सकता है। इसका यह अर्थ कदापि नहीं कि राजनीति का मूल्य नहीं होता, परन्तु यदि वही सर्वातिक्रामी या सर्वातिशायी हो तो मूल्य भी नहीं बनता है।" यह थी – सत्यप्रकाश मिश्र की आलोचना में निहित मूल्य-दृष्टि।

इक्कीसवीं सदी की आलोचना जहाँ नयी सैद्धान्तिकी बनाती है, वहीं सैद्धान्तिकी का प्रतिवाद भी सम्भव करती है। इधर सूचना क्रांति (मीडिया) का आलोचना के चरित्र पर व्यापक प्रभाव दिखाई देता है। आलोचना की संस्कृति अपने आप में बहस का जरूरी मुद्दा है। कई बार सांस्कृतिक राष्ट्रवाद साहित्य की बृहत्तर अवधारणा को

ही संकीर्ण बनाता है। नेहरू युग ने आलोचना का एक सेकुलर चरित्र बनाया। विजयदेवनारायण साही का लम्बा निबन्ध 'धर्मनिरपेक्षता की खोज' में इसी का प्रमाण है। अगर नेहरू ने कहा कि शुद्ध संस्कृति नाम की कोई चीज नहीं है तो हजारी प्रसाद द्विवेदी ने भी 'अशोक के फूल' में इसी अशुद्ध संस्कृति का पक्ष लिया। सत्यप्रकाश मिश्र ने द्विवेदी जी को सबसे बड़ा सांस्कृतिक विमर्शकार कहा है। उनकी दृष्टि में 'हिन्दी साहित्य की भूमिका' सामान्य इतिहास नहीं है, सांस्कृतिक आलोचना है। महादेवी की 'शृंखला की कड़ियाँ' को भी उन्होंने स्त्रीमुक्ति के विमर्श से अधिक माना। सत्यप्रकाश मिश्र ने 'आलोचना का लोकतंत्र' विषय पर आयोजित राष्ट्रीय संगोष्ठी के प्रस्तावक वक्तव्य में कहा – 'लोकतंत्र हमारे समय की आलोचना की न्यूनतम जरूरत है। इसी अर्थ में आलोचना सक्रिय वाद-विवाद संवाद है। असहमति लोकतंत्र का ही लक्षण है।'

सत्यप्रकाश मिश्र ने माना कि व्यावहारिक आलोचना ही आलोचना को पूर्णतर बनाती है। 'माध्यम' में पुस्तक समीक्षा से अलग 'कृतिचिन्तन' नामक विशेष स्तम्भ शुरू किया था जिसके लिए कोई स्थान सीमा तय नहीं थी। इस तरह रस्मी आलोचना से असन्तुष्ट सत्यप्रकाश मिश्र ने आलोचना को मुकम्मल क्रिटीक बनाना चाहा। स्वयं उन्होंने रघुवीर सहाय और मलयज की किताबों पर विस्तार से लिखा। यह रिव्यू से अधिक क्रिटीक बनाने का उपक्रम था। आस्वादपरकता के बगैर मूल्यांकन असम्भव है पर समय क्रम से आस्वाद के रूप भी बदलते हैं। भक्ति साहित्य और आधुनिक साहित्य विशेष अर्थ में युगान्तरकारी हैं, पर उनके आस्वाद का ढंग भी स्थिर नहीं रहता। सत्यप्रकाश मिश्र ने रामकमल राय लिखित अज्ञेय की जीवनी को इसलिए महत्त्वपूर्ण माना कि रामकमल राय अज्ञेय की कविताओं के मर्म तक जाते थे।

'माध्यम' (अप्रैल-जून 2004) के एक विशेष सम्पादकीय में सत्यप्रकाश मिश्र ने 'साहित्य का स्वराज्य' विषय पर विचार किया है। अपने सूक्ष्म विश्लेषण में सत्यप्रकाश मिश्र बताते हैं – "एक स्वरता, समग्रता की आवाज उतनी ही ऊँची होती जा रही है, जितनी बहुलता और विलगाव की। परन्तु ये आवाजें जब सत्ता और शक्ति की आवाजों में बदल जाती हैं या उनके स्वार्थों का प्रतिनिधित्व करने लगती हैं तो खतरनाक प्रवृत्तियों का विकास होता है। सत्ता दूसरी आवाज़ों को दबाने का षड्यंत्र भी रचती है और शक्ति के तर्क से – दमन तंत्र का प्रयोग करते हुए केवल विवेक को ही नष्ट नहीं करती है, बल्कि सब कुछ पर सन्देह करती है।" यह वक्तव्य महत्त्वपूर्ण है, पर समग्रता और बहुलता को एक साथ रखना जरूरी लगता है, जैसे एकस्वरता और विलगाव को। कई बार समग्रता को भी 'एप्रोप्रिएट' करने की

कोशिश की जाती है। हिन्दू राष्ट्रवाद समग्रता तक को हिन्दू समग्रता में सीमित कर देता है। बड़ी बात है – साहित्य के स्वराज्य की अवधारणा जिस पर अधिक विस्तार से विचार करना उपयोगी होता।

इक्कीसवीं सदी की आलोचना में जहाँ एडवर्ड सईद, ग्राम्शी, वाल्टर बेंजामिन, टेरी ईगल्टन चर्चा में बने हुए हैं वहीं इलियट का प्रसिद्ध निबन्ध 'ट्रैडीशन एंड इंडिविजुअल टेंट' विमर्श के बाहर नहीं कर दिया गया है। वर्चस्वी संस्कृति कैसे उपन्यास – जैसे साहित्य रूपों की व्याख्या करती है, यह एक दिलचस्प मुद्दा है। परम्परा अतीत – सीमित नहीं है – परम्परा में समकालीनता भी शामिल है। प्रतिरोध की संस्कृति को उपर्युक्त साहित्यिक स्वराज्य की अवधारणा से जोड़कर देख सकते हैं। इतिहास में नैरन्तर्य की एक अलग कल्पना है। सत्यप्रकाश मिश्र 'रात का रिपोर्टर' (निर्मल वर्मा) को प्रतिरोध की दृष्टि से ही मूल्यवान मानते थे। यह एक अर्थ में जार्ज आर्वेल के उपन्यास 'नाइन्टीन एट्टी फोर' की याद दिलाता है। इस तुलना को तूल देने की जरूरत नहीं है। पर भारतीय सन्दर्भ में प्रतिरोध की संस्कृति की व्याख्या बार-बार की जाएगी। आज हमारे लिए परम्परा एक नहीं है, न वह महज़ महान परम्परा है, बल्कि परम्पराएँ हैं। स्त्री है तो दलित भी हैं और आदिवासी। सबको मिलाकर ही और सबकी भिन्नता समझ कर ही साहित्य के स्वराज्य की व्याख्या की जा सकती है। आश्चर्य है कि साहित्यिक विवादों के इतिहास में साहित्य के स्वराज्य की चर्चा विरल है। उत्तर औपनिवेशिक समय में इस मुद्दे पर पुनर्विचार और उपयोगी होता।

सत्यप्रकाश मिश्र ने 'माध्यम' के जुलाई-सितम्बर 2006 अंक के सम्पादकीय में 'बौद्धिकता और आलोचना' पर सम्पादकीय लिखा। यह उनके अत्यन्त विचारोत्तेजक लेखों में से एक है। सत्यप्रकाश मिश्र के शब्द हैं – "किसी भी जाग्रत समाज में बौद्धिकता विवेकपूर्ण कसौटी के रूप में सत्ता प्रतिरोध मात्र का पर्याय न होकर मानव हित के दूरगामी और तात्कालिक लक्ष्यों की ओर सत्ता का उन्मुखीकरण भी है। एक ओर तो बौद्धिकता इन लक्ष्यों से सत्ता के दूर हटने को रेखांकित करते हुए उसकी आलोचना करती है, दूसरी ओर इस प्रकार के विचलनों से होने वाले नुकसानों से बचने का विकल्प भी सुझाती है। इस प्रकार के दबावों से बौद्धिकता के लिए तर्क की भाषा के बजाय आचरण की भाषा का प्रयोग करना अनिवार्य हो जाता है।" बौद्धिकता अगर चौकन्नापन है तो आत्मपरीक्षण भी। अकारण नहीं कि बौद्धिक दिखते समाज में भी मूल्योन्मुखता क्षीण है। यहाँ सत्यप्रकाश मिश्र को महात्मा गाँधी का 'हिन्द स्वराज्य' याद आता है जहाँ साम्राज्यवाद विरोध प्रमुख मुद्दा है। सत्यप्रकाश मिश्र सत्ता के प्रतिरोध को अपना स्थायीभाव मानते थे। यह उन्होंने आचरण से

प्रमाणित किया।

साहित्यिक या साहित्येतर विवादों में सत्यप्रकाश मिश्र की तटस्थता इसी बौद्धिक-आलोचनात्मक विवेक के कारण थी। दूधनाथ सिंह को लम्बी कहानी 'नमो अंधकारम' पर जब घमासान मचा था या 'निष्कासन' पर, तो वे दूधनाथ, मार्कण्डेय के साथ काफी हाउस में ठहाके लगा रहे होते। यह इलाहाबाद में सम्भव था। इनमें किसी कहानी का पक्ष सत्यप्रकाश ने नहीं लिया, पर चाहा कि विरोध हो, तो रचनात्मकता के दायरे में हो। इस प्रसंग में रामकमल राय की तल्ख़ी और तकलीफ वे समझते थे। आज 'नया ज्ञानोदय' के कथा विशेषांक में विजय कुमार के चुटकुलानुमा लेख पर दिल्ली के युवा लेखकों में घमासान है – यह न बौद्धिकता है, न आलोचना की संस्कृति। यह खतरनाक प्रतिहिंसा है। सत्यप्रकाश मिश्र दृश्य पर नहीं हैं, होते तो इस निकृष्ट प्रकरण पर अपना पक्ष भी स्पष्ट करते। उन्हें यों ही नहीं, बर्ट्रेण्ड रसेल का 'एन आउटलाइन ऑफ इंटेलेक्चुएल रबिश' एक जरूरी दस्तावेज लगा। इस असहिष्णु हिंस्र समय में क्या हम क्वेटजी जैसे कथाकार की तरह आलोचना में बर्बरता की प्रतीक्षा कर रहे हैं? परम्परा को मानें, न मानें, इतिहास की अनदेखी कैसे करेंगे। यों परम्परा या समकालीनता इतिहासबोध के बाहर तो नहीं हैं! इसी अर्थ में परम्परा है और परम्पराएँ हैं। मुख्यधारा है, तो दूसरी धाराएँ भी हैं। सत्यप्रकाश मिश्र ने एक साथ कई दिशाओं में विकास किया और आलोचना को वाचिक और संवादोन्मुख बना दिया। 'नया' 'पुराना' दोनों उनके सरोकार थे। विमर्श बहुल आलोचना भी उनकी पहचान बनी रहेगी।

मुक्तिबोध की आलोचना

मुक्तिबोध के निधन के बाद के चालीस वर्षों में जो भी आलोचना विकसित हुई है, उसे लेकर कोई सामान्यीकरण सम्भव नहीं है। मुक्तिबोध की आलोचना को यह कह कर शेष आलोचना से अलगाया नहीं जा सकता कि वह कवि-दृष्टि से प्रेरित है या सम्भव होने वाली आलोचना है। 'आत्मबद्ध आलोचना के खतरे', निबन्ध में मुक्तिबोध रचना प्रक्रिया के दो पक्ष बताते हैं और साफ कहते हैं कि रचना-प्रक्रिया का कोई सामान्यीकृत सिद्धान्त नहीं बनाया जा सकता। दूसरे यह कि रचना प्रक्रियाएँ जितनी भी हैं, उनका अन्वेषण करते सौन्दर्य की व्याख्या होती रहती है। मुक्तिबोध की आलोचना के बारे में भी – यही सच है। उसका कोई भी सर्वमान्य सिद्धान्त नहीं है। प्रसंगवश अभी-अभी एक बहस में : प्रश्न उठा कि उपन्यास का समाजशास्त्रीय अध्ययन करने वाली पद्धति में उनकी लगातार उपेक्षा होती रहती है, वह खुद कृति अर्थात् 'कहानी' का 'उपन्यास' है।

आलोचना सबसे पहले आस्वाद है, उसी क्रम में विश्लेषण भी और आगे मूल्यांकन भी है। आप अच्छी-अच्छी बताकर और यह न बताकर कि क्यों अच्छी या क्यों उबाऊ, आलोचना अगर मूल्यांकन और अपना कार्यभार निपटा देती है, तो वह अधूरी आलोचना बची रहेगी। मुक्तिबोध तो आगे बढ़कर आलोचना का कार्य केवल गुण-दोष, या नीरक्षीर विवेक या विवेचना नहीं मानते, बल्कि एक समूची संश्लिष्ट प्रक्रिया में ही आलोचना की सार्थकता देखते हैं। अगर मार्क्सवाद उनकी 'बुद्धि' को बाधित करेगा तो वह अपनी जगह बदल लेंगे और अपेक्षा करेंगे कि आलोचना को आगे बढ़कर विश्वदृष्टि या विज़न भी होना चाहिए। वे आलोचना का सौन्दर्यशास्त्र बनाते हैं जो मूल्यशास्त्र भी है। इधर ही नेरूदा के बारे में लोर्का का एक बयान छपा है – कि तुम्हें एक प्रामाणिक कवि को सुनने के लिए कान खुले रखने होंगे। वहाँ एक ऐसी छवि मिलेगी जो कम लोगों की संवेदना के लिए ग्राह्य होगी। वहाँ कवि दर्शन से अधिक मृत्यु के निकट होगा, उससे अधिक तीक्ष्ण अवचेतन या अभिज्ञान के निकट, रोशनाई के निकट। मुक्तिबोध की आलोचना इसी ढंग की आलोचना है।

आस्वाद और मूल्य के द्वन्द्व (Dialectics) में ही उसकी विलक्षण पहचान बनी है। यहाँ हम न सिर्फ आलोचना पर विचार कर रहे हैं, बल्कि डायरी, कहानियाँ, कविताएँ और सभ्यता-समीक्षा सब मिलकर यहाँ मुक्तिबोध का आलोचनात्मक सौन्दर्यशास्त्र या क्रिटीक बनाते हैं।

कला बनाम राजनीति में जो सिर्फ कला या कलात्मकता के पक्ष में बयान देते रहते हैं उनके लिए मुक्तिबोध की इस टिप्पणी की याद दिलाना बेहद जरूरी है कि "कलाकार की प्रकृति राजनीतिक या दार्शनिक प्रकृति नहीं है। वह राजनीतिक क्षेत्र में भी जिन आदर्शों को लेकर जाता है वे आदर्श हृदय के अपरिसीम विस्तार के आवेश से सम्बद्ध होने के कारण इस कलाकार के लिए तो कलात्मक ही हैं। वह राजनीतिक कौशल प्राप्त करने के लिए राजनीति में नहीं जाता, पद प्राप्ति के लिए या कीर्ति के लिए भी वहाँ नहीं जाता, वरन मानव जीवन के एक क्षेत्र में भीगने, रस लेने, ज्ञानदीप्त होने के लिए और उसे भी उत्तमतर बनाने के लिए और उचित दिशा में परिवर्तित करने के लिए वहाँ जाता है।" इस तरह देखेंगे तो आलोचना केवल संरचना का बखान भर नहीं लगेगी, बल्कि वह समाज में बृहत्तर भूमिका निभाती भी नजर आएगी। उपर्युक्त टिप्पणी में दसियों ऐसे तात्पर्य मिलेंगे, जिनकी विस्तार से एकदम इधर की आलोचना के सन्दर्भ में चर्चा की जा सके। आलोचना उन्हीं को याद करें तो जीवनानुभव की भी पुनः रचना की तरह है। कला केवल सौन्दर्यानुभव (Aesthetic Experience) के क्षणों में जन्म नहीं लेती, बल्कि भयावह त्रासद क्षणों में जन्म लेती है, बल्कि विपरीत परिस्थितियों में भी, यहाँ तक आज जैसे फासीवादी समय में भी जन्म लेती है।

वस्तु (Content) और रूप (Form) की द्वन्द्वात्मकता पर मुक्तिबोध के तीन निबन्ध हैं। मुक्तिबोध पूछते हैं – "कला और रूप तथा वस्तु का प्रश्न आज ही क्यों उठ खड़ा हुआ? वह भी इतने जोर से क्यों? संवेदनशील कवि को उसके आस-पास की वास्तविकता के मार्मिक पक्ष गहरी चुनौती देते हैं। यह चुनौती दो प्रकार की होती है – एक, तत्त्व-सम्बन्धी, दूसरी, रूप-सम्बन्धी। आगे उनका कहना है – "आज के कवि के हृदय में तनाव भी है, साथ ही एक विचित्र घिराव भी। किन्तु कवि-हृदय फैलाना चाहता है, आत्मविस्तार करना चाहता है...इस वैविध्यपूर्ण, स्पन्दनशील, आस-पास फैले हुए मानव-जगत् के मार्मिक पक्षों के सौन्दर्यात्मक चित्रण के लिए अभिव्यक्ति-संपदा भी चाहिए।" अपेक्षा मुक्तिबोध की यह है कि भाव-पक्ष के साथ विभाव पक्ष का एक साथ चित्रण हो। इसे वे सूत्र-बद्ध करते हैं – जिनकी ओर इशारा इसलिए करना जरूरी समझते हैं कि ये अर्थ-सघन पद हैं जिनकी व्याप्ति विचारणीय है। एक तत्त्व के लिए संघर्ष, अभिव्यक्ति को सक्षम बनाने

का संघर्ष और दृष्टिविकास का संघर्ष।

कई और बातें, आलोचना के दायरे में विचारणीय हैं – मसलन बोध वृत्ति और कल्पना का द्वन्द्व या कल्पना के बिम्ब, निर्माण की प्रक्रिया। या संश्लिष्ट जीवन-बिम्ब-माला की निर्मिति। नवीन वक्रोक्तियाँ और भंगिमाएँ केवल रूप को नहीं, वस्तु को भी प्रभावित करती हैं। मुक्तिबोध को लेकर यह तो निर्विवाद है कि उनकी मूलभूमि मार्क्सवाद है, पर वही मार्क्सवादी सौन्दर्यशास्त्र भी है पर वह किसी भी तरह आगे की विकास प्रक्रिया में स्थिर या अपरिवर्त्य नहीं है। काव्य ही नहीं, मुक्तिबोध के लिए आलोचना भी सांस्कृतिक कर्म है। सांस्कृतिक कर्म से आशय यह है कि वह एक मुश्किल तथा मुकम्मल प्रक्रिया है। इसे साधने के लिए 'स्व' से ऊपर उठना जरूरी है, 'अन्य' के मर्म में प्रवेश वांछनीय है।

व्यवच्छेद (डिस्क्रिमिनेशन) आलोचना की ताकत की पहचान है। महान (Great) और अच्छा ही हो, जरूरी नहीं, कभी किसी गहरे मिथक की भी ऐसी विडम्बनाएँ हो सकती हैं, कि बड़े लेखक उन्हें लिखने के पहले सौ बार सोचें। कविता के लिए आसानी की बातें बहुत कही जाती हैं, आलोचना के आसान होने के खतरे कहीं अधिक हैं। रचनाओं में फर्क करेंगे तो दॉस्ताव्स्की का उपन्यास-शिल्प तुर्गनेव से भिन्न जान पड़ेगा। पन्त और शमशेर पर मुक्तिबोध के निबन्ध इस भेद-विवेक के उदाहरण हैं। पन्त का काव्य चमकीला है पर वैविध्य रहित। आखिर आलोचक या आलोचन के अन्तःकरण के आयतन का सवाल बना रहेगा। विचार ही विचार है कि वे संश्लिष्ट में अन्तर्दृष्टि का भी पता देते हैं। कविता में थीसिस और थीसिस में कविता का फर्क बताकर मुक्तिबोध ने पन्त के संकुचित होने और सीमित भावक्षेत्र में विचरण करने का फर्क बता दिया है।

आज की आलोचना के परिप्रेक्ष्य में मुक्तिबोध का यह कथन बहुत महत्त्वपूर्ण है : "समीक्षा जब ह्रासकालीन जीवन-मूल्यों की वकालत करने लगती है, तब रूप के नाम पर भी एक विशेष प्रकार के रूप का ही समर्थन किया जाता है। ऐतिहासिक भौतिकवाद भी आलोचना के लिए भरोसेमंद नहीं है, सरलीकृत रूपों में कैद कर सकता है। दूसरी ओर 'नयी समीक्षा' या 'रूपवाद' स्थूलता में मूल्यांकन की सीमाओं के कारक हैं। रूसी रूपवादियों ने इसीलिए वस्तु और रूप की द्वन्द्वात्मकता पर विशेष बल दिया है। उन्होंने खुद मार्क्सवादी सौन्दर्यशास्त्र को चुनौती दी है। मुक्तिबोध ने भी आलोचना की संकीर्ण सैद्धान्तिकी से स्पष्ट असहमति व्यक्त की है। इस प्रसंग में कलिंगवुड के शब्द हैं : "इतिहास बौद्धिक मानस का जीवन है – क्योंकि दोनों एक ऐतिहासिक प्रक्रिया का हिस्सा होते हैं।" आर्वेल ने साहित्य को व्यक्ति की निजी सत्ता से अविभाज्य माना है। हमारी सारी पसन्द और नापसन्दगी हमारे

सौन्दर्यानुभव, नैतिक अवधारणाएँ उस प्रक्रिया की उपज हैं जिसे 'शब्द' से भी सूक्ष्म (Subtle) होना है। यहीं मुक्तिबोध याद आते हैं : "राजनैतिकीकरण से मेरा मतलब पार्टी-दर्शन के अनुसार चेतना का टाला जाना नहीं है, मेरा मतलब इस विश्वबोध से है, जो विश्व को उच्चतर स्तर पर रूपान्तरित करना चाहता है।" मुक्तिबोध सब मिलाकर मानव-अन्तरात्मा की उज्ज्वलता के पक्ष में हैं।

आलोचना के अपने पूर्वग्रह भी होते हैं। मुक्तिबोध स्वीकार करते हैं कि उनमें से कुछ कला के नाम पर, कला की शब्दावली में प्रस्तुत होकर साहित्य जगत पर शासन भी करने लगते हैं। कुछ समय तक शासन चल भी जाता है। प्रसंगवश यहीं इलियट के विरुद्ध आक्रमण के रूप में कार्ल शैपिरो का उल्लेख है जिसका कहना था कि "लेखक को नये सिरे से प्रयत्न करना पड़ता है। भले ही पुरानी पीढ़ी को नयी पीढ़ी के काम में कोई सौन्दर्य न दिखाई दे, किन्तु नयी पीढ़ी को उसमें ही अपना आत्मप्रकाश, अन्तःसौन्दर्य दिखाई देता है। पुराने लेखक आग्रह रूपी शास्त्रों से नयों का वध करने का प्रयत्न करते ही रहते हैं। मजा यह है कि ये आग्रह कला और सौन्दर्य के नाम पर होते हैं फिर भी नवीन प्रवृत्ति वालों को वे स्वीकार्य नहीं हो पाते।" मकरंद परांजपे ने अभी-अभी Aesthetics and Ideology शीर्षक अपने लेख में स्थापना की है – कला को विचारधारा में रिड्यूस करना अकल्पनीय है, कला पूर्णतः स्वायत्त नहीं है, उसकी सापेक्ष स्वायत्तता है। कला के सौन्दर्यतम आयाम आर्थिक-राजनीतिक-सांस्कृतिक उत्पाद में घटाए नहीं जा सकते। परांजपे ने गीता और ज्ञानेश्वरी के सन्दर्भ में प्रतिपादित करना चाहा है कि इनके विभिन्न आयामों को किसी सूत्रबद्ध परिभाषा में सीमित नहीं किया जा सकता है। महत्त्वपूर्ण यह है सारे मूल्यविवेचन के बाद कोसाम्बी को मानना पड़ा कि सारे सामाजिक रोगों का निदान नीतिशास्त्र में नहीं, समाजवाद में है।

मुक्तिबोध मानते हैं कि कल्पना का अपना लाजिक होता है जो निजी होने के साथ सामाजिक भी होती है। कल्पना का क्षण कलात्मक सूक्ष्मदृष्टि का क्षण होता है। उसकी एक मनोवैज्ञानिक प्रक्रिया भी होती है जो एक ओर अन्तर्जीवन को समृद्ध करती है तो दूसरी ओर अभिव्यक्ति के रास्ते भी खोलती है। भक्ति साहित्य के मूल्यांकन पर विचार करते हुए मुक्तिबोध ने कई उत्तेजक सवाल पूछे हैं – क्यों सगुण भक्ति के पीछे स्वसामन्तवाद है तो निर्गुण भावधारा में उपेक्षित जातियों के स्वप्न दिखाई देते हैं और भक्ति मुक्ति का मार्ग जान पड़ती है। इसी निबन्ध का आखिरी वाक्य है :

"किसी भी साहित्य का वास्तविक विश्लेषण हम तब तक नहीं कर सकते जब तक कि हम उन गतिमान सामाजिक शक्तियों को नहीं समझते, जिन्होंने

मनोवैज्ञानिक-सांस्कृतिक धरातल पर आत्म प्रकटीकरण किया है।"

कहना अप्रासंगिक न होगा कि कोई सुगठित सामाजिक व्यवस्था या संघटन का पर्याय रचना या कृति नहीं है। इस दृष्टि से 'निगेटिव डायलेक्टिक्स' में अडोर्नो द्वारा लूकाच की आलोचना के पीछे का एजेंडा समझ में आ सकता है। हालाँकि खुद लूकाच 'Soul and Form' में अपना पाठ एक अर्थ में बदल रहे थे। जहाँ तक मुक्तिबोध के सौन्दर्यशास्त्र का प्रश्न है वे मध्यवर्ग के साधारण मनुष्य में ही सभी ऊँचाइयाँ-नीचाइयाँ देखते हैं और कहना चाहते हैं कि आत्मगत और बहिर्जगत यथार्थ को यथार्थ दृष्टि से ही देखा जाना जरूरी है। कृति-पाठक सम्बन्ध को लेकर मुक्तिबोध की टिप्पणी जायज है कि कवि का अन्तर्व्यक्तित्व विशिष्टताबद्ध तो है ही, साथ ही स्वप्नशील प्रेम-लोभी, संवेदना-क्षण और प्रकृतिरूपों से सहज सम्बद्ध है। सामान्यीकरण के भी सामान्यीकरण से स्थूल जन पक्षधरता के नाम पर रचनात्मकता कोई विजन पाने से वंचित रहती है। इससे यह निष्कर्ष न निकाला जाय कि मुक्तिबोध जनसंगठनों के विरोधी हैं। इस तरह देखें तो एक ही निबन्ध 'सुभद्रा जी की सफलता का रहस्य' कवि को कवि-कार्यकर्ता के समकक्ष बताता है। छायावाद के कुछ अपने सीमित काव्यविषय थे जो उनकी सीमा निर्धारित करते थे। छायावाद एक तरह से कवियों का भी बन्दीगृह हो गया था। मुक्तिबोध के शब्द हैं : "जीवन संघर्ष में भाग लेने वाली स्त्री ने (जिसने जन संघर्ष में भी भाग लिया) अपने पति को सखा के रूप में पाया – अथवा पाने का आग्रह करने लगी। ...जन-संघर्ष में भाग लेने वाली स्त्री कवि का संवेदनात्मक जीवन पारिवारिक-सामाजिक-राष्ट्रीय परिस्थिति के अन्तर्गत, विविध मानव सम्बन्धों की अनुभूति और उस पर आश्रित विविध भावों का जीवन है।"

विषयान्तर नहीं होगा, अगर हम मुक्तिबोध की इस अनदेखी खोज का, अकल्पनीय खोज का एक रूपक 'चींटी' के अभिप्राय में देख सकें। वे अनुभव करते हैं कि कलाकार की अन्तर्दृष्टि चींटी की भाँति है – उन्हीं के शब्द हैं : "चींटी लघुकाय, तीव्रगामी और सूक्ष्म होती है तथा गहनातिगहन विवरों में प्रवेश करने की क्षमता रखती है। कहा गया है कि ज्ञान वह बौद्धिक विमर्श है जो संवेदनग्राह्य हो जिसकी ऐन्द्रिय प्रतीति सम्भव हो। एडवर्ड सईद ने जिसे 'Dissonance' कहा है वह न सिर्फ लूकाच की आलोचना का, बल्कि समूची महत्त्वपूर्ण आलोचना का मुख्य प्रस्थान मान सकते हैं। यहीं शायद यह कहना जरूरी है कि आलोचना को कृति से मिलने वाले 'आश्चर्य' या 'विस्मय' की उम्मीद नहीं छोड़नी चाहिए। मुक्तिबोध 'कामायनी' के सिंहद्वार के से काल्पनिक स्थापत्य तक पहुँचे, तो उम्मीद छोड़ कर नहीं। यहीं कृति के एक से अधिक सघन अन्तरंग पाठ का आकर्षण होता है। तॉल्सतॉय ने कहा है : "यदि तुम नन्हे बच्चों की तरह नहीं बन सकते, तो तुम स्वर्ग के साम्राज्य में कभी प्रवेश नहीं कर पाओगे।"

नामवर सिंह का आलोचनात्मक संघर्ष और 'आलोचना' का सम्पादन

आलोचना बैठे ठाले का विनोद भी हो सकती है और एक कठिन समय-संवाद के लिए निर्मम संघर्ष भी। आज के आलोचनात्मक परिदृश्य पर जिनकी निगाह होगी, वे आलोचना की उपभोग-संस्कृति और वैचारिक तथा आलोचनात्मक संघर्ष की संस्कृति के बीच फर्क कर सकेंगे। नामवर सिंह का आलोचनात्मक संघर्ष हमारे अपने समय के आलोचनात्मक संघर्ष का प्रखर, जीवन्त तथा मूल्यवान सन्दर्भ है और नामवर सिंह द्वारा सम्पादित पत्रिका 'आलोचना' (एक अर्थ में, एफ.आर. लीविस की पत्रिका 'स्क्रूटिनी' की तरह) उसे समझने का ज़रूरी आधार भी है। यदि 'स्क्रूटिनी' के सम्पादक ने विश्वविद्यालय को आलोचना की प्रयोगशाला समझा, तो नामवर सिंह ने भी विश्वविद्यालयों में साहित्य-शिक्षा की वास्तविक स्थिति का कठोर परीक्षण ज़रूरी समझते हुए जड़ साहित्याभिरुचि पर सीधा प्रहार किया। साहित्यिक सौन्दर्यशास्त्र की समस्याओं के बीच नैतिक-राजनैतिक-सांस्कृतिक विमर्श को जरूरी जगह देते हुए नामवर सिंह ने हमारे समय की आलोचनात्मक संवेदना को प्रखर और तीव्र बनाने के लिए जितना संघर्ष किया है, उसकी उपेक्षा कर पाना उनके विरोधियों के लिए भी सम्भव नहीं है।

बयासी पार नामवर सिंह से किसी महान आलोचना कृति की अपेक्षा करने वाले कम नहीं हैं। वे लगातार दुःखी-सुखी होते रहते हैं कि एक बड़ी आलोचनात्मक प्रतिभा ने साहित्यिक पत्रकारिता के ढंग की आलोचनात्मक बहसों में अपनी कुल ताकत खर्च कर दी। भाग्यशाली हैं वे कि महानताओं के मिथ की भाषा में आज भी सोच रहे हैं। महानताओं के मिथ का लगातार टूटना शताब्दी के अवसान पर भी वे नहीं देख पा रहे हैं। जो इस मिथ से मुक्त होंगे वे इतना जो जान ही लेंगे कि नामवर सिंह महत्त्वपूर्ण या महान जो भी लिख रहे होंगे, वह अब तक के अपने अर्जित आलोचनात्मक संघर्ष को भूल कर नहीं सम्भव होगा, जिसका बहुत बड़ा हिस्सा

'आलोचना' के सम्पादन के इतिहास से जुड़ा है। नामवर सिंह के लिए 'आलोचना' पत्रिका के सम्पादन का अर्थ था – जड़ साहित्याभिरुचि और सैद्धान्तिक संकीर्णता के विरुद्ध संघर्ष। निष्क्रिय और यथास्थिति पोषक रसास्वाद के विरुद्ध तथा सार्थक सक्रिय मूल्यांकन के पक्ष में वैचारिक संघर्ष। न भूलें, 'आलोचना' के सम्पादन से और भी महत्त्वपूर्ण लेखक सम्बद्ध रहे हैं। पहले सम्पादक शिवदान सिंह चौहान के आरम्भिक सम्पादन काल का एक महत्त्वपूर्ण 'इतिहास अंक' आज भी पाठकों को याद आएगा। उसकी योजना में नामवर सिंह की सार्थक भूमिका थी। अपने एक लेख में नामवर सिंह ने इतिहास-लेखन की द्वन्द्वात्मक पद्धति पर विशेष बल दिया था। दूसरे चरण में चौहान जब सम्पादक बने, 'आलोचना' प्रभावहीन हो चुकी थी। 'आलोचना' का सम्पादन किया – आचार्य नन्ददुलारे वाजपेयी ने, जिनका आतंक विश्वविद्यालयों के साहित्य-शिक्षा जगत् पर सर्वविदित था। उनके सम्पादन-काल का एक भी अंक ऐसा नहीं जो सार्थक या विचारोत्तेजक या महत्त्वपूर्ण होने के कारण याद आता हो। 'आलोचना' का सम्पादन किया इलाहाबाद के परिमलीय आलोचकों-लेखकों के एक विशेष मंडल ने, जिसके सदस्य थे – धर्मवीर भारती, विजयदेवनारायण साही, रघुवंश और ब्रजेश्वर वर्मा। भारती और साही ने उसे शीतयुद्ध की विचारधारा को वहन करने वाला पत्र या मंच बनाया। मार्क्सवादी समीक्षा की कम्युनिस्ट परिणति से चिन्तित इन सम्पादकों ने 'आलोचना' को उस विचारधारा का प्रतिनिधि बनाया जिसे कृत्रिम, गूढ़ पश्चिमोन्मुख आधुनिकता या आधुनिकतावाद कहेंगे। नामवर सिंह की आरम्भिक पुस्तक 'इतिहास और आलोचना' की टिप्पणियाँ उसी समय की 'आलोचना' की सम्पादकीय दृष्टि या विचारधारा से संघर्ष का परिणाम हैं, उसी अर्थ में, जिस अर्थ में 'वाद-विवाद-संवाद' (नामवर सिंह) के लेख पिछले दशक के नये कलावाद या रूपवाद से संघर्ष के क्रम में लिखे गये हैं। उन्हीं में 'आलोचना' के अक्टूबर-दिसम्बर, 88 का विस्तृत सम्पादकीय शामिल है – " 'आलोचना की संस्कृति और संस्कृति की आलोचना' जो नामवर सिंह के इधर के आलोचनात्मक संघर्ष की स्पष्ट झलक देने वाला है। कहने की जरूरत नहीं कि नये कलावाद या रूपवाद के दायरे में एक गूढ़ किस्म की आस्वादवादी रचनात्मक आलोचना का आग्रह पिछले वर्षों में 'संस्कृतिवाद' के रूप में प्रकट हुआ। इस टिप्पणी में नामवर सिंह का संघर्ष इसी 'संस्कृतिवाद' से है। 'संस्कृतिवाद' के रूप में एक ऐसी विचारधारा से, जो जीवन की सारी समस्याओं को समेट कर संस्कृतिवाद की समस्या बना देती है। सौन्दर्यशास्त्र पर अतिरिक्त आग्रह, अमूर्तन पर खास बल, सार्वभौम और शाश्वत की चिन्ता – ये कुछ सूत्र हैं जो संस्कृतिवाद को एक नये रहस्यवाद तक ले जाते हैं। नामवर सिंह का वैचारिक संघर्ष इसी रहस्यवाद से है।

यहाँ याद दिलाने की जरूरत है कि 'आलोचना' के आचार्य रामचन्द्र शुक्ल-केन्द्रित अंक में नामवर सिंह ने कोई सम्पादकीय नहीं लिखा। लिखा एक स्वतन्त्र लेख – 'महाजनो येन गतः...' (आलोचना 73) – जो सम्पादकीय – जैसा ही था और जिसके अन्त में स्पष्ट संकेत था कि "शुक्ल जी की आलोचना का अन्तःप्रयास सहृदयता नाम की किसी अज्ञेय सत्ता की अन्तःसाधना या रहस्यसाधना नहीं है। यह न तो कलावादियों की 'अभिरुचि' है और न साहित्य के उपभोक्ताओं की रसिकता ही।"

नामवर सिंह के सम्पादन में प्रकाशित 'आलोचना' के एकदम आरम्भिक अंक इस दृष्टि से महत्त्वपूर्ण हैं कि एक ओर से ऐतिहासिक महत्त्व के 'चुनाव के बाद का भारत' – जैसे विषय पर लेखकों की प्रतिक्रिया आमंत्रित करते हैं, दूसरी ओर युवा लेखन की वास्तविक पहचान निर्धारित करने के लिए उसमें प्रकट विरोध, असहमति या विद्रोह-वृत्ति की प्रकृति का परीक्षण करते हुए उनके स्रोत तक जाने की कोशिश करते हैं। 'चुनाव के बाद का भारत' संवाद की प्रस्तावना में कहा है : "स्वाधीनता-प्राप्ति के बाद पहली बार हमारे राजनीतिक जीवन में परिवर्तन का आभास हुआ है और लोग सोचने लगे हैं कि परिवर्तन सम्भव है। जो स्थिति एक अपरिवर्तनीय नियति प्रतीत हो रही थी वह अब अपने सामर्थ्य के अधीन अनुभव हो रही है और इस प्रकार बीस वर्षों के बाद रूढ़ असन्तोष को एक दिशा मिली है। राजकीय सत्ता के ढाँचे में एकाधिकार के टूटने से पहली बार स्पष्ट विकल्प दृष्टिगोचर हुए हैं और जनतंत्र की सम्भावनाएँ उद्‌घाटित हुई हैं। किन्तु चुनाव के बाद घटनाएँ जिस तिर्यक गति से घटित हो रही हैं, उससे स्पष्ट है कि यह केवल भावविभोर होने का समय नहीं है, बल्कि अनेक जटिल प्रश्नों से संकुल संक्रमण की ऐतिहासिक घड़ी है जिसके लिए कहीं अधिक बौद्धिक सतर्कता की अपेक्षा है।" जैसा इसी अंक के सम्पादकीय से स्पष्ट है, ठीक उसी समय नामवर सिंह का ध्यान आकृष्ट किया – शीतयुद्ध का व्यक्ति स्वातन्त्र्यवादी नारा उछालने वाले कतिपय विशिष्ट लेखकों के राजनीतिक परिवर्तन-सम्बन्धी मौन ने। ये वे लेखक थे जिन्हें राजनीति नहीं, देह की राजनीति पीड़ित किए हुए थी। उल्लेखनीय है कि 'नये' के प्रति अधिक संवेदनशील नामवर सिंह ने तब के युवा लेखन के नग्न सेक्स चित्रण को बहुत बड़ा संकट नहीं माना। बल्कि उससे प्रकट होने वाले निहिलिज्म या नकारवाद को आंशिक छूट भी दी और युवा लेखन की असहमति, अस्वीकार या आक्रामकता को एक सम्पूर्ण दृष्टि के रूप में विचारणीय माना। सचाई यह कि वह विद्रोह-दृष्टि एक सम्पूर्ण दृष्टि थी ही नहीं, खंड-दृष्टि ही थी। स्वयं नामवर सिंह ने युवा लेखन पर बहस केन्द्रित करते हुए इस स्थिति की व्याख्या के रूप में लिखा : "त्रास-भोग

पर्याप्त नहीं है। यह एक प्रकार का आत्मतोष है। आज इस प्रकार चालू मुहावरे हवा में हैं। आवश्यकता इन चालू मुहावरों से मुक्त होकर वास्तविकता के सीधे साक्षात्कार की है। इन चालू मुहावरों में वास्तविकता के खो जाने का खतरा है।''

इसमें सन्देह नहीं कि 'आलोचना' सम्पादक के रूप में नामवर सिंह की योजना के अन्तर्गत ही 'युवा लेखन' को उपयुक्त नाम देने के आरम्भिक प्रयत्न सम्भव हुए। युवा लेखन की भिन्नता और विशिष्टता को पहचानने के लिए नेहरू-युग के अन्त की मानसिकता, मोहभंग या स्वप्नभंग पर भी विचार किया गया। यद्यपि, अनेक टिप्पणियों में यह भी कहा गया कि 'मोहभंग' गलत शब्द है – युवा लेखन के सन्दर्भ में, क्योंकि युवा पीढ़ी ने कोई मोह पाला ही नहीं। नामवर सिंह ने नगण्यता-बोध, बाहरीपन जैसी स्थितियों की व्याख्या अलग से अपने निबन्ध में की और मानसिक खुलेपन के लिए युवा लेखन को सराहा भी। उधर केदारनाथ सिंह ने युवा लेखन को प्रतिपक्ष का साहित्य कहा – इस स्वीकार के साथ – कि ''इस विद्रोह के कई चेहरे हैं और उन सब चेहरों को मिलाकर कोई एक सामूहिक चेहरा बनाने की कोशिश की जाएगी तो इसमें वस्तुस्थिति से दूर जा पड़ने का खतरा भी हो सकता है।'' इन कोशिशों से यह तो प्रकट ही है कि आलोचना के युवा लेखन केन्द्रित अंक के जरिये और उस समय के अन्य अंकों के जरिये भी नामवर सिंह ने युवा लेखन को साहित्यिक परिदृश्य के केन्द्र में लाने की पहल की। यह वही समय था जब एक पीढ़ी के रघुवीर सहाय और दूसरी पीढ़ी के धूमिल की कविताएँ व्यवस्था के प्रति एक ही तरह का असन्तोष और बदलाव के लिए एक ही तरह की छटपटाहट प्रकट करती थीं। यह केवल संयोग नहीं कि उन्हीं दिनों 'आलोचना' का एक विशेष अंक (जुलाई-सितम्बर, 68) स्वर्गीय गजानन माधव मुक्तिबोध की इक्यावनवीं जन्मतिथि के बहाने उनकी स्मृति को समर्पित था जिसके संवाद का आधार-विषय था – 'कविता और राजनीति'। यहाँ बताने की जरूरत नहीं कि यह बहस आने वाली कविता की रूपरेखा स्पष्ट करने के उद्देश्य से ही संयोजित थी। साठोत्तरी कविता को राजनीतिक विपक्ष की कविता के रूप में सम्भव करने वाले धूमिल के निधन पर एक समूचा अंक केन्द्रित था जिसमें धूमिल की अप्रकाशित कविताओं के साथ उनके पत्र एक समय के साहित्यिक संघर्ष की झलक देने वाले थे।

एक पत्रिका अपने समय के साहित्यिक परिदृश्य में कैसे हस्तक्षेप करती है, कैसे एक दौर के रचनात्मक बदलाव के लिए उपयुक्त नाम खोजने के लिए यत्नशील होती है – 'आलोचना' के अनेक अंक इसके उदाहरण हैं। निष्क्रिय जानकारी उपलब्ध कराने वाली पत्रिकाएँ हर दौर में मौजूद रहती हैं। सक्रिय संवाद का जीवन्त सिलसिला बनाए रखने वाली पत्रिकाएँ पत्रकारिता के इतिहास में विरल हैं। नामवर

सिंह के सम्पादन में प्रकाशित 'आलोचना' के अंक अक्सर विवादास्पद भी रहे हैं, जैसा उनका अपना आलोचक-व्यक्तित्व भी रहा है। विवादास्पद, पर महत्त्वपूर्ण। उनकी अपनी कल्पना के अनुसार किसी अंक की सार्थकता तभी मानी जानी चाहिए जब उसमें कुछ सर्वथा नया, नये सवाल उठाने वाला, नयी उत्तेजना पैदा करने वाला रचना-सन्दर्भ मौजूद हो। नवीनता के लिए यह आग्रह नवीनता के प्रति कोरी आसक्ति से भिन्न, बौद्धिक सजगता या आलोचनात्मक चौकन्नापन लिये हुए था। जिन्हें आलोचक या सम्पादक के रूप में नामवर सिंह की उपस्थिति महज विवादास्पद होने की हद तक दिलचस्प लगती है उन्हें शायद इसका आभास नहीं कि ऐसे एक उत्तेजक सम्पादकीय वक्तव्य या एक महत्त्वपूर्ण स्थापना के पीछे नामवर सिंह का आलोचनात्मक संघर्ष कितने महत्त्वपूर्ण और कई बार अछूते सन्दर्भों या स्रोतों से गुज़र चुका होता है। प्रमाण है 'आलोचना' का अंक 83 (अक्टूबर-दिसम्बर, 87) और उसका सम्पादकीय।

"कविता की दूसरी परम्परा वह है जो लोकधर्मी है। यह लोकधर्मी काव्य-परम्परा जितनी ऊर्जस्वी है, उतनी ही सुदीर्घ भी। वेदों की आदिम अग्नि में इसकी चिनगारियाँ मिल जाएँगी। किन्तु पुष्कल रूप में यह विद्याकर के ग्यारहवीं सदी के 'सुभाषित-रत्नकोष' और श्रीधरदास के बारहवीं सदी के 'सदुक्तिकर्णामृत' में सुरक्षित है। इस कविता का अपना काव्यशास्त्र भी है। प्रभुत्वशाली काव्यशास्त्र ने उस कविता का भी तिरस्कार किया है और काव्यशास्त्र का भी।" नामवर सिंह स्वीकार करते हैं कि नागार्जुन त्रिलोचन की लोकधर्मी कविता के आलोक में प्राचीन संस्कृत काव्य की दूसरी परम्परा का प्रत्यभिज्ञान हुआ है फिर भी संस्कृत काव्य का यह प्रत्यभिज्ञान आज की हिन्दी कविता को नया आलोक प्रदान कर सकता है। जिस वैचारिक संघर्ष को नामवर सिंह के सम्पादक-व्यक्तित्व का जरूरी हिस्सा बनाया गया है, उसी का सार्थक उदाहरण है सम्पादकीय वक्तव्य का यह भाग, जहाँ नामवर सिंह 'सुभाषितरत्नकोष' के संपादक डी.डी. कोसाम्बी की वर्गाश्रयी साहित्य-दृष्टि के अन्तर्विरोध स्पष्ट करते हैं। "कोसाम्बी की दृष्टि में भारतीय इतिहास की आठवीं शताब्दी के बाद की कम-से-कम तीन-चार शताब्दियाँ पतनकाल हैं — ऐसा पतनकाल, जिसमें नये विकासमान वर्ग का उदय नहीं हुआ। ऐसी स्थिति में किसी प्रकार की श्रेष्ठ काव्य-रचना कोसाम्बी की कल्पना के बाहर की चीज है। दुर्भाग्य से 'सुभाषितरत्नकोष' और 'सदुक्तिकर्णामृत' के लोकधर्मी कवियों का रचनाकाल यही पतनशील युग है। युग की अपनी ऐतिहासिक 'परिकल्पना' अथवा 'पुनर्निर्मित' और प्रस्तुत कविता में असामंजस्य देखकर इतिहासकार कोसाम्बी अपनी ऐतिहासिक परिकल्पना पर पुनर्विचार की जरूरत नहीं समझते, उल्टे उस कविता पर ही अन्यथा फैसला दे डालते

हैं। कितनी बड़ी विडम्बना है कि जिस विद्वान् को 'सुभाषितरत्नकोष' की लोकधर्मी कविता के उद्धार का श्रेय है, उसी का ध्येय इस कविता का तिरस्कार है।"

स्थूल वर्गदृष्टि के कठमुल्लेपन को चुनौती देते हुए नामवर सिंह को जरूरी लगा कि वे कविता की लोकधर्मी परम्परा में नागार्जुन त्रिलोचन और बाद के युवा कवियों के मूल्यांकन के लिए नये काव्यशास्त्र की माँग करें। आकस्मिक नहीं कि इस अंक के ठीक पहले के अंक में त्रिलोचन के पुनर्मूल्यांकन की जरूरत पर केन्द्रित सम्पादकीय वक्तव्य में नामवर सिंह ने 'त्रिलोचन' के लिए नये काव्यशास्त्र का प्रस्ताव किया था – क्योंकि "त्रिलोचन ने शुरू से ही इस पश्चिमी आधुनिकता को पीठ देकर अपनी काव्ययात्रा की।"

कविता की इस दूसरी परम्परा का महत्त्व नामवर सिंह ने शास्त्र और लोक के द्वन्द्व के रूप में अन्यत्र भी देखा है – कभी लगभग विस्मृत कवि के नये मूल्यांकन में कभी एकदम नये युवा कवि की पहचान को चुनौती के रूप में ग्रहण करते हुए। कविता की दूसरी परम्परा निर्धारित करने के क्रम में ही इधर के युवा कवियों में नामवर सिंह को बोधिसत्व महत्त्वपूर्ण लगे। इस खोज के उत्साह में अन्यत्र उन्होंने कहा – "कुछ सिरफिरे लोग होते हैं। खँडहरों में, पुराने भग्नावशेषों में, वीरानों में घूमने की उनकी आदत होती है। उन्हीं टूटी-फूटी जगहों में दो पत्थरों की संधि को भेद कर लहराती हुई, धूप के आलोक में चमचम करती चार-छह, हरी-हरी पत्तियों को आपने भी देखा होगा। उस वीराने में अयाचित लहलहाते वे वासुदेव होते हैं। उजाड़ में मनसायन। बोधिसत्व की खोज मेरे लिए कुछ ऐसी ही है।" (कथा : 7)

नामवर सिंह के सम्पादन में 'आलोचना' ने भारतेन्दु, मैथिलीशरण गुप्त, प्रेमचन्द, रामचन्द्र शुक्ल, हजारी प्रसाद द्विवेदी, रामविलास शर्मा, नागार्जुन, त्रिलोचन, मुक्तिबोध, धूमिल पर जो अंक केन्द्रित किए, वे हमारे साहित्यिक इतिहास का लम्बा आलोचनात्मक संघर्ष प्रकट करते हैं। 1857 को हिन्दी नवजागरण की पहली मंजिल बताते हुए डॉ. रामविलास शर्मा ने छायावाद तक उसकी एक निर्बाध परम्परा पिछले वर्षों के अपने इतिहास निरूपण में लगभग सुनिश्चित कर दी है। उस पर असहमति व्यक्त करने के लिए नामवर सिंह ने भारतेन्दु-मैथिलीशरण पर केन्द्रित आलोचना के अंक 79 का लम्बा सम्पादकीय लिखा और आगे एक पूरा अंक भारतीय भाषाओं के नवजागरण की समस्याओं के विश्लेषण की दृष्टि से ही प्रकाशित किया। नामवर सिंह के सम्पादकीय 'हिन्दी नवजागरण की समस्याएँ' का मुख्य तर्क यह है कि "हिन्दी नवजागरण के अग्रदूत भारतेन्दु बंगाल नवजागरण से प्रेरणा प्राप्त कर रहे थे और उसके समर्थ सार्थवाह महावीरप्रसाद द्विवेदी की निष्पलक दृष्टि मराठी नवजागरण के अन्तर्गत चलने वाले 'संशोधन' पर थी तो हिन्दी प्रदेश के नवजागरण

की अपनी विशिष्टता का निरूपण नवजागरण के अखिल भारतीय परिप्रेक्ष्य में ही समीचीन है।"

इन तथ्यों को देखते हुए हिन्दी नवजागरण की विशिष्टता बतलाने के लिए सन् सत्तावन की राजक्रान्ति को उसका बीज मानना कठिन है। भारतेन्दु तथा उनके मंडल के लेखक सन् सत्तावन की राजक्रान्ति की अपेक्षा बंगाल के उस नवजागरण से प्रेरणा प्राप्त कर रहे थे जो उससे पहले ही शुरू हो चुका था। कारण यह कि भारतेन्दु और उसके मंडल के लेखकों की दृष्टि में अंग्रेजी राज की चुनौती राजनीतिक से अधिक सांस्कृतिक थी और इस सांस्कृतिक संघर्ष में बंगाल नवजागरण से अस्त्र-शस्त्र मिलने की सम्भावना अधिक थी।

सन् सत्तावन की राजक्रान्ति को हिन्दी नवजागरण का स्रोत मानने में और भी कठिनाइयाँ हैं। नामवर सिंह की चिन्ता यह है – "हिन्दी प्रदेश के नवजागरण के सम्मुख यह बहुत गम्भीर प्रश्न है कि यहाँ का नवजागरण हिन्दू और मुसलिम दो धाराओं में क्यों विभक्त हो गया? यह प्रश्न इसलिए भी गम्भीर है कि बंगाल और महाराष्ट्र का नवजागरण इस प्रकार विभक्त नहीं हुआ।" नामवर सिंह का सीधा संकेत यह है कि 'स्वत्व रक्षा' के अतिशय प्रयत्न में ही वे प्रेत भी जग गये जो आगे चलकर खतरनाक साबित हुए। आज जो लोग 'भारतीयता' या 'भारतीय अस्मिता' के लिए ज्यादा चिन्तित हैं उनके मनसूबे किसी से छिपे नहीं हैं।

याद कर सकते हैं कि 'हिन्दी नवजागरण की समस्याएँ' सम्पादकीय लिखने से तीन साल पहले चन्द्रधर शर्मा गुलेरी जन्मशती पर 'आलोचना' का सम्पादकीय लिखा – "चन्द्रधर शर्मा गुलेरी और हिन्दी नवजागरण"। तब हिन्दी नवजागरण की अवधारणा पर पुनर्विचार-जैसा मुद्दा सामने न था, पर यह देखने की कोशिश तो थी कि गुलेरी जी किस तरह आधुनिक वैज्ञानिक दृष्टि से अपनी परम्परा का अनुशीलन कर रहे थे और नया गद्य, नयी शैली गढ़ने के साथ ही धर्म के रहस्य को सबके देखने-परखने की चीज समझ रहे थे। वे उन थोड़े से पंडितों में थे जो शास्त्र पढ़कर शास्त्र के गुलाम नहीं हुए और जिनके ज्वलन्त विवेक की अग्नि में हर तरह का अन्धविश्वास और रहस्यवाद दग्ध होता गया। यहाँ नामवर सिंह उस ऐतिहासिक दृष्टि को महत्त्व देते हैं जो गुलेरी जी को शास्त्र से लोक की ओर उन्मुख करती है। उनकी दृष्टि में 'उसने कहा था' कहानी में शुक्ल जी द्वारा निर्दिष्ट 'पक्के यथार्थवाद' का स्रोत यही लोक प्रेम है। नामवर सिंह के अनुसार "लोक और शास्त्र के इसी संगम से पंडित चन्द्रधर शर्मा गुलेरी ने हिन्दी नवजागरण का शंख फूँका था"। यह देखने की जरूरत है कि कहाँ तक हिन्दी नवजागरण की अवधारणा स्वीकार्य है और कहाँ जाकर वह संदिग्ध हो उठती है। नामवर सिंह में अन्तर्विरोध ही अन्तर्विरोध देखने

वाले खुश हो सकते हैं कि अन्तर्विरोध उनके यहाँ कितनी आसानी से दिख जाते हैं, पर यह समझने में उन्हें मुश्किल होगी कि क्यों अन्तर्विरोध उनकी आलोचनात्मक क्षमता या प्रतिभा का कई बार प्रमाण मान लिए जाते हैं। निष्कलुष निर्भ्रान्त पंडितों की आलोचना में वह ताकत, वह धार या प्रासंगिकता क्यों नहीं दिखाई देती जो नामवर सिंह की अन्तर्विरोध-युक्त आलोचना में है। नामवर सिंह ने चन्द्रधर शर्मा गुलेरी की एक परम्परा के रूप में लोकोन्मुख शास्त्र की परम्परा की कल्पना की है जिसे विकसित करने वालों में हजारी प्रसाद द्विवेदी, राहुल सांकृत्यायन, नागार्जुन और मनोहर श्याम जोशी के नाम लिए जा सकते हैं। यह मुद्दा एक स्वतन्त्र बहस का आधार बन सकता है।

लूकाच-ब्रेश्ट विवाद, वाल्टर बेंजामिन, लूसिए गोल्डमान, ग्राम्शी, रेमंड विलियम्स से सम्बद्ध जो महत्त्वपूर्ण सामग्री कभी अनुवाद और कभी विश्लेषण के रूप में 'आलोचना' के अंकों में उपलब्ध है – न केवल उसका चुनाव नामवर सिंह का है बल्कि उन्हें विशेष परिप्रेक्ष्य में प्रस्तुत करने की दृष्टि भी उनकी अपनी है। जिस अंक में क्रांतिकारी कवि मायकोव्स्की की आत्मकथात्मक टिप्पणियाँ प्रकाशित हैं उसी में प्रकाशित है अनिल भट्टी का निबन्ध 'पेटर वाईस और प्रतिरोध का सौन्दर्यशास्त्र'। उल्लेखनीय है कि 'आलोचना' के मुक्तिबोध-अंक (जुलाई-सितम्बर, 1968) में 'आवश्यक निर्णय' शीर्षक से पेटर वाईस के लिखे "इस विभाजित विश्व में लेखक के लिए दस कर्म-सूत्र" प्रकाशित थे। 'आलोचना' ने ही सोलह वर्ष बाद पेटर वाईस के उपन्यास 'प्रतिरोध का सौन्दर्यशास्त्र' पर अनिल भट्टी का निबन्ध प्रकाशित किया – जिस कृति का अनुवाद अंग्रेजी में उपलब्ध न था। यह कृति महत्त्वपूर्ण थी तो इसलिए कि इसने सौन्दर्यशास्त्र को 'सांस्कृतिक घटनाओं के संज्ञान के उपकरण से हस्तक्षेप के हथियार में' रूपान्तरित करने का श्रेय प्राप्त किया। नामवर सिंह ने सम्पादकीय में लिखा – "एक प्रकार से यह कृति बर्टोल्ट ब्रेश्ट के सौन्दर्यशास्त्रीय सिद्धान्त का ही रचनात्मक विस्तार है। जो मार्क्सवादी लेखक यथार्थवाद और 'अवाँगार्द' कला को परस्पर विरोधी माने बैठे हैं उनके लिए कदाचित् पेटर वाईस का यह सर्जनात्मक प्रयास प्रीतिकर विस्मय का कारण बने, क्योंकि कला और राजनीति दोनों ही क्षेत्रों में 'अवाँगार्द' की एकता को पेटर वाईस ने एक 'विज़न' के रूप में प्रस्तुत किया है।"

'आलोचना' में बहस के ये सूत्र-सन्दर्भ चाहे जहाँ से उठाए गये हों, उन्हें प्रस्तुत करते हुए हिन्दी या भारतीय भाषाओं के इधर के रचनात्मक परिदृश्य को भुला नहीं दिया गया है। बल्कि कई बार इसी रचनात्मक परिदृश्य के दबाव में दूर क्षेत्रों के विचार सन्दर्भों के पुनःर्मूयांकन या महत्त्व-आकलन की ओर ध्यान गया है। इसलिए

यह जाँचना दिलचस्प हो सकता है कि 'आलोचना' में कोई बहस कब उठाई गयी है। देखें 'आलोचना'-19 का नेरुदा पर सम्पादकीय। समय वही है जब हिन्दी में यथार्थवाद और आधुनिकतावाद के बीच एक तरह का संघर्ष चर्चा में था। नामवर सिंह ने नेरुदा का मूल्यांकन करते हुए लिखा – "नेरुदा का काव्य वस्तुतः पश्चिम की आधुनिकतावादी काव्यधारा के लिए वज्राघात है। जिनके लिए आधुनिक कविता फ्रेंच प्रतीकवादियों से चलकर इलियट-पाउंड में निःशेष हो जाती है पाब्लो का काव्य संसार उनके सम्मुख एक नये आधुनिक विश्व का उद्घाटन करता है।" नेरुदा में महत्त्वपूर्ण विशेषता – प्रेम और क्रांति के अवरोध, ठोस पदार्थमयता, शुद्ध कविता के विरुद्ध अशुद्ध कविता के प्रस्ताव के रूप में यदि देखी जा रही थी, तो हिन्दी कविता का बदला हुआ परिदृश्य और मुहावरा भी सामने था।

नामवर सिंह के सम्पादन में 'आलोचना' का अठारहवाँ अंक (जुलाई-सितम्बर, 71) हंगरी के आलोचक जार्ज लूकाच पर एकाग्र था। पहले लूकाच पर सम्पादकीय। आगे लूकाच पर इस्त्वान् इरोसी का लेख, लूकाच का लम्बा साक्षात्कार और अन्त में लूकाच के एक प्रसिद्ध लेख का अनुवाद – "कला और वस्तुपरक सत्य"। हिन्दी आलोचना के पाठकों के लिए ऐसी महत्त्वपूर्ण सामग्री उपलब्ध कराने के पीछे महज साहित्य-शिक्षा के स्तरोन्नयन की चिन्ता न थी, मार्क्सवादी सौन्दर्यशास्त्र की समस्याओं से गहरे स्तर पर उलझने-टकराने की कोशिश भी थी। लूकाच के अन्तर्विरोध को नामवर सिंह जो सम्मान या सहानुभूति देते हैं, वह उनकी अपनी आलोचनात्मक दृष्टि और चिन्तन प्रक्रिया से भी परिचित कराता है। लूकाच के अवदान का यह महत्त्व तो वे मानते हैं कि उन्होंने उपन्यास में भोंडे समाजशास्त्र के साहित्यिक प्रतिरूप प्रकृतिवाद का खंडन करते हुए जीवन-समृद्ध यथार्थवाद की स्थापना की और साहित्य में भी द्वन्द्ववाद की केन्द्रीय अवधारणा 'समग्रता' (टोटैलिटी) की प्रतिष्ठा की। पर स्वीकार करते हैं कि बीसवीं सदी के साहित्य के मूल्यांकन में लूकाच की अपनी रुचियाँ और सीमाएँ बाधक थीं। काफ्का बेकेट, यहाँ तक कि ब्रेश्ट उनकी मुश्किल बने रहे। नामवर सिंह लूकाच की बौद्धिक ईमानदारी में सन्देह नहीं करते जिन्होंने सोवियत सरकार और सोवियत लेखक संघ द्वारा लांछित सोल्जेनित्सिन के समर्थन में लिखना जरूरी समझा। सम्पादकीय वक्तव्य के अन्त में नामवर सिंह के शब्द हैं, "आज लूकाच के आलोचना-सिद्धान्त भले ही अग्राह्य प्रतीत हों, परन्तु उनकी अन्तर्दृष्टि का युग-युगान्तर-व्यापी प्रसार आज भी स्पृहणीय है। उनमें साहित्यिक कृतियों को परखने के लिए विराट अवधारणाओं के निर्माण की ऐसी क्षमता थी जो अन्यत्र दुर्लभ है। 'समग्रता' और 'वस्तुनिष्ठता' के प्रति लूकाच का जो आग्रह था वह आज भी प्रेरणादायक है। लूकाच के व्यक्तित्व और कृतित्व से

स्पष्ट है कि एक अपूर्ण एवं सदोष मार्क्सवाद भी गैर-मार्क्सवादियों से कहीं अधिक महान् हो सकता है।''

इससे यह भ्रम नहीं होना चाहिए कि मार्क्सवादी सौन्दर्यशास्त्र और प्रगतिशीलता की अवधारणा के बार-बार निर्मम परीक्षण की जिम्मेदारी से नामवर सिंह अपने को मुक्त समझ रहे हों।

गोल्डमान के निधन पर आलोचना-20 का सम्पादकीय लिखते हुए नामवर सिंह ने लूकाच और गोल्डमान की मान्यताओं के आधारभूत अन्तर को स्पष्ट किया है। एक स्पष्ट अन्तर तो यह कि "गोल्डमान ने लूकाच की 'समग्रता' की अवधारणा को साहित्यिक समाजशास्त्र के क्षेत्र में 'संरचना' के रूप में लागू किया।'' दूसरे ''गोल्डमान लूकाच से इस बात में भिन्न हैं कि वे समकालीन 'अवाँगार्द' साहित्य को अनिवार्यतः पतनशील और नैतिक दिवालिया नहीं मानते।'' नामवर सिंह का कहना है – ''गोल्डमान की आस्था सामान्यतः समाजवाद और मानववाद में है, किन्तु उनकी दृष्टि नव-पूँजीवाद के भ्रमों से इतनी मुक्त नहीं है कि उन्हें मार्क्सवादी माना जाय।'' इसके बावजूद गोल्डमान के लेख 'आलोचना' में प्रकाशित हो रहे हैं कि पाठक सीधे उनके विचारों से परिचित हो सकें। आलोचना-312 (अक्तूबर-दिसम्बर, 74) में नामवर सिंह ने रेमंड विलियम्स का निबन्ध ''संस्कृति के मार्क्सीय सिद्धान्त में आधार और ऊपरी ढाँचे की सार्थकता'' शीर्षक निबन्ध प्रकाशित किया और उसके प्रति विशेष रूप से पाठकों का ध्यान आकृष्ट करते हुए लिखा – ''काव्य-कृति अथवा कलाकृति को स्वायत्त या स्वतःपूर्ण मानकर उसके विश्लेषण-आस्वाद पर केन्द्रित रूपवादी आलोचना की कमजोरियों की ओर ध्यान तो औरों ने भी आकृष्ट किया है किन्तु रेमंड विलियम्स सम्भवतः पहले आलोचक हैं जिन्होंने इसके सामाजिक आधार का उद्घाटन करते हुए स्पष्ट कहा है कि इसका सम्बन्ध उपभोगग्रस्त पूँजीवादी समाज व्यवस्था से है जो उपभोगवादी प्रवृत्ति के प्रभाव में कला या काव्य को भी 'वस्तु' में बदलने का प्रयास कर रही है।'' सांस्कृतिक आलोचना के क्षेत्र में आज ग्राम्शी की प्रभुत्व (हिगेमनी) सम्बन्धी अवधारणा पर बहस जारी है। रेमंड विलियम्स ने पहले ही कहा था 'समग्रता' की अवधारणा का सार्थक प्रयोग तभी सम्भव है जब हम इसे एक दूसरी महत्त्वपूर्ण मार्क्सवादी अवधारणा 'हिगेमनी' से जोड़कर देखें। नामवर सिंह ने रेमंड विलियम्स की ही व्याख्या के अनुसार यह स्पष्ट करते हुए कि अभिरुचि (टेस्ट) का सिद्धान्त उपभोग-सिद्धान्त का ही एक रूप है अपने सम्पादकीय वक्तव्य में यह भी कहना जरूरी समझा है कि ''उपभोगवादी संस्कृति के प्रभुत्व में स्वभावतः कला और काव्य भी विच्छिन्नता (एलियनेशन) के शिकार हुए और वे व्यापक सामाजिक प्रक्रिया से विच्छिन्न होकर उपभोग या आस्वाद

की एक 'वस्तु' मात्र होकर रह गये। जो लोग आधुनिक सौन्दर्यशास्त्रीय मुहावरों से आकृष्ट होकर प्रायः 'कला-वस्तु' और 'काव्य-कृति' जैसे पदों का प्रयोग बेहिचक करने के आदी हो चले हैं, उन्हें यह देखकर शायद आघात पहुँचे कि ये निरामिष से प्रतीत होने वाले पद एक निश्चित समाज-व्यवस्था के आर्थिक नियमों के अन्तर्गत उत्पन्न और प्रचलित हुए हैं। वस्तुतः ये नितान्त शुद्ध कलावादी अवधारणाएँ विशेष प्रकार की अर्थव्यवस्था की देन हैं।" नामवर सिंह को इसका एहसास है कि साहित्यिक सौन्दर्यशास्त्र की ऐसी भी गुत्थियाँ हैं जो धीरे-धीरे सुलझती हैं। समय और सन्दर्भ इसमें सहायक हो सकते हैं और कई बार सुलझने-सुलझाने की कोशिश में ये गुत्थियाँ उलझती भी जाती हैं। आखिर 'कविता के नये प्रतिमान' में नयी समीक्षा या रूपवादी समीक्षा की शब्दावली का सार्थक और सटीक इस्तेमाल करने के बाद एक दिन उन्हें स्वीकार करना पड़ा कि वह शब्दावली शीतयुद्ध की विचारधारा की देन थी, पूँजीवादी उपभोग-रुचि का परिणाम थी और उसकी प्रच्छन्न राजनीति भी थी जिसे ठीक-ठीक पहचानने में समय लगा।

भारतीय साहित्य-चिन्तन से सम्बद्ध महत्त्वपूर्ण सामग्री जब-तब 'आलोचना' में प्रकाशित होती रही है। नामवर सिंह के ऐसे चुनाव के पीछे आलोचनात्मक-विचारधारात्मक संघर्ष की दृष्टि-अनुपस्थिति नहीं रही है। उदाहरण है 'आलोचना' का अंक 92 जिसका सम्पादकीय 'रस : जस का तस या बस' एक पहले प्रकाशित लेख के पुनर्मुद्रण (दि.के. वेडेकर : रस-सिद्धान्त का स्वरूप) और दूसरे पुनर्लिखित या विकसित रूप में प्रस्तुत निबन्ध (प्राचीन भारतीय साहित्य मीमांसा : एक आकलन/लेखक : अशोक केलकर) तक पूरे अंक को सीमित करने की सार्थकता भर स्पष्ट नहीं करता, पूरे विचार-संवाद-संघर्ष में हस्तक्षेप करता है। सम्पादकीय में नामवर सिंह ने दिखाने की कोशिश की है कि समय-समय पर मूल रस-सिद्धान्त का संस्कार और विकास करने के नाम पर समीक्षकों ने किस तरह उसे अपने हितसाधन के लिए हस्तगत किया है। नामवर सिंह की टिप्पणी है – "इस प्रकार क्या 'रस' का दर्शन शक्ति का प्रदर्शन नहीं लगता? आजकल जिसे 'आइडियालॉजी' कहते हैं वह और क्या होती है? क्या रस-सिद्धान्त ने शुरू से ही एक 'आइडियालॉजी' अथवा 'दिट्ठ' की भूमिका नहीं निभाई है। फिर भी जैसा कि वाल्टर बेंजामिन ने 'इतिहास-दर्शन' की सातवीं 'थीसिस' में कहा है, सभ्यता का ऐसा कोई भी दस्तावेज नहीं है जो बर्बरता का भी दस्तावेज न हो। रस-सिद्धान्त इसका अपवाद नहीं है।"

'आलोचना'-77 और आगे के अंकों का मैं महज पाठक नहीं रहा हूँ, 'आलोचना' के सम्पादन में नामवर जी का सहयोगी रहा हूँ। यह मैं अपने अनुभव से कह सकता हूँ कि नामवर जी के लिए 'आलोचना' का सम्पादन और उनका

अपना आलोचनात्मक संघर्ष बहुत कुछ अभिन्न रहे हैं। एक सामान्य अंक से वे कभी सन्तुष्ट न थे। सामान्य अंक में भी क्या महत्त्वपूर्ण सामग्री जा रही है, जा सकती है, इसके प्रति अधिक सचेत। जो महत्त्वपूर्ण योजनाएँ वे बनाते, जिन विषयों का चुनाव करते, जिनके लिए सामग्री जुटाने की जिम्मेदारी सौंपते, वह हमेशा उत्तेजित करने वाला अनुभव सिद्ध होता। ऐसी महत्त्वाकांक्षा के अनुरूप हर अंक के लिए यथेष्ट सामग्री जुटा पाना आसान न था। चुनौती हर बार इस रूप में कि हम बहुत नया और महत्त्वपूर्ण दे सकें। प्रगतिशील लेखक आन्दोलन की स्वर्णजयन्ती के मौके पर 'आलोचना' का विशेष अंक आये, यह जो जरूरी है पर अधिक जरूरी है कि यह अंक प्रशस्ति अंक या उत्सव-अंक न बने, मूल्यांकन-अंक बने। एक लम्बे समय के आलोचनात्मक संघर्ष के अन्तर्विरोध भी सामने आएँ। और हम 'आलोचना' से ही नहीं, रचना से भी इस ऐतिहासिक क्षण को रेखांकित करें। नागार्जुन, त्रिलोचन ही नहीं, कुँवरनारायण, रघुवीर सहाय, केदारनाथ सिंह, कुमार विकल, अरुण कमल भी। अंक की शुरुआत हो प्रगतिशील आन्दोलन के जनक सज्जाद जहीर की आपबीती 'रोशनाई' के एक अंश 'प्रगतिशील लेखक संघ की पहली कान्फ्रेन्स' से – जो एक ऐतिहासिक दस्तावेज का महत्त्व रखता है। अंक में शामिल किया जाय – राल्फ रसेल का लेख, जिसके परिशिष्ट के रूप में लन्दन 1935 और लखनऊ 1936 के घोषणा-पत्र दिए गये हैं। साथ ही हिन्दी में प्रगतिशील आन्दोलन और विचारधारा से सम्बन्धित महत्त्वपूर्ण सामग्री प्राप्त की जाय। यह सारी तैयारी एक सुविचारित योजना के अन्तर्गत थी कि इस अंक को सच्चे अर्थों में मूल्यांकन-केन्द्रित बनाया जा सके। नामवर सिंह को जरूरी जान पड़ा कि बनारस, इलाहाबाद, लखनऊ जैसे महत्त्वपूर्ण केन्द्रों से प्रगतिशील आन्दोलन के इतिहास से सम्बद्ध सामग्री प्राप्त की जाय।

मुक्तिबोध-जैसे लेखक के मन में मार्क्सवाद के प्रति गहरी आस्था होते हुए भी एक समय प्रगतिशील आन्दोलन की अपनी सीमाओं-संकीर्णताओं को लेकर जो तीखे सवाल उभरे, उनसे परिचित होने के लिए श्रीपाद अमृत डांगे के नाम मुक्तिबोध का पत्र प्रकाशित किया गया। और भी बहुत कुछ। यह अंक छपते-छपते प्रायः अप्राप्य हो चला था तो इसलिए कि इसमें दुर्लभ दस्तावेज उपलब्ध थे, जिनकी रोशनी में हम अपने समय के वैचारिक संघर्ष की जाँच-पड़ताल कर सकते थे। इसी विशेष अंक का अन्तिम लेख नामवर सिंह के अपने आलोचनात्मक संघर्ष की झलक देता है जिसमें कहा गया है – "बहरहाल प्रश्न साहित्य को जनता के निकट ले जाने का है। देखने में समस्या व्यवहार की मालूम होती है, लेकिन इसका सम्बन्ध मूलतः समझ से है। समझ सपाट है तो सुपरिचित 'सरलता के सौन्दर्यशास्त्र' का निर्माण

होगा और जनकाव्य के नाम पर लोककाव्य की पैरोडी होगी, जैसा कि हुआ भी। क्या इसके लिए भी 'बुद्धिवाद' जिम्मेदार है? क्या इसका सम्बन्ध सस्ती भावुकता से नहीं है? इस प्रवृत्ति को बढ़ावा देने में कवियों से अधिक दोष उन प्रगतिशील आलोचकों की जन-साहित्य सम्बन्धी सपाट समझ का है जो एक समय शील और सुमन को ही सबसे महत्त्वपूर्ण प्रगतिशील कवि मानते रहे और जब कभी केदार और नागार्जुन को भी उनके साथ याद करते थे तो उनकी उन्हीं कविताओं के लिए, जो एक हद तक शील और सुमन-जैसी होती थीं। कहने की आवश्यकता नहीं कि यह क्रमागत यथार्थवाद का क्रान्तिकारी विकास न था और न नया यथार्थवाद ही था। वस्तुतः नये यथार्थवाद का विकास उन कवियों और लेखकों के द्वारा हो रहा था जो भावुकता के सुगम मार्ग को छोड़कर गहरे आत्मसंघर्ष की पीड़ा के बीच सृजन कर रहे थे।" सन्दर्भ से ही अनुमान किया जा सकता है कि यहाँ विरोध या असहमति प्रगतिशील आलोचक डॉ. रामविलास शर्मा से है, पर कहीं और गहरे स्तर पर वामपन्थ के अपने संकट के एहसास के साथ।

उल्लेखनीय है कि 'आलोचना' के उपर्युक्त प्रगतिशील साहित्य आन्दोलन पर केन्द्रित विशेष अंक से बहुत पहले भी नामवर सिंह ने आलोचना का एक अंक (अप्रैल-जून 1974) प्रगतिशील आन्दोलन और विचारधारा के मूल्यांकन पर केन्द्रित किया था। सन्दर्भ था – बाँदा में आयोजित प्रगतिशील लेखकों का सम्मेलन। वामपन्थी लेखन और लेखक संघों के अन्तर्विरोधों और संकीर्णताओं की ओर इशारा करते हुए इस अंक के सम्पादकीय वक्तव्य में नामवर सिंह ने कहा है – "वस्तुतः साहित्य में राजनीतिक मतभेदों को अनावश्यक तूल देने वाले वामपन्थी लेखक यह मोटी-सी बात भूल जाते हैं कि मार्क्सवाद केवल एक राजनीतिक सिद्धान्त नहीं, बल्कि एक विश्वदृष्टि है – राजनीति जिसका एक पक्ष है, निस्सन्देह अत्यन्त महत्त्वपूर्ण पक्ष। यह विश्वदृष्टि लेखक को अपने समय की वास्तविकता को उसकी समय जटिलता के साथ समझने में सहायक होती है।" नामवर सिंह की दृष्टि में चिन्ता का विषय यह है कि अधिकांश वामपन्थी लेखक अपनी राजनीति के अभीष्ट साहित्यिक रूपान्तर में असमर्थ हैं या फिर अनजान हैं। अजब है कि समस्याओं के समाधान की उम्मीद अनेक निष्ठावान लेखकों को अपनी पार्टी के राजनीतिक नेताओं से ही है। ऐसे निष्ठावान पराश्रयी लेखक अपनी राजनीतिक पार्टी को भी क्षति पहुँचाते हैं और साहित्य को भी। नामवर सिंह ने जनता तक साहित्य पहुँचाने के लिए व्यग्र लेखकों को रोमांटिक भाववाद या अन्धलोकवाद का शिकार बताया है। अन्धलोकवाद का ही एक और रूप है सुगम और लोकप्रिय साहित्य रूप के लिए आग्रह। इस आग्रह का परिणाम है परम्परागत चिरपरिचित रूपों और भाषा की

स्वीकृति। दुरूहता और जटिलता इस दृष्टि के लिए दुश्मन हैं और प्रयोग की दिशा में उठाया जाने वाला एक भी कदम संदिग्ध है। धारणा यह है कि जनता के लिए लिखे जाने वाले साहित्य को सुगम और सपाट ही होना चाहिए। मुक्तिबोध ने "जनता का साहित्य किसे कहते हैं।" टिप्पणी में यही तो कहा था कि जनता के साहित्य के नाम पर ऐसा सरलीकरण न किया जाय कि राजनीतिक मुक्ति से लेकर अज्ञान से मुक्ति तक का उद्देश्य विफल होता हो।

'आलोचना' में नामवर सिंह का एक और सम्पादकीय 'प्रासंगिकता का प्रमाद' (अक्टूबर-दिसम्बर, 83) परम्परा की प्रगतिशील धारा के लिए संघर्ष करने वालों के समक्ष उपस्थित चुनौती की ओर ध्यान आकृष्ट करने वाला है। प्रासंगिकता के प्रमाद को लेकर नामवर सिंह की चिन्ता इसलिए है कि "अतीत के हर बड़े लेखक को किसी-न-किसी तरह समकालीन बनाने की ऐसी कोशिश हो रही है कि अतीत की अतीतता सुरक्षित रही ही नहीं, वर्तमान की अपनी विशिष्टता भी लुप्त हो रही है – यहाँ तक कि अतीत और वर्तमान का अन्तर मिटता जा रहा है और इस तरह आज की ज्वलन्त समस्याओं से बच निकलने का एक बहाना मिल रहा है।" प्रगतिशील परम्परा की अटूट अविच्छिन्न धारा सुनिश्चित करने के उत्साह में होता यह है कि अटूट अविच्छिन्न धारा तो बन जाती है, पर कुछ समान प्रगतिशील तत्वों के कारण अतीत के प्रायः सभी महान लेखक एकरूप दिखाई देने लगते हैं – यहाँ तक कि "उनके चेहरे की निजी विशिष्टता भी खो जाती है।" ब्रेश्ट के अलगाव-प्रभाव (एलियनेशन इफेक्ट) को आलोचना के क्षेत्र में लागू करने के प्रस्ताव के साथ नामवर सिंह कहते हैं – "अतीत की कृतियों को आज के लिए प्रासंगिक बनाने का सबसे वैज्ञानिक और वस्तुनिष्ठ ढंग यह है कि अपने और उनके बीच की दूरी को सुरक्षित रखा जाय और इस प्रकार पाठकों में उस आलोचनात्मक विवेक को जाग्रत रखा जाय जिससे वे अतीत की महान से महान कृति के अपने अन्तर्विरोधों के प्रति सजग रहे।" अतीत के ही क्यों, निकट के नागार्जुन जैसे कवियों के मूल्यांकन में भी ढर्रे पर चलने वाली प्रगतिशील आलोचना जब-तब असुविधा का अनुभव कर सकती है। 'आलोचना' के नागार्जुन-केन्द्रित विशेष अंक (जनवरी-मार्च – अप्रैल-जून 1981) के सम्पादकीय में नामवर सिंह स्पष्ट करना चाहते हैं कि यदि नागार्जुन के सौन्दर्यबोध में किसी प्रकार की कुंठा नहीं है तो इसलिए कि नागार्जुन की वर्ग-चेतना का आधार कोई अमूर्त विचार प्रणाली या राजनीति का फौरी कार्यक्रम नहीं, बल्कि ठेठ जन-जीवन है – जीवन्त लोकधर्म। आश्चर्य नहीं कि अपने ठोस यथार्थबोध के कारण नागार्जुन विचार-प्रणाली के ही फीते से हर कविता को नापने वाले सिद्धान्तशास्त्रियों के लिए असमंजस खड़ा कर देते हैं।

'आलोचना' ने 1902 में प्रकाशित इतिहासाचार्य विश्वनाथ काशीनाथ राजवाड़े के 'कादम्बरी' शीर्षक मराठी निबन्ध का हिन्दी अनुवाद छापा – जनवरी-मार्च 1988 के अंक में। छियासी वर्ष बाद हिन्दी में प्रकाशित इस लेख का महत्त्व इसी से प्रकट है कि इसमें उपन्यास-जैसे साहित्य रूप को सामाजिक ऐतिहासिक सन्दर्भ में देखा गया है और यथार्थवाद के सरलीकरण के विरुद्ध फैंटेसी को महत्त्व दिया गया है। गोविन्द पुरुषोत्तम देशपांडे ने अपनी टिप्पणी में इस निबन्ध को महत्त्वपूर्ण बताया है कि यह फैंटेसी की साहित्यिक सार्थकता की ओर ध्यान आकृष्ट करता है और समाजवादी यथार्थ को पर्याप्त न मानकर ऐसे तत्व का पक्ष लेता है जिसे आगे के चिन्तक 'जादुई यथार्थ' कहना चाहेंगे।

'आलोचना' के पृष्ठों में जहाँ पाश और गोरख पांडे के अवसान पर महत्त्वपूर्ण सामग्री दी गयी है वहीं एकदम नये कवियों (देवी प्रसाद मिश्र, बोधिसत्व) की कविताएँ उनके महत्त्व को रेखांकित करते हुए प्रकाशित की गयी हैं। कन्नड़ साहित्यकार यू.आर. अनन्तमूर्ति का लेख "ब्राह्मण और शुद्ध प्रज्ञा : कन्नड़ सन्दर्भ में" 'आलोचना' के एक अंक (जनवरी-मार्च, 72) में प्रकाशित है जिसकी स्थापनाएँ आज नये सन्दर्भ में विचारणीय हो सकती हैं। 'आलोचना' में लंकेश और कम्बार की कविताएँ भी प्रकाशित होती रही हैं। श्रीकान्त वर्मा के निधन पर प्रकाशित अंक 78 में उनके पत्र, डायरी के पृष्ठ, स्मृतिलेख उन्हें समझने की नयी दृष्टि दे सकते हैं। नागार्जुन-केन्द्रित विशेष अंक में मनोहर श्याम जोशी और कृष्णा सोबती से नागार्जुन का संवाद हिन्दी गद्य की अनोखी उपलब्धि है। पहले के अंकों में एक अंक हजारी प्रसाद द्विवेदी पर महत्त्वपूर्ण सामग्री के साथ है जिसमें मनोहर श्याम जोशी का साक्षात्कार दोनों लेखकों की प्रकृति को गहरे स्तर पर उद्घाटित करने वाला है।

'आलोचना' को सार्थक वाद-विवाद-संवाद का आदर्श बनाने की यह सारी कल्पना नामवर सिंह के अपने आलोचनात्मक संघर्ष से अभिन्न है। नामवर सिंह के सम्पादन में 'आलोचना' ने गहरे अर्थों में समकालीन सार्थकता प्राप्त की। मूल्यवान विचार सन्दर्भों की निरन्तर उपस्थिति के साथ निकट के रचना परिदृश्य में सीधा हस्तक्षेप। यह केवल 'आलोचना' की रणनीति न थी, 'आलोचना' का आदर्श और चरित्र भी था। नामवर सिंह 'आलोचना' का एक सम्पूर्ण अंक प्रसिद्ध कथाकार निर्मल वर्मा की षष्टिपूर्ति पर प्रकाशित कर सके थे जिसमें स्वयं निर्मल वर्मा का लेख 'साहित्यिक कृति का सत्य' संकलित है। और कुँवर नारायण का एक महत्त्वपूर्ण लेख भी 'खरगोश के रोएँ जैसे गद्य को सहलाते हुए'। और इसी अंक के सम्पादकीय के रूप में 'एक सौन्दर्योपासक संत की षष्टिपूर्ति पर एक संवाद' – जैसा तीखा विवादास्पद लेख भी लिख सकते थे। नामवर सिंह को पक्षधरता से कोई परहेज नहीं

है। 'निष्पक्षता' के बारे में उनकी यह धारणा किसी से छिपी नहीं है – "जो विरोधी धाराओं के संघर्ष से घबराकर निष्पक्षता में विश्राम करना चाहता है वह प्रवाहपतित होकर अनजाने ही इतिहास विरोधी धारा में जा पड़ता है।" यह तो प्रकट ही है कि आधुनिकतावाद के विभिन्न रूपों से संघर्ष करते हुए नामवर सिंह ने आधुनिकता के सकारात्मक अवदान से 'आलोचना' के पाठकों को परिचित कराना चाहा और सरल सपाट यथार्थवाद और अन्धलोकवाद की सीमाएँ स्पष्ट कीं। रचना की सापेक्ष स्वायत्तता के पक्षधर नामवर सिंह ने एक पत्रिका के रूप में 'आलोचना' की स्वायत्तता सुनिश्चित की। एक ही अंक में फेदेरीको गार्सिआ लोर्का और मलिक मुहम्मद जायसी की उपस्थिति सम्भव थी। 'आलोचना' का अपना पक्ष हो सकता है। 'आलोचना' की एक अपनी विचारधारा हो सकती है, पर साहित्य के 'स्वधर्म', साहित्य की अपनी प्रकृति और क्षमता को नजरअन्दाज करके नहीं। इतिहास की चुनौती का सामना करते हुए विचारधाराओं के संघर्ष के प्रति जागरूक रहना नामवर सिंह को अपने लिए भी जरूरी जान पड़ा और 'आलोचना' सरीखी पत्रिका के लिए भी। नामवर सिंह के अपने आलोचनात्मक संघर्ष से 'आलोचना' के सम्पादक रूप में उनके संघर्ष को अलग कर पाना कठिन है। कम-से-कम तीन महत्त्वपूर्ण दशकों की हिन्दी रचनाशीलता पर 'आलोचना' का दबाव रहा है। स्वीकृति के रूप में, अस्वीकृति के रूप में। सहमति के रूप में, असहमति या विरोध के रूप में। हिन्दी सृजनशीलता पर मुख्यतः एकाग्र होते हुए भी 'आलोचना' ने एक अखिल भारतीय चरित्र प्राप्त किया और उसका विचारधारात्मक संघर्ष विश्वदृष्टि-निरपेक्ष न था। नामवर सिंह की अपनी 'पसन्द' के अन्तर्विरोध या भेद भी 'आलोचना' में अक्सर दिखेंगे। रचना की भाषावादी समीक्षा के प्रति अक्सर कठोर आलोचनात्मक रुख अपनाते हुए नामवर सिंह ने 'आलोचना की भाषा' एक सम्पूर्ण अंक केन्द्रित किया था। स्थूल सामान्यीकरण या भोंडे समाजशास्त्रीय आग्रह के विरुद्ध वह उनका अपना आलोचनात्मक संघर्ष था।

अन्त में, नामवर सिंह के लिए 'आलोचना' का सम्पादन बहुत-सी अखंड अविच्छिन्न अवधारणाओं में सन्देह करने, उनसे प्रश्न करने, उनसे टकराने का महत्त्वपूर्ण अनुभव था। 'आधुनिकता' भी उन्हें एकरूपात्मक अखंड अविच्छिन्न अवधारणा के रूप में स्वीकार्य न थी, न 'प्रगतिशीलता', न 'यथार्थवाद'। आज अगर 'आलोचना' का सम्पादन वे कर रहे हों तो आश्चर्य नहीं, 'उत्तर-आधुनिकता', 'उत्तर-संरचनावाद' से बहस करते हुए वे 'धर्म' जैसी संकल्पना के बारे में पुनर्विचार की माँग के साथ सामने आएँ। आज वे अक्सर कहते हुए देखे जा रहे हैं कि "धर्म की भूमिका हमेशा प्रतिक्रियावादी नहीं होती। एक विशेष सामाजिक-ऐतिहासिक

सन्दर्भ में धर्म क्या रूप लेता है, यह देखना चाहिए। और साथ ही यह भी कि धर्म की सामाजिक भूमिका को कौन किस तरह इस्तेमाल कर रहा है, इसको पहचाने बिना धर्म का नकार भी अन्धवैज्ञानिकतावाद होगा।''

प्रगतिशील लेखक महासंघ की भाषानीति के विरुद्ध उनका संघर्ष 'हंस' के पृष्ठों में कई बार प्रकाशित हो चुका है। भारतीय उपन्यास की पहचान सुनिश्चित करने में कब प्रेमचन्द ही एकमात्र सही मॉडल होंगे और कब 'कपालकुण्डला' और 'श्यामास्वप्न' महत्त्वपूर्ण हो उठेंगे, कहना कठिन है। कठिन है नामवर सिंह के आलोचनात्मक निर्णयों के बारे में कोई भी पूर्वानुमान। यह नामवर सिंह की आलोचना की कमजोरी नहीं, नामवर सिंह की आलोचना की ताकत है। 'आलोचना' का महत्त्व केवल ऐतिहासिक नहीं है। उसके अनेक अंकों की स्मृतियाँ आज के हमारे आलोचनात्मक संघर्ष के बीच मौजूद हैं।

काल की अनन्तता और संशय का आख्यान

हमारे समय क़ी कविता का बीज शब्द है – 'संशय'। 'संशय' यह प्रश्न, विमर्श, जिज्ञासा के मूल में है। 'आँख हाथ बनते हुए' (1970), 'शब्द लिखने के लिए ही यह कागज बना है' (1980), 'गंगा तट' (2000) के बाद 'संशयात्मा' (2004) जैसे संग्रहों में ज्ञानेन्द्रपति एक कार्यकर्ता कवि या घुमन्तू कवि जान पड़ते हैं। हिन्दी की जातीय कविता की ठेठ देशज गन्ध ज्ञानेन्द्रपति की खास पहचान है। एक फक्कड़ कवि के रूप में ज्ञानेन्द्रपति हड़बड़ी में नहीं हैं। अभी-अभी पहल सम्मान और साहित्य अकादमी सम्मान के बाद फिर उनका वही देशज ठाठ लौट आया है और स्थानीय होकर वे सन्तुष्ट हैं। वैश्विकता या भूमंडलीकरण उनका प्रमुख सरोकार नहीं है। गंगा-तट के निकट ही ज्ञानेन्द्रपति का काव्य मुहावरा है। अनगढ़पन में तत्सम-तद्भव घुलेमिले हैं। भद्र-लोक से कन्नी काटते ज्ञानेन्द्रपति को संकट मोचन, मोती झील, मणिकर्णिका के आस-पास ही सुकून मिलता है। कम कवियों के यहाँ ज्ञानेन्द्रपति का-सा परम्परा-बोध मिलता है। यहाँ परम्परा ठस रूढ़ि नहीं है, जीवन्त है, गतिशील है। एक तरह का पुनराख्यान है। वाचिक कविता पर ज्ञानेन्द्रपति की निर्भरता अकारण नहीं है। उनकी कविता जन को सम्बोधित है। इस अर्थ में वे जनचरित्री हैं।

ज्ञानेन्द्रपति की कविता शोषण की सभ्यता का प्रतिवाद है। शीतयुद्ध का प्रतिवाद। बाजार का प्रतिवाद। रोजी-रोटी के महासमर में कविता भी एक युद्ध की तरह है। सत्ता के विरुद्ध एक तरह का प्रतिपक्ष। काल की अनन्तता में समय खुद एक विमर्श है :

"सत्तर करोड़ वर्षों का समय पसरा हुआ है
उनकी काली घिसी हुई देह में
वे पर्वतकुल के आदि पुरुष हैं
बस सात करोड़ वर्ष हुए हैं, इनके कुल-खूँट में

उगी थी हिमालय की कोंपल"

यह ठेठ मूर्तता ज्ञानेन्द्रपति की ध्वन्यात्मकता की पहचान है। अटपटे शब्दों में काव्यात्मक-अकाव्यात्मक का भेद मिट जाता है।

ज्ञानेन्द्रपति लोकसंवेदना के कवि हैं। नागर संवेदना से अलग यह लोक संवेदना कितनी स्फूर्तिप्रद है, इसका सहज ही अनुमान किया जा सकता है। "गाँव के घर के/अन्तःपुर की वह चौखट/टिकुली साटने के लिए सहजन के पेड़ से छुड़ाई गयी गोंद का गेह वह/वह सीमा", "स्मृति में अंकित करती हुई/ओरियानी के नीचे बेदी पर से/अलसाती-सी उठ रही स्त्री की आँखों से मिलती जाती आँखों की एक कतार...", "डबडबा आया है भुरुकवा/पूरब में भिनसार का आन है", "अरे! यह तो घास कटने की ताजा गन्ध /क्या यह मेरे बचपन का भिनसार...", "धीरे-धीरे बिलाता हुआ/जल-बिम्ब/जहाँ बैठी थी सजल आँखों वाली वह/प्राचीन ईंटों के रंग की नव-युवती/सारनाथ के बिहारावशेष के प्रांगण में...। –ऐसे स्थल कम हैं पर समय के उपद्रव में अलग चमकते हैं। ज्ञानेन्द्रपति की लोक संवेदना पर महानगरीय त्रासद यथार्थ का दबाव कम नहीं है।

ज्ञानेन्द्रपति की कविता 'इथियोपिया' वैश्विक विमर्श के दायरे में एक नया भयावह सच बताती है। दुनिया के तमाम देशों में धर्म या मजहब के नाम पर स्त्रीयातना के प्रसंग अलग चौंकाते हैं। एक ओर स्त्री मुक्ति या स्त्री-सशक्तीकरण पर चर्चा है, दूसरी ओर इस भयानक यथार्थ की अनदेखी कविता में इस साहस पूर्ण विमर्श के लिए ज्ञानेन्द्रपति अलग पहचाने जाएँगे। "इथियोपिया!/कठिन उरोजों वाली एक काली लड़की का नाम है/जिसकी सुन्नत कर दी गयी है होश सँभालने से पहले "। 'पिण्डलियों की बिजली' कविता में एक धावक लड़की से भारतीय कवि पूछता है – "इथियोपिया! कहाँ से आती है/तुम्हारी पिण्डलियों में बिजली...।" कवि उलट कर भारतीय कवि से ही पूछता है कि उसकी पिण्डलियों में बिजली कहाँ से आती है।

इसी दुनिया में जोगेश्वरी का दंगा है, कर्फ्यू-का-सा मातमी माहौल है, हिंसा है, बर्बरता है, खाड़ी-युद्ध की खबरें हैं, पर यहीं विलक्षण जिजीविषा भी है, उम्मीद भी। कवि अनुभव करता है – धरती के भेद अनेक हैं, यहीं आम और ईख का स्वाद भी है, फसलें भी हैं, मंजरित आम्रतरु भी हैं। कवि हताश नहीं है – रोज़ी-रोटी के महासमर में जो बचा रह गया है, वह कम महत्त्वपूर्ण नहीं है। यहीं मान बहादुर सिंह की दिनदहाड़े हुई हत्या भी है। ज्ञानेन्द्रपति की कविता का यह अंश बहुत कुछ कहने वाला है :

"बीड़ी बुझने के करीब तो नहीं थी उसकी
दम बटोरती दम लगाती कविता के होठों से
जिसे झपट छीन कर हठात् बलात्
रगड़ कर क्रूरता से
बुझा दिया गया...।"

कभी केदारनाथ सिंह बिम्बधर्मी कवि के रूप में जाने गये। धूमिल को नयी प्रतिष्ठा मिली तो सपाटबयानी को जरूरी वैकल्पिक काव्य-मूल्य मान लिया गया। ज्ञानेन्द्रपति निपट गद्य जैसी कविता लिखते हुए भी बिम्बों के बहिष्कार के पक्ष में नहीं हैं। 'पेट के कोटर वाली एक सूखी बिरिछ काया' 'आकाशीय छोर का गिरगिट', 'टूसों वाली टहनी', 'धुएँ का विकराल दैत्य' 'आकर्ण खिंची प्रत्यंचा वाला एक अदृश्य धनुष' – ये बिम्ब महज आलंकारिक नहीं हैं – विवरणधर्मिता के साक्ष्य हैं। ज्ञानेन्द्रपति के यहाँ सपाट होने का जोखिम उठाकर सघन विवरणधर्मिता है। एक सजग पर्यवेक्षण, सटीक कल्पना, तत्सम-तद्भव के मेल से बनी काव्यभाषा, मिथकीय यथार्थ – सभी ज्ञानेन्द्रपति के कवि-कर्म की उद्दामता की झलक देते हैं। यहाँ राजेश जोशी सरीखे कवि तत्समबहुल पदावली को कवि की जिद मानते हैं, पर ज्ञानेन्द्रपति की जिद अपने काव्य प्रयोग को अतर्क्य नकारात्मक नहीं मानती। 'सूर्यस्पर्धी' 'सद्यःप्रस्फुटित' 'असूर्यम्पश्या', 'दीर्घगीवाक्षि' 'वाम्रताल्वोष्ठ जिह्व' 'ज्योतिष्क' – जैसे प्रयोग अटपटे हैं और काव्यास्वाद में खटकते हैं। शायद एक निजी पहचान पाने के लिए ज्ञानेन्द्रपति निराला को आदर्श मानते हैं, पर निराला ने 'सरोजस्मृति', 'राम की शक्तिपूजा' के साथ 'कुकुरमुत्ता' भी लिखी। ज्ञानेन्द्रपति आत्म-कथन में भी यही ढंग अपनाते हैं – "परिपक्व बेल की तरह भीनी गन्ध से भरा तुम्हारा कपाल/होता था मेरी जिज्ञासु ठुड्डी और विस्मित नासिका के नीचे/प्रसन्न प्रश्नोत्तर"। ज्ञानेन्द्रपति के इस उक्तिवैचित्र्य को लेकर सहमति-असहमति दोनों सम्भव है।

ज्ञानेन्द्रपति सांस्कृतिक बहुलता के कायल हैं और साम्राज्यवादी अपसंस्कृति के तीखे आलोचक। साम्राज्यवाद ऊपर से जैसा जान पड़ता है, वैसा है नहीं, वह पूरी दुनिया की आजादी हड़पकर विस्तारवादी है। आश्चर्य है कि इन दिनों कविता अराजनीतिक होने के लिए ऐसे तीखे राजनीतिक विमर्श से कतराती है और उसने बहुत-सा कार्यभार मीडिया के हवाले कर दिया है। कवि केवल खबर नहीं देता, वह 'जीवन द्रव्य' को सघन बनाता है। 'अब वे' कविता सांकेतिक रूप से साम्राज्यवादी अपसंस्कृति और शोषण का प्रतिवाद है :

"अब वे झपट्टा नहीं मारते/उनके पास एक दामगाह है/...प्लेटो में सभ्य दाँतों

से माँजी गयी हड्डियों के ढेर/...।'' 'दामगाह' शब्द की व्यंजकता पर ध्यान दें। यह सरल उपभोक्तावाद या बाजारवाद नहीं है। 'खेसाड़ी दाल की तरह निन्दित' कविता में कवि पहले ही कहता है – ''खेसाड़ी दाल की तरह निन्दित/उखाड़ कर फेंक दिया जाऊँगा/भारतीय कविता के क्षेत्र से/...क्योंकि अब लक्ष्य है निर्यात और अभीष्ट है विदेशी पूँजी निवेश/और यह है निश्चित/कि देसी और दुज्वर खेसाड़ी दाल की तरह निन्दित/उखाड़ कर फेंक दिया जाऊँगा...।'' यह है भयावह समय जिसे चंचल पूँजीवाद और हिंस्र साम्राज्यवाद कहा जा सकता है। कम्प्यूटर साफ्टवेयर यांत्रिक सभ्यता के शीर्ष पर स्थित औजार भर नहीं है। यह विश्वबाजार है, जिसमें बाजार ही विश्व हो जाता है। बाजार-गर्भ में अहर्निश जलने वाली आग मंद पड़ने वाली नहीं है। विज्ञापन बाजार को चलाते हैं – जूते, जाँघिए, टूथब्रश, टूथपेस्ट, शेविंग क्रीम, सिने सुन्दरियों का प्रिय साबुन। यह एक अन्तहीन खेल है। 'रिपोर्ट' उसी साम्राज्यवाद के पास है। वही तय करता है – आपका सुख, स्वास्थ्य, बैंक बैलेंस और बहुत कुछ। बाजार का गिद्ध-दृष्टिपात छिपा नहीं है। यह पहले का ग्रामीण हाट-बाजार नहीं है। यही ग्लैमर है, बर्बरता है। वियतनाम से भारत तक, पटना से भोपाल तक यह बाजार का महिमामंडन है। वह ''भभकभूख की भाषा-भर'' नहीं है। मानववधिक फन्दा झूल रहा है, जो कभी भी किसी को कस सकता है। ''उन्मत्त साँड़ है संयुक्त राज्य अमेरिका/ और उसका उफनता अण्डकोश भर है संयुक्त राष्ट्र संघ'' – ज्ञानेन्द्रपति खाड़ी युद्ध की त्रासदी जानते हैं, इसलिए उनका काव्य मुहावरा आक्रामक है।

ज्ञानेन्द्रपति को गुजरात की त्रासदी याद आती है। वे देखते हैं कि बाजार से माचिसें गायब हैं। ज्ञानेन्द्रपति पूछते हैं :

''क्या हमने सारी माचिस खपा डालीं
जला डालीं, बुझा डालीं
गुजरात में, पिछले दिनों
आदमियों को जिन्दा जलाने में
आदमीयत का मुर्दा जलाने में''

ज्ञानेन्द्रपति के यहाँ स्फीति, अतिकथन वर्जित नहीं है, मगर विमर्श की जरूरत है। काव्यत्व की अतिरिक्त चिन्ता वे नहीं करते। जबकि विनोद कुमार शुक्ल ही क्यों विष्णु खरे तक करते हैं। विष्णु खरे जहाँ विस्तार में जाते हैं, वहाँ भी एक तरह का वाक् संयम प्रमाणित करते हैं। अरुण कमल, राजेश जोशी तो 'लाउड' होने का खतरा उठाएँगे ही नहीं। लीलाधर जगूड़ी भी नहीं।

ज्ञानेन्द्रपति मानते हैं कि पृथ्वी का भविष्य सोचने वालों में चींटियाँ हो सकती हैं, केंचुए हो सकते हैं। "मैं पूछता हूँ/यह पृथ्वी क्या केवल तुम्हारी है?...क्या तुम्हें/एक केंचुए के पास जाकर/पृथ्वी को उर्वर करने में तल्लीन केंचुए के पास/नहीं पूछना चाहिए/पृथ्वी के बारे में कोई भी अहम फैसला लेने से पहले! कौन जाने, पृथ्वी के भविष्य को ले, तुमसे ज्यादा चिन्तित रहती हैं चींटियाँ!" यह कवि की मार्मिक सूझ है और तर्कसंगत भी। पेट्रोडॉलर ही क्यों तय करेंगे – पृथ्वी का भविष्य!

केंचुए, चींटी, कछुए भी ज्ञानेन्द्रपति के वृत्तान्त में आते हैं। कवि का फलक वृहत्तर है और विमर्शबहुल भी। ज्ञानेन्द्र गाथात्मक कवि हैं। उनके यहाँ रामसरूप और इस्माइल में भी बतकही सम्भव है। शीतयुद्ध, तीसरी दुनिया, अतलांतिक महासागर, द्वन्द्वात्मक भौतिकवाद, सैम और सैमसन, बहुराष्ट्रीय कम्पनियाँ, लुप्त होती प्रजातियाँ, मूर्धन्य ष, खरपत्तू – ज्ञानोदय के विमर्श में आने वाला बहुत कुछ कविता में स्पेस बनाता है। बालश्रम पर लिखी कविता 'फुटबाल को देखो' ज्ञानेन्द्रपति की चर्चित कविता है।

"देखो, ध्यान से देखो/उस फुटबाल के पेट में/केवल हवा है / कि उसमें कैद हैं/किन्हीं बच्चों की साँसें/नन्हे नाजुक हाथों वाले बच्चे/छालों से छलनी हथेलियों वाले/सूआ सँभाले/सिर झुकाए जो सीते हैं सख्त खाल फुटबाल/उधेड़कर अपनी जिन्दगी रेशा-रेशा/यदि बहरी नहीं हो गयी है तुम्हारी आत्मा – बज्जर बहिर/ तो तुम्हें सुनाई पड़ेगा/उस फुटबाल की आकाशी उछाल में/रसातल में धँसते शिशु-मजूरों का चुप्प आर्तनाद... ।"

पूरी दुनिया में बाल श्रमिक फैले हैं। उनके लिए नियम-अधिनियम हैं। पर बाल श्रम एक अनियंत्रित खेल है। बर्बर धनमानुषों का खेल है। इसी अर्थ में ज्ञानेन्द्रपति एक कार्यकर्ता कवि हैं। धरना-प्रदर्शन पर बैठने वाले कवि।

इसके बावजूद ज्ञानेन्द्रपति की कविता उन्हीं के शब्दों में 'विविधवर्णी' है – 'जीवन के रंग-रस से लबरेज'। यह कवि की बुनियादी पहचान है। जीवनासक्ति कविता के मूल में है। अन्तःकरण का आयतन विस्तृत न हो, तो ऐसी कविता असम्भव है। सूचना तंत्र का प्रतिरोध करती ज्ञानेन्द्रपति की कविता मायकोव्स्की को आदर्श मानती है जिनके लिए कवि को रोज लिखना है – एक सामाजिक कार्यभार मानकर। कविता फुर्सत के दिनों का वाग्विलास नहीं है। वह अनवरत प्रतिरोध या प्रतिवाद है। अपने से तथा शेष समाज से जिरह करती, लड़ती-झगड़ती बेचैन कविता। सीधे कोयला खदानों के श्रमिक जीवन पर अकेले ज्ञानेन्द्रपति ने लिखा है :

"हजारों हजार
जो श्रमिक

जिनकी जीवन-यात्रा के अधबीच
यमुना का पुल बन जाता है गिलोटीन
खच्च से गरदन पर गिरता है गँड़ासा
अकस्मात''

कथाकारों में यह वृत्तान्त सिर्फ संजीव लिखते आये हैं। किसानी संवेदना और श्रम-संवेदना से जुड़कर ज्ञानेन्द्रपति भद्र कुलीनतावाद से टकराते हैं। वे सच्चे अर्थों में राजनीतिक कवि हैं। वे एक समय के आलोक धन्वा की याद दिलाते हैं। मेढक के साथ वर्षामंगल किसानी संवेदना से स्फूर्त कविता है।

ज्ञानेन्द्रपति के लिए लुप्त होती प्रजाति में 'प्रेमी' भी हैं। ''समाजशास्त्रियों के आँकड़ों में/बढ़े जा रहे हैं प्रेम-विवाह/जबकि सच तो यह है कि/साइबेरियाई सारसों की तरह प्रेमी विलुप्त हुए जा रहे हैं''। अप्रासंगिक न होगा अगर हम यहीं 'मूर्धन्य ष के लिए एक विदा-गीत' पढ़ें :

''बेचारा मूर्धन्य ष/ जिह्वा से जो गिर गया रास्ते में/बोली से बिछुड़ गया/टोली से फिसल गया/डूब गया अँधेरे में/लिपि की झाड़ी में फँसा टिमटिमाता/...डूब जाने दो.../ध्वनि के पीछे उसकी आकृति''।

अष्टभुजा शुक्ल ने 'हलन्त' के लोप पर ऐसी कविता लिखी है। केदारनाथ सिंह को लगता है – 'एक सूई खो गयी है/पृथ्वी के दिल में/और दर्जी सूई की नोक में/खो गया है।' ज्ञानेन्द्रपति जानते हैं कि उत्तर समय में बहुत-सी दुर्लभ प्रजातियाँ गुम हो रही हैं। 'चन्द्रबिन्दु की चिन्ता' इसी ढंग की कविता है। कवि को डर है कि लिपि को सुदूर जन तक पसारने वाले छापाखाने 'चन्द्रबिन्दु' को रौंद जाएँगे। आने वाली पीढ़ी चन्द्रबिन्दु की अस्ताभा नहीं पहचानेगी।

ज्ञानेन्द्रपति वाग्मिता के कवि हैं। वे नाटकीय हो सकते हैं, नास्टेल्जिक नहीं। कभी नेरुदा को उनके समकालीन कवि ने 'अच्छा खराब कवि' कहा था। वह एक सकारात्मक संज्ञा थी। इसी अर्थ में ज्ञानेन्द्रपति को 'अच्छा खराब कवि' होने या कहलाने में आपत्ति न होगी। अनगढ़ता उनकी ताकत है। उससे कविता एक लम्बा जीवन पाती है। इस विडम्बनापूर्ण समय में :

''थककर गिर जाती हैं परिक्रमाएँ
केन्द्र पर
सूई की नोक भर जगह में मुँह गाड़
पककर
चू जाते हैं पराक्रम
शिलालेख बन जाती है दहाड़''

यह संकेत है कि परिवर्तन की प्रक्रिया रुकती नहीं। एक 'स्वतन्त्र चेतस्' कवि इसे पहले से देख लेता है। दुनिया का सबसे बड़ा लोकतंत्र भी दुर्घटनाग्रस्त हो सकता है। एक हिंस्र समय से सामना अनिवार्य है।

ज्ञानेन्द्रपति अपने समय के अकेले कवि हैं जिन्हें फक्कड़पन रास आता है। समय-असमय गुपचुप पर्यटन पर जाते उन्हें हिचक नहीं होती। कविता का मार्ग सीधा-सरल राजमार्ग नहीं है। वह एक ऊँची-नीची पगडंडी है जो सत्ता को चुनौती देती है। एक अटपटे समय में ज्ञानेन्द्रपति को लगता है–

"कभी-कभी ऐसा भी होता है/कि पता साबुत रहता है/और आदमी हो जाता है लापता/और कभी एक पता/एक अन्धे कुएँ में बदल जाता है/जिसमें गुम हो जाती हैं चिट्ठियों पर चिट्ठियाँ/...इस स्मृतिहीन जमाने में...।"

अज्ञेय कह सकते थे कि कविता सबसे पहले 'शब्द' है और अन्त में भी यही कहना शेष रहता है कि कविता 'शब्द' है। पर आज आलोचना शब्द के प्रति इस हद तक सजग है कि शब्द जितना कहते हैं, उससे अधिक आलोचना सुन पाती है। यह आलोचक की पर्युत्सुकता संवेदनसजगता के कारण सम्भव हो पाता है। कविता की आवाज में चुप्पी भी शामिल है और चीख भी। स्मृति और वर्तमान के आईने में किसी कृति विशेष को देखना एक नया साक्षात्कार हो सकता है। कविता के एक समय में कई समयों की आवाजाही सम्भव है।

व्यंग्य से सम्भव कविता में समाज

क्या अष्टभुजा शुक्ल व्यंग्य से सामाजिक विमर्श बनाने वाले वैसे ही कवि हैं जो इधर लिखी जा रही एक अनूदित ढर्रे की कविता में सिर्फ अपवाद माने जाएँगे, या कि 'पद-कुपद' के बाद अब उन्हें भी इधर की मुख्यतः शहरी जान पड़ने वाली मध्यवर्गीय संवेदना से बहुत कुछ सीखना बाकी है। यह सवाल तब और भी प्रासंगिक हो जाता है, जब नामवर सिंह को किसानी संवेदना के कवि अष्टभुजा शुक्ल को आशुतोष दुबे के साथ रखना पड़ रहा है। यानी ठेठ किसानी संवेदना से नया काव्य निकष भी सन्तुष्ट होता नहीं दिखता है। पहले के अष्टभुजा शुक्ल को एक नये अष्टभुजा शुक्ल में रूपान्तरित होते हुए देखना हो, तो उनके नये संग्रह 'दुःस्वप्न भी आते हैं' का सामना करना जरूरी है। आशुतोष शहरी संवेदना के कवि हैं, जिनका फार्म विनोद कुमार शुक्ल और विष्णु खरे या मंगलेश डबराल से भी स्फूर्ति पाता है। इनमें से कोई एक दूसरे का अनुकरण करने भर से छुट्टी पा जाने वाला कवि नहीं है।

अष्टभुजा नागार्जुन की परम्परा के कवि हैं – इसलिए भी कि संस्कृत-शब्द सम्पदा और लोक संवेदना इनके यहाँ भी है। व्यंग्य से सम्भव कविता का समाज बहुत सपाट भी दिख सकता है, पर दाम्पत्य प्रेम की लौकिक कविता केदारनाथ अग्रवाल से अष्टभुजा शुक्ल में अलग दिखती है। अष्टभुजा में अनजाने एक अस्पष्टता भी है, जिससे पहले के उनके काव्य प्रेमी चौंक सकते हैं। अष्टभुजा शुक्ल किसी एक धारा या एक स्कूल के कवि नहीं हैं। संस्कृत पाठशाला में भी उन्हें यथार्थ और फन्तासी की एक-दूसरे से संक्रमित होती चमक दिख सकती है।

'दुःस्वप्न भी आते हैं' (राजकमल प्रकाशन, नयी दिल्ली) में अष्टभुजा शुक्ल धूमिल की भी याद दिलाते हैं। रहन-सहन, बोलीबानी, फक्कड़पन, व्यंग्य और विदग्धता में बहुत कुछ धूमिल का-सा यहाँ मौजूद है। धूमिल की तकनीक अभी अष्टभुजा के यहाँ कम है। धूमिल अपने समकालीनों में केदारनाथ सिंह से भी सीख सकते थे और राजकमल चौधरी से भी। दूसरी ओर वे रघुवीर सहाय और केदारनाथ सिंह को भी कुछ दे सकते थे। यह एक सहज स्वतः स्फूर्त संवाद था, जो आगे-पीछे

के कवियों में एक तरह के सम्बन्ध का प्रेरक था। इस संग्रह की शीर्षक कविता भी अष्टभुजा शुक्ल की मूल काव्यसंवेदना का साक्ष्य है–

'कोल्हू से निकलता हूँ/तो रस की तरह/रस में प्रवेश करता हूँ/तो गोरस की तरह/...लेकिन कभी-कभी दुःस्वप्न भी आते हैं/वे निषेधाज्ञा की तरह निकलते हैं/हम मौलिक अधिकारों की तरह झुक जाते हैं।"

अष्टभुजा शुक्ल की विचारधारा वामपन्थ की राजनीति का समर्थन तो कर सकती है, समर्पण नहीं। वे राजनीतिक संवेदना के साथ लोक राग के कवि भी हैं। वे कई बार कविता लिखना तो चाहते हैं, लिख जाते हैं आत्मकथा। त्रिलोचन से शब्द लेकर कहें, उनका खास बल शब्दों की ध्वनिग्राहकता पर है। शब्दों की ध्वनियाँ सुनने के लिए अष्टभुजा को यह भी करना पड़ता है–

'जाने कितनी बार/शरीफा और खजूर/भुसौले में पकसाया/मिठास के लिए/जाने कितने वर्ष खँचोली तरे तोपा/पिल्ले और सुग्गे/बिना शब्दों की ध्वनियाँ सुनने के लिए'। यह अपना लक्ष्य न पा सकने के बावजूद शब्द के पकने और शब्दों के बरते जाने की प्रक्रिया है – जैसे एक किसान खून-पसीना एक करके अपनी फसल उगाता है और फसलों में ही 'देवी सरस्वती' (निराला) को देखता है। कविता का हर प्रस्थान कवि के लिए कविता का नवान्न है। शब्द ही अष्टभुजा के लिए पूँजी और चुनौती भी हैं–

'शब्दों में रहूँगा स्वरग्राम की तरह/तुकों में तुकाराम की तरह/बेतुकों के लिए गड़बड़ाम की तरह/आपके लिए उपनाम की तरह/जिस जाति में भी रहूँगा/कुजात की तरह'! यहाँ भी याद कर सकते हैं, निराला का प्रसिद्ध मुहावरा – 'ब्राह्मण समाज में ज्यों अछूत'!

अष्टभुजा शुक्ल दिल्ली-भोपाल की उत्तर–आधुनिक कविता का प्रतिपक्ष हैं। वे सीधे नागार्जुन त्रिलोचन की देशज ग्रामीण संवेदना का विस्तार करने वाले कवि हैं। 'महावक्ता' 'रिक्शेन्द्रनाथ' जैसे प्रयोग पांडित्य प्रदर्शन के लिए नहीं हैं – कौतुक या सोद्देश्य खिलन्दड़ेपन के लिए भी हैं। अष्टभुजा 'भूमंडल' में संसार के महानतम 'भूगोलविद पटवारी' के पीछे भाग रहे हैं – कि कहाँ 'क्या-क्या छूट गया है – कोई पट्टा, कोई घूरा, कोई चरागाह, कोई कब्रगाह!' कुँवर नारायण से शब्द लें तो अष्टभुजा 'घुमन्तू' कवि हैं। उनकी हल्की लगने वाली कविता को भी गम्भीरता से पढ़ना चाहिए।

'उसी बोरे में', 'अपराध और दंड', 'भीमताल से तीन कविताएँ', 'किसी साइकिल सवार का एक असन्तुलित बयान', 'गोरखपुर : तीन कविताएँ', 'युगल किशोर', 'भारत घोड़े पर सवार है' 'पप्पू का प्रलाप' – इन कविताओं में वस्तुवैविध्य

के साथ रूपतंत्र भी जहाँ-तहाँ प्रकट है। 'आलोचना' पत्रिका के सहस्राब्दी अंक एक में छपी कविता 'भारत घोड़े पर सवार है' की आखिरी पंक्तियाँ पाठक भूले न होंगे – 'हलो! फोन का कटा तार है/भारत कितना मजेदार है/लल्ला, घोड़े पर सवार है/लिल्ली घोड़ी पर सवार है/कितना ललितललाम यार है!' अष्टभुजा शुक्ल का व्यंग्य वह बड़ा सवाल भी पूछ रहा है जो अरून्धती राय पूछ रही हैं – 'इस उत्तर औपनिवेशिक समय में कहाँ है जनता! जनता की ताकत दबे-कुचले लोकतंत्र में कहाँ है!'

सड़क से संसद तक

कल जब गाँधी और विनोबा को विरासत मानकर चलने वाली निर्मला देशपांडे शान्ति-कारवाँ को नगर परिक्रमा के बाद इस्लामिया कॉलेज के सभागार में कह रही थीं कि 'जय हिन्दी' कहने का वक्त गया, अब 'जय जगत' कहने की घड़ी आ गयी है। जैसा उन्होंने बताया कि अगर चौबीस सितम्बर की शाम यहाँ वे एक नया नारा दे रही हैं, तो ठीक महीने भर बाद पाकिस्तानियों में इसी को 24 अक्टूबर को दुहरा रही होंगी। क्योंकि विभाजन की त्रासदी ने हमें वहाँ पहुँचा दिया है, जब हमें एक सामान्य जन के लिए पूरी दुनिया चाहिए। यही अमेरिकी समाज में, जर्मन समाज में, रूसी और चीनी समाज में कहा जाना चाहिए। 'धूमिल' के कविता संग्रह 'संसद से सड़क तक' को बगैर भूले हुए उनके शब्द थे : आज जब दुनिया जल रही है और आग की लपटें हमें घेरे हुए हैं – उन्हें फैलाने में साधु-संत भी विहिप, बजरंगदल, शिवसेना जैसे उन्मादी संगठनों के आसपास जमा हैं, हम हिन्दू राष्ट्र, हिन्दुत्व और हिन्दुस्तान से अलग हटकर अपने-अपने समाज के लिए एक पूरी पृथ्वी को बृहत्तर एकजुट समाज की शक्ल देने सड़क पर हैं। सड़क ही हमारे लिए कैम्प, सड़क ही हमारी संसद है। हमें अमन-चैन की वापसी के लिए देश और राष्ट्र नाकाफी हैं क्योंकि उन पर स्वार्थी सत्ताओं का कब्जा है। सोवियत संघ के विघटन के बाद अमेरिका ही 'सुपर पावर' है, इस धोखे में न रहें – सुपर पावर है तो दुनिया की जनता की ताकत।

कभी जर्मन कवि-नाटककार बर्तोल ब्रेख्त ने कहा था – 'महान वक्त हम गँवा चुके हैं' कविता में 'मुझे पता था कि शहर बन रहे थे/मैं कभी गया नहीं उन शहरों में/यह सांख्यिकी का मामला है/इतिहास का नहीं/क्या मकसद है इन शहरों के बनने का/जिसमें लोगों में विवेक ही नहीं बचा!' महान कवि कभी भी किसी भी दिन ऐसे ही प्रासंगिक होते हैं। 'लाहौर बस' और 'बेबी नूर' तो प्रतीक हैं। उनके बचाने से एक 'अयोध्या' का बचना ही मुश्किल है, दुनिया तो आगे की चीज है। महान कविताएँ प्रश्नवाची ही होती आयी हैं – जैसे ग़ालिब और ब्रेख्त की कविताएँ! अगर

ब्रेख्त 'आठ साल पहले' कविता में लिखते हैं – 'एक समय था/जब सब कुछ अलग था/इसे कसाई की बीवी जानती है/जानता है पोस्टमैन/जिसे खड़ा करना है दरवाजा/पर उसके लिए बिजली मिस्त्री कहाँ था!' सवाल पूछने वालों में गालिब ही नहीं, मीर भी हैं – 'और क्या क्या, जफाएँ क्या क्या हैं/ आशिकी में बलाएँ क्या क्या हैं/फिक्रे-ए-एता मीर-ए-दिल, किसू को नहीं/ऐसी वैसी बिनाएँ क्या क्या हैं!'

एक दिन अगर असगर अली इंजीनियर सिर्फ 1948 के पहले तक के विभाजन का ऐतिहासिक सिलसिला बयान कर रहे थे और इस बात पर जोर दे रहे थे कि धर्म या मजहब या भाषा के मुद्दे हैं ही नहीं, राजनीति और वह भी सत्ता की राजनीति बँटवारे का कारण बनती हैं तो दूसरे दिन कौमी एकता के मंच से निर्मला देशपांडे कह रही थीं कि आजादी के बाद की सबसे बड़ी ट्रेजडी यह थी कि हिन्दू दंगाई या हत्यारे ने गाँधी को गोली मारी। बाबरी मस्जिद का विध्वंस उदाहरण है कि दूसरी बार शांति के रहनुमा को गोली मारी गयी। गोली का जवाब है तो सिर्फ बोली – प्यार की बोली, करुणा की, दुख-दर्द में साझेपन की बोली। इसी बोली की एकता के लिए गाँधी दिल्ली-नोआखाली-मुंबई-गुजरात भाग रहे थे। वे सिर्फ दौड़ रहे थे – सड़कों से सड़कों तक। इसलिए क्रान्ति के विरुद्ध क्रान्ति अगर मुमकिन है तो सिर्फ सड़कों पर चलते रहने से।

प्रेमचन्द, गाँधी के साथ थे। गाँधी के स्वराज की अवधारणा के साथ थे जिन्होंने निहत्थे को ताकतवर बनाया। 'रंगभूमि' का सूरदास इसी का प्रतीक है। लघुता में महान। साधारणता में असाधारण। यह उपन्यास 1 अक्टूबर, 1922 से लिखा जा रहा था और 1 अप्रैल, 1924 को पूरा हुआ। अक्टूबर क्रान्ति ऐतिहासिक घटना है। 2 अक्टूबर गाँधी की जन्मतिथि है। तथ्य यह है कि मार्च 1930 की पूर्व सन्ध्या पर जब गाँधी दांडी मार्च पर निकल रहे थे कि प्रेमचन्द ने 'हंस' का प्रकाशन शुरू किया। इससे पहले 1929 में लाहौर सम्मेलन में पूर्ण स्वराज्य का प्रस्ताव कांग्रेस ने रखा जो समझौता परस्तों को रास नहीं आया। यह भी एक ऐतिहासिक विभाजन था। प्रेमचन्द ने लिखा इस विभाजन की जड़ें गहरी हैं। ब्रिटिश साम्राज्य से टकराए बिना कुछ भी मुमकिन नहीं। अच्छा हो कि हम लड़ें और जीत-हार की फिक्र में न पड़ें। वह गणित क्रान्ति का नहीं, तिजारत का होता है। सियासत बड़ी चीज है, पर बहुतों के लिए तिजारत है, दुकान है जिससे नुकसान और फायदा तय होता है। जो राम के लिए तलवारें चमका रहे हैं उन्हें राम से क्या लेना-देना है जो राजपाट छोड़कर वनवास चुन लेता हो। साम्प्रदायिकता का आधार सत्ता-राजनीति हैं, धर्म या मजहब नहीं। 'याद करें 'इस्लाम का विषवृक्ष' लिखकर – वह भी 1933 में चतुरसेन शास्त्री क्या कहना चाहते थे। देश को तोड़ना चाहते थे कि जोड़ना! हिन्दुत्व का शौर्य

बताने वाली संस्थाएँ शिवाजी और राणाप्रताप के नाम पर अपने-अपने स्टेडियम बना रहे हैं और इस सच्चाई पर पर्दा डाल रहे हैं कि अकबर का विवाह हिन्दू राजकुमारी जोधाबाई से हुआ और शिवाजी ने अपने किले में एक छोटी मस्जिद भी बनाई ताकि उनके सिपहसालारों को नमाज पढ़ने के लिए दूर न जाना पड़े।

विभाजन की त्रासदी एक बार फिर नयी चुनौती की तरह है। साम्प्रदायिक ताकतें चाहती हैं कि देश के टुकड़े-टुकड़े हो जाएँ और एक हिन्दू राष्ट्र बन जाय। बदनसीबी होगी अगर वे कामयाब होंगे पर उन्हें जानना चाहिए कि जो उन्हें हासिल होगा वह आधा-अधूरा, टूटा-फूटा हिन्दू राष्ट्र होगा। क्या मेंहदी हसन और फहमीदा रियाज हिन्दुस्तान की मिट्टी से अलग हो गये – पाकिस्तान के नागरिक बन कर। इसलिए विश्व नागरिकता ही आने वाले दौर की बड़ी क्रान्ति हो सकती है। तब वही 'सुपर पावर' होगी। अमेरिकी ताकतें इराक, अफगानिस्तान, पाकिस्तान और भारत पर मनमाना साम्राज्यवादी पूँजीवादी तंत्र लागू नहीं कर पाएँगे। जब बुश नहीं होंगे, तो आडवाणी और मुशर्रफ भी क्यों होंगे! आज जो 'मूल' और 'शुद्ध' की पहचान वाली राजनीति चला रहे हैं और वनवासी आश्रम और दुर्गावाहिनियाँ बना रहे हैं उनके घरों में औरतों से बलात्कार के आँकड़े पहुँच रहे हैं कि नहीं! कहना कठिन है!

अभी-अभी भीष्म साहनी के निधन के बाद उनकी 'आत्मकथा' ने बहुतों को विभाजन की त्रासदी से विचलित किया है। इस विषय के आख्यानों में यह भी एक मार्मिक दस्तावेज है। यह मानते हुए कम्युनिस्ट पार्टियाँ दूर-दूर तक साम्प्रदायिक नहीं हैं, पर एक तरह की विचारधारात्मक तानाशाही से वे भी मुक्त नहीं हैं। मसलन 'इप्टा' ने नेहरू से असहमति जताने के लिए नाटकों की मूल स्क्रिप्ट में जो भद्दे बदलाव किए वे रचनात्मकता के लिए इतनी बड़ी समस्या बने कि एक दिन महाराष्ट्र में गोडसे के शौर्य और बलिदान का नाटक खेला जाने लगा। वह लोकप्रिय भी हुआ। 'पापुलिस्ट' राजनीति के खतरे कम नहीं होते। सावरकर का कलंक भूल कर संसद में उनकी प्रतिमा के अनावरण को लेकर आखिर प्रतिपक्ष को चुप हो जाना पड़ा है। निर्मला देशपांडे की बहुत-सी बातों ने मुझे ये सारे तथ्य जाँचने के लिए एक बार फिर प्रेरित किया। कल की शाम आयोजन के आरम्भ में विधिवत कुरान की आयतों का पाठ हुआ है और ठीक अजान के वक्त नौ बजे रात से पन्द्रह मिनट पहले निर्मला देशपांडे को भाषण रोक देना पड़ा है – इस धार्मिक भावना की कद्र की जानी चाहिए, पर सावधान रहना चाहिए कि अब राष्ट्रीय स्वयंसेवक संघ वंदेमातरम से सन्तुष्ट नहीं – पीले वस्त्रों में पाँच युवा वेदपाठी प्रवेश करते हैं और वैदिक मंत्र पाठ का अनुष्ठान पूरे पन्द्रह-बीस-मिनट चलाते हैं। वह पवित्र होने की जगह कर्फ्यू लागू करने की पुलिसिया कार्रवाई जान पड़ती है। ये मामूली घटनाएँ एक व्यापक राजनीतिक

परिदृश्य को प्रभावित करती हैं।

चीनी तुर्किस्तान में 701 में जन्म लेने वाली एक स्त्री कवि ने पूरब से पश्चिम के उस डरावने सफर का जिक्र किया है जिसके प्राचीनतम वृक्षों पर चिड़िया शोक मनाती हैं और नर-चिड़िया का मादा-पक्षी के लिए विलाप निरन्तर जारी रहता है। इशारा यह है कि हिंसा के रास्ते से नहीं, सिर्फ प्रेम के रास्ते से शान्ति सम्भव है। इसी प्रेम के लिए कुर्रतुल-ऐन-हैदर के उपन्यास 'आग का दरिया' का नायक गौतम नीलाम्बर चट्टानों और आँधियों में से गुजरता सुर की लहरों पर बहता हुआ गौरीशंकर की ऊँची चोटी पर चढ़ कर बादलों में छुप गया। चोटी पर वह घुटने टेक कर बैठ गया और उसने देखा कि चारों ओर शून्य है और उसमें हमेशा की तरह वह अकेला है! दुनिया का पहला और आखिरी इन्सान! जो ईश्वर में है और स्वयं ईश्वर है! शाक्य मुनि को फिर इसके सिवा कहने को क्या बचा था –

जागने वालों का जागना मंगलमय हो!
संघ में शान्ति मंगलमय हो!

अब भी अगर हिन्दी के एक असमय बुढ़ाते लेखक 'संघ' या 'संगठन' पर यह फतवा देते फिर रहे हैं कि विचारधाराएँ कट्टर होती हैं – वे लेखक की स्वतन्त्रता का रास्ता बन्द कर देती हैं। सम्भव है एक दिन 'हंस' सम्पादक राजेन्द्र यादव उनसे इस स्वतन्त्रता की व्याख्या पूछ बैठें तो वे इसका क्या जवाब देंगे कि राज-सत्ता या धर्म-सत्ता या विचार-सत्ता से परे वह चिर स्वातन्त्र्य का मायाजाल कहाँ से कहाँ तक फैला है – उसमें दल या मत या पक्ष बदलने की कितनी और कैसी आजादी है! कहना चाहिए कि वह स्वतन्त्रता का अधिकार उस बदनसीब लेखक का भी है जो एक शुभ हो या अशुभ—एक विचारधारा का वरण करता है और जरूरी हो, तो निर्वासन चुन कर इसकी कीमत भी चुकाता है।

साहित्य का महास्वप्न और अधूरी लड़ाइयाँ

हमें अपने समय में यह चिन्ता तो होनी चाहिए कि साहित्य का महास्वप्न (यूटोपिया) जस का तस है या सांस्कृतिक-सामाजिक आन्दोलनों का अधूरापन उसे खंडित करता रहा है। भक्ति आन्दोलन और प्रगतिशील साहित्य-आन्दोलन दो ऐसे बड़े आन्दोलन हैं, जिन्होंने भूमंडलीकृत उपभोक्ता समय में भी हमारे साहित्य के लिए बृहत्तर स्पेस बचा रखा है। साहित्य की शुद्धता या स्वायत्तता पर कभी कुलीन कलावाद का भरोसा रहा भी हो, तो गुजरात-त्रासदी, उससे पहले बाबरी मस्जिद ध्वंस के बाद कोई शुद्ध कलावाद का तर्क नहीं गढ़ता। निर्मल वर्मा और श्रीकान्त वर्मा या उनसे पहले के अग्रज अज्ञेय भी अन्ध धार्मिक या साम्प्रदायिक नहीं कहे जाएँगे। फिर नवजागरण अधूरा था, तो किस अर्थ में, स्वाधीनता-संघर्ष अधूरा था तो किस अर्थ में। और अब वैश्वीकरण के दौर में हम नयी गुलामी की गिरफ्त में हैं। एक ओर महाश्वेता देवी, मेधा पाटेकर, अरुन्धती राय जैसी लेखिकाएँ या संस्कृतिकर्मी हैं, दूसरी ओर युवा कवि-कथाकार सारी आलोचनात्मक सैद्धान्तिकी को ध्वस्त कर रहे हैं।

असगर वजाहत-रवीन्द्र कालिया की 'आउटलुक' में छपी बातचीत में कई तरह से हमारे समय को खाते-पीते लोगों का समाज कहा गया है, जबकि रवीन्द्र कालिया मानते हैं कि अल्प साधनों वाले कस्बों-छोटे शहरों के लेखक रचनात्मक कल्पना में कहीं आगे हैं। कहानियाँ अछूते विषयों पर लिखी जा रही हैं और मीडिया का जोर फैशनलिटी पर है। जिसे यूटोपिया कहते हैं, वह एक अन्तहीन लड़ाई है। समाजवाद, इतिहास-बोध, प्रतिरोध की संस्कृति – यूटोपिया ही तो हैं। 1857 के डेढ़ सौ साल बाद 'समकालीन जनमत', 'वसुधा', 'वागर्थ', 'समान्तर', 'नया ज्ञानोदय', 'उद्‌भावना', 'नया पथ' ने जो महत्त्वपूर्ण अंक निकाले हैं, वे इस अर्थ में सकारात्मक हैं कि लड़ाई जारी है।

अभी-अभी 'वसुधा' (जनवरी-मार्च 2008) का विशेष अंक 1857 के महासंग्राम पर केन्द्रित है। अतिथि-सम्पादक अरुण कुमार ने कहा है कि 1857 के लिए

इतिहास लेखन की आवश्यकता थी और अब भी है। हिन्दी क्षेत्रों के साथ हिन्दीतर क्षेत्रों में भी यह काम तेजी से हुआ है। पी.सी. जोशी के शब्द हैं – "1857 एक ऐतिहासिक उदाहरण बन गया, इस बात का कि भारत की स्वतन्त्रता की लड़ाई के विरुद्ध अंग्रेज किस हद तक दमन का सहारा ले सकते हैं, साथ ही इस बात का भी कि भारत के बेटे-बेटियाँ अपनी मातृभूमि की मुक्ति के लिए किस हद तक आत्मत्याग कर सकते और कष्ट उठा सकते हैं।" आगे पी.सी. जोशी कहते हैं – "1857 के राष्ट्रीय उभार ने भारत को जात-पाँत तथा धर्मिक विभाजनों की सामन्ती फूट से निकाल कर राष्ट्रीय एकता की ओर उन्मुख किया, पर 1857 में जो राष्ट्रीय एकता बन पाई वह इतनी सकारात्मक नहीं थी कि जीत हासिल हो जाती।" कभी-कभी विफलताओं का इतिहास भी प्रच्छन्न रूप से हमें सजग, सक्षम और प्रतिबद्ध बनाता है। इसी अंक में पंकज राग ने '1857 : सरकारी दस्तावेज और लोकगीतों का साक्ष्य' लेख में कुछ तीखे सवाल उठाए हैं – 'जैसे, मुख्य धारा के इतिहास लेखन में 1857 में मध्य-प्रदेश के आदिवासियों का ब्रिटिश राज्य के विरुद्ध खड़े हो जाने की घटना जिस तरह सम्पूर्ण रूप से अनुपस्थित है, वह आश्चर्य में डाल देता है।' कहना न होगा कि सबाल्टर्न विमर्श को रूप लेने में बहुत समय लगा है।

अब मूल प्रश्न की ओर लौटें – क्या नवजागरण सुधारवाद तक सीमित था, क्रान्तिकारी न था। स्वाधीनता के लिए गाँधी जी के बाद कोई बड़ा क्रान्तिकारी कदम नहीं उठाया गया। उल्टे आसानी से मिली आजादी ने हमें उपभोगवादी बना दिया। भविष्य की खुशहाली नजर आने लगी, जबकि दबे-कुचले उत्पीड़ित लोग वहीं के वहीं थे। 'पहल : 88' में मैनेजर पांडे ने अपने लेख – 'भारत के परवर्ती सामन्ती समाज में साहित्य की संस्कृति' में प्रश्न पूछा है – 'मुझे यह प्रश्न बराबर परेशान करता है कि भारतीय समाज के मध्यकाल में जो हिन्दी साहित्य पैदा हुआ, उसका अधिकांश विकास वहीं क्यों हुआ, जहाँ व्यवस्थित रूप से सामन्ती सत्ताएँ मौजूद थीं।' उनसे असहमत होकर कहा जा सकता है कि रीतिकाल पर तो सामन्तवाद की छाया प्रकट है, पर भक्तिकाल सामन्तवाद का प्रतिवाद है। इसी समय छोटी जातियों वाले कवि हुए और कबीर तो आज तक सार्थक और नयी क्रान्ति का सपना दिखाने वाले भी हैं।

अधूरी लड़ाइयों के परिप्रेक्ष्य में असद ज़ैदी की कविता '1857 : सामान की तलाश' की पंक्तियाँ हमारे विमर्श का मुद्दा बन सकती हैं :

'1857 की लड़ाइयाँ जो बहुत दूर की लड़ाइयाँ थीं/आज बहुत पास की लड़ाइयाँ हैं/...पर यह उन 1500 करोड़ रुपयों का शोर नहीं/जो भारत सरकार ने आजादी की पहली लड़ाई के/150 साल बीत जाने का जश्न मनाने के लिए मंजूर

किए हैं/...यह उस सत्तावन की याद है जिसे/पोंछ डाला था एक अखिल भारतीय भद्र लोक ने/अपनी-अपनी गद्दियों पर बैठे बंकिमों और अमीचंदों और हरिश्चंद्रों, और उनके वंशजों ने/जो खुद एक बेहतर गुलामी से ज्यादा कुछ नहीं चाहते थे/...लड़ाइयाँ अधूरी रह जाती हैं अक्सर, बाद में पूरी होने के लिए...।' यही है – हमारा समय : अधूरी लड़ाइयों को किसी लक्ष्य तक ले जाने की पहल।

कभी अपनी पुस्तक 'स्वप्न और यथार्थ' में पी.सी. जोशी ने उस मानसिक स्वराज्य की ओर संकेत किया था, जो गाँधी जी का मुख्य ऐतिहासिक प्रयोजन था। तब उपनिवेशवादी समय में फिर भी मानसिक स्वराज की चिन्ता करने वाले थे, आज उत्तर-औपनिवेशिक समय में विलासिता की माँग बढ़ी है, सादगी जीवन शैली का हिस्सा नहीं रही। उच्च तकनीकी प्रगति पर गर्वित लोग भूल रहे हैं कि अभी तो साक्षरता का लक्ष्य ही अधूरा है। लोकतंत्र फासीवाद गड्डमड्ड है। हिन्दू राष्ट्रवाद अन्ध लोकप्रियता अर्जित कर रहा है। अंग्रेजी का विकास हो रहा था, पर अंग्रेजी की अन्धभक्ति न थी। गाँधी के बाद लोहिया आये तो यथास्थितिवाद के विरोध का मुद्दा लेकर। पहली बार एक वैकल्पिक सरकार बनी, जो 'संसद' से अधिक 'सड़क' को महत्त्व दे रही थी। अम्बेडकर आये तो दलितों को केन्द्रीयता मिली। दुचित्तापन था। वरिष्ठ कथाकार श्रीलाल शुक्ल ने 'राग-विराग' में दलितों के दुचित्तापन और अन्तर्विरोध को उद्घाटित किया था। युवा कथाकार अजय नावरिया ने 'उधर के लोग' में दलितों के नव-कुलीनतावाद को बेनकाब किया है। कँवल भारती सहानुभूति से इसे पढ़ेंगे, तो 'उधर के लोग' भी मिलेंगे। अभी आयशा पर ही सबका ध्यान है। वही नायिका कही जा रही है।

तिब्बत-समस्या अभी भी भारत के लिए चुनौती है। नागालैंड मणिपुर के छोटे-छोटे आन्दोलन हमारे बीच अभी भी परिवर्तनकामी समाज को सम्भव बता रहे हैं। संकट यह है कि सोवियत संघ के पतन के बाद अमरीका ही अकेले प्रभुसत्ता है। वही भारत-पाक एकता या विखंडन का सूत्रधार है। लोकतंत्र है और सामाजिक न्याय नहीं है। भारत की अर्थनीति, परमाणुनीति अभी भी परमुखापेक्षी है। जोशी जी के ही शब्द हैं : 'अब प्रत्यक्ष राजनीतिक उपनिवेशवाद का युग तो समाप्त हो गया, लेकिन अप्रत्यक्ष आर्थिक और मानसिक उपनिवेशवाद का खतरा विकासशील देशों के सामने आ गया'। (स्वप्न और यथार्थ, पृष्ठ 22) आज ही मेधा पाटेकर ने बताया कि जन-आन्दोलनों का भी एक साझा मंच होना चाहिए, जिसमें लेखक, कलाकार, गायक, शिल्पी, रंगकर्मी, संस्कृतिकर्मी सब हों। अ-राजनीतिक होकर भी इसके राजनीतिक अर्थ होंगे। चुनाव लड़ें, न लड़ें, जनता के बीच में जाएँ। उन्होंने बहुराष्ट्रीय कम्पनियों का खेल बताया कि बाटलिंग लाखों-करोड़ों की मुनाफाखोरी का

धन्धा है। डेढ़ दो रुपये का मूल जल 10 रुपये की मिनिरल वॉटर बाटल में बिक रहा है। यह जनता के अपने संसाधनों का अन्त है और अवैध पूँजी का भरपूर दोहन है। अब छोटे शहर में भी सिटी मॉल हैं और चाइना बाजार। चीनी सामान तस्करी से नेपाल-मार्ग से नहीं आते, सीधे दिल्ली से आते हैं। एक दिन में कई लाख का सामान बिक जाता है। तो, मूल प्रश्न जड़हीनता का है। सब हवामहल में हैं। साहित्य में भी वही छपता है, जो बिकता है। किताबों के दाम आम आदमी की पहुँच से परे हैं। पंकज विष्ट ने वागर्थ : जून : 2008 के अपने लेख 'इतिहास और साहित्य का सम्बन्ध' में लिखा है – 'भारत के पहले स्वाधीनता-संग्राम के अपने सबक हैं। इन्हें इस अवसर पर याद कर लेना और भी जरूरी है। यह इसलिए भी सामयिक महत्त्व का है कि नव-उपनिवेशवाद या नव-साम्राज्यवाद आज जिस तरह से उभर रहा है वह गम्भीर चिन्ता का कारण है'। निहितार्थ यह कि उपनिवेशवाद बाजार को नियन्त्रण में रखता है और सामान अपनी शर्तों पर बेचता है। उदारीकरण से विदेशी माल कम दाम पर मिल जाय तो स्वदेशी की गुणवत्ता की अधिक कीमत क्यों चुकाई जाय! 'अंधेर नगरी' इसी खेल का राष्ट्रीय रूपक है। कवि के नये संसाधन बढ़े हैं, पर वांछित लाभ नहीं मिल पा रहा है। सवाल यह है कि साहित्य क्या इस समय के संकट का आईना बन पाया है! श्रीलाल शुक्ल ठीक पूछ रहे हैं – 'आज प्रेमचन्द, निराला और पढ़ीस में कितनी रुचि शेष है'! अलका सरावगी नये उपन्यास 'एक ब्रेक के बाद' में यह सवाल पूछती हैं : 'कलकत्ता में पैदा होकर भी क्या उसे (गुरु को) नहीं मालूम कि सॉल्ट लेक के 'वेट लैंडम' यानी पानी की भेरियों और तालाबों को सुखाकर पूरा शहर बस गया है।' जल का अकाल वैश्विक संकट तो है ही, स्थानीय संकट भी है। इधर के.बी. शंकर अय्यर को पता चलता है कि चेन्नई के एक डिपार्टमेंटल स्टोर में एक दिन में पाँच करोड़ कमाया जा सकता है। रघुवीर सहाय ने 'हँसो हँसो जल्दी हँसो' नाम से एक संग्रह ही प्रकाशित किया। तरुण भटनागर 'हँसोड़ हँसुली' कहानी में लिखते हैं :

'गाँव एक खतरनाक नशे की चपेट में आ रहा था। हँसी का नशा। यह हँसी चिकनगुनिया और बर्डफ्लू की तरह लोरमी के बाहर भी जा सकती थी। महामारी, जिसका इलाज तो है, पर अब तक कोई दवा नहीं। हँसी का तूफान हैरीकेन है और जब घर पेड़, खंभे, रोड...सब कुछ कागज की तरह हवा में उड़कर खत्म हो जाएगा, और कई लोग मारे जाएँगे, कौन मानेगा कि यह सब हँसी ने किया? कहाँ लगता है कि हँसी घरों को उजाड़ सकती है...। कितना मुश्किल है, यह मान पाना। 'काशी का अस्सी' में हँसी गायब है और उस वायरस का पता लगाया जा रहा है जिसके कारण हँसी का लोप हो गया है। पर विष्णु खरे की मानें तो 'समय की शाश्वत

सिम्फनी' में वर्ष-राग रुकने वाला नहीं है।

यह है समय, जिसमें पूछा जा रहा है कि उन्नीसवीं सदी के नवजागरण, आजादी, वैश्वीकरण के विरुद्ध स्थानीयता की संस्कृति पर बल, ये सभी सवाल अनुत्तरित क्यों रह गये हैं। प्रभात रंजन की कहानी 'जानकीपुल' में जानकीपुल यूटोपिया है – बनेगा उम्मीद के विरुद्ध उम्मीद है। 'गाँववाले अब भी यही सोचते हैं कि एक बार पुल बन जाए सब ठीक हो जाएगा – जानकी पुल'। विभाजन की त्रासदी पर चंदन पांडे का कथात्मक क्रिटीक 'नकार' में है। यहाँ भी स्वप्न है – आर-पार की आजादी। कहानी में माँ है और नहीं है। वह कुसुम भी हो सकती है, रागिनी भी। जुबेदा भी। सत्ता यही करती है – पहचान मिटा देती है। समय कितना भी कठिन हो, शब्द कभी दृश्य से गायब न होंगे – वे समय के आर-पार नया आख्यान बना रहे होंगे।

कहानी क्या है – तलघर के नोट्स

'कथादेश' के जून 2005 अंक में अखिलेश की कहानी 'अँधेरा' एक सतर्क आलोचनात्मक पाठ का विषय है। हिन्दू-मुसलिम सम्बन्धों पर अखिलेश ने कम कहानियाँ लिखी हैं। सामन्तवादी ढर्रे के मध्यवर्ग पर या दलित विमर्श या बाजारवाद पर उनकी कई कहानियाँ हैं। कभी 'हंस' में अखिलेश की कहानी 'जलडमरूमध्य' पर मैंने एक टिप्पणी लिखी थी। उसी लेख को श्रेय है कि नामवर सिंह ने लखनऊ कथाक्रम के आयोजन में 'जलडमरूमध्य' पर लम्बी चर्चा की। मुझसे सहमत होते हुए उन्होंने 'जलडमरूमध्य' को औपन्यासिक कहानी कहा। तीन पीढ़ियाँ कैसे अतीत से उलझती टकराती हैं, यह 'जलडमरूमध्य' कहानी में बखूबी दिखाया गया था।

अखिलेश की कहानी 'अँधेरा' में प्रेमरंजन और रेहाना का प्रेम मुख्य अन्तर्वस्तु है। प्रेमचन्द ने भी हिन्दू-मुसलिम प्रेम-सम्बन्धों पर लिखा है। 'कर्मभूमि' उपन्यास के अमरकान्त और सकीना पाठक को याद होंगे। 'अँधेरा' का मुख्य पात्र प्रेमरंजन एक असंगत पात्र है। यह शुरू में ही बेचैनियों के लिए जाना जाता है। कथाकार के शब्द हैं : ''मसलन वह कभी खरीददारी के लिए बाजार जाता तो पाता कि रुपये घर में उतर चुकी पतलून की जेब में रह गये हैं। इसी प्रकार जब उसे ज्यादा पढ़ाई करनी होती बिजली गुल हो जाती और जब लिखना होता तो पेन की रोशनाई खत्म हो जाती। सभा-समारोहों में उसके पैंट की जिप खराब होना आम बात थी। राह चलते उसकी चप्पल टूट जाती तो प्यास लगने पर कमरे में रखी सुराही फूट जाती।" यह हड़बड़ी मूर्खता से अधिक है, जिसकी महत्ता (सिग्नीफिकेन्स) कहानी में प्रकट है। यह सकारात्मक मूर्खता है।

रेहाना की जिद है, तो वह दाढ़ी मुड़ाकर क्लीनशेव्ड हो जाता है और वक्त बेवक्त दाढ़ी बनाने लगता है। वह भोर में तीन बजे भी दाढ़ी बनाता है। यह रेहाना के लिए उसका प्रेम है। रेहाना ने शर्त बदी थी कि वह दो महीने तक क्लीनशेव्ड रहेगा तो वह उसके साथ घूमेगी। प्रेमरंजन शर्त हार गया तो रेहाना बोलेगी ही नहीं।

एक दिन बुद्धा पार्क में रेहाना से मिलना तय था। प्रेमरंजन ने नये कपड़े खरीदे, नया सेंट लगाया। यह एक अविस्मरणीय दिन होने वाला था। उसे पता था कि उसके माता-पिता शुद्ध शाकाहारी हैं, मुसलमानों के लिए अलग प्लेट प्याला रखते हैं। पर प्रेमरंजन तोड़ेगा यह सब और एक दिन माँ-बाप को भी बिरियानी खिलाकर रहेगा। घूमने के रोमांस के अनुरूप उसने दो हजार रुपये भी प्राप्त कर लिये। हीरोहोंडा भी माँगा, जो नहीं मिला। पुरानी कमीज पुराने पर्स को अलविदा कहा।

प्रेमचन्द इस भ्रम में न थे कि मुसलमान हिन्दुओं को कुछ खिलाते-पिलाते हैं, जैसे सेवइयाँ तो जूठी करके देते हैं। प्रेमरंजन शर्मिंदा होता है, पर भ्रम बनाए रखता है। रेहाना यूनिवर्सिटी में है – मास्टर ऑफ सोशल वर्क में प्रवेश लिया है। प्यार का वायुमंडल बनने लगा है – रेहाना प्रेमरंजन, प्रेमरंजन रेहाना – ये नाम दूसरों के लिए भी रश्क करने की चीज हैं। शबे बारात की छुट्टी के बाद यूनिवर्सिटी खुली तो रेहाना अम्मी का बनाया हलवा ले आयी। दोस्तों ने खा लिया, पर प्रेमरंजन ने बहाना बना लिया। यह कह कर कि मीठा पसन्द नहीं। रेहाना ने माँ का बनाया नमकीन छोला भी पेश किया। दोस्त उछल रहे थे, पर 'पेट गड़बड़ है' कहकर प्रेमरंजन इनकार कर गया। ब्रेड-पकौड़े भी काम नहीं आये। एक दिन दोस्तों ने रेहाना के कान भरे, कि प्रेमरंजन खाएगा ही नहीं – क्योंकि वह मानता है कि मुसलमान जो भी खाने को देते हैं, जूठा कर देते हैं। रेहाना फूट-फूट कर रोई। प्रेमरंजन ने सफाई दी कि वह रेहाना का दिया जहर भी खा लेगा। रेहाना ने कहा कि वह जहर ही ले आएगी, सेवईं में मिलाकर और प्रेमरंजन को खिलाकर रहेगी।

अगले दिन रेहाना ने जहर मिली सेवईं पेश की और प्रेमरंजन ने प्रेम से खा लिया। कॉमिक प्रसंग यह है कि प्रेमरंजन ने जहर खा लिया है। पर जूठा तो नहीं खाया। टिफिन बॉक्स धुलाने के बहाने दोनों बाथ रूम में जाते हैं। अब रेहाना जूठा खिलाने जा रही है। कथाकार के शब्द हैं : "रेहाना ने प्रेमरंजन के होठों को अपने होठों के भीतर कर लिया। रेहाना की जीभ उसकी जीभ और उसके तालू पर सरसराई। यकायक रेहाना झटके से मुक्त हो गयी और तीर की तरह बाथरूम से बाहर निकल गयी।" यह एक नशा था जिससे प्रेमरंजन मुक्त नहीं हो पाया। वह रेहाना का जूठा खाने की मिन्नत करने लगा। शायद यह सपना बुद्धा पार्क में सच हो सके।

आखिर प्रेमरंजन विघ्न-बाधाएँ पार कर पार्क पहुँचा। रेहाना भी मिली। वे निकलते, इसके पहले दंगे शुरू हो गये थे। बीच-बीच के ब्योरे छोड़ भी दें तो दंगों का वर्णन इतना सजीव है कि एक सुनसान खाली घर में रेहाना प्रेमरंजन का पहुँचना नाटकीय नहीं लगता। कभी कोई बताता है – फसाद हो सकता है, घर पहुँच जाओ।

कोई चाल धीमी करके पूछ लेता है – मियाँ खौफ खा रहे हो, हिन्दू हो क्या? वह तो बुद्धा पार्क जाना चाहता था और पहुँच भी जाता है। रेहाना शलवार कुर्ता पहने थी, काला चश्मा पहन रखा था। रेहाना को मोबाइल दिलाने का वायदा करता है प्रेमरंजन! अपने लिए भी लेगा। रेहाना मामू के घर फोन मिलाती है। शायद वे लोग घर छोड़ चुके हैं। बीच में पुलिस दिखती है तो डर कम होता है। रेहाना जानती है – यहाँ की पुलिस हिन्दू पुलिस होती है। सब दौड़ रहे हैं। प्रेमरंजन रेहाना भी। साइरन बजता जा रहा है। नारे लग रहे हैं – 'गर्व से कहो कि हम हिन्दू हैं'। एक साधु की मंडली इन्हें पकड़ लेती है और पूछती है कौन हो। रेहाना का गाल सहलाकर साधु पूछता है – 'मुसलमानिन हो का'। वह अपने को हिन्दू बताती है और हिन्दू मिथकों के बारे में अपना ज्ञान बताकर उन्हें चकित कर देती है। मुक्ति मिली। फिर पुलिस ने चेतावनी दी – 'ओ मजनूं, अपनी लैला को लेकर खिसक...वर्ना अभी नुच जाएगी तेरी लैला'। रिक्शा करके वे भागते हैं। तब कहीं इस सुनसान घर में जा पहुँचते हैं। वहाँ मर्दाने कपड़े ही सही, हैं तो, टेलीविजन है। दोनों बाथरूम में नहाते हैं, कपड़े बदल कर तरोताजा हो लेते हैं। टेलीविजन पर दंगे दिख रहे हैं। लाशें। टायरों का जलना। दुकानों पर हमले, आगजनी। प्रेमरंजन रेहाना संवाद में कई रोचक प्रसंग हैं। रेहाना पूछती है, 'तुमको मुसलमानों की कौन चीज सबसे खराब लगती है? खास तौर पर मुसलमान लड़कियों की? 'प्रेमरंजन बताता है – 'मुझे वे लड़कियाँ अच्छी नहीं लगतीं जो कमर में काले डोरे में बँधी ताबीज पहनती हैं।'

रेहाना कहती है – 'मैं नहीं पहनती'।

प्रेमरंजन कहता है – 'दिखाओ।'

रेहाना शरमा जाती है – 'प्रेमरंजन तुम आला दर्जे के बेवकूफ हो'।

सवाल यह है कि जहाँ इन प्रेमियों को शरण मिली है वे कौन थे, कहाँ चले गये। उन्हें इतना वक्त भी नहीं मिला कि ताले लगा सकें। बत्ती जल रही है। पंखा ऑन है। क्या वे फँस गये और लौट नहीं पा रहे हैं। दंगाई आ जाएँ और रेहाना को साथ भगा ले जाना चाहें या यहीं बलात्कार पर उतर आएँ, तो क्या हो। भगवा वालों के हाथ में तलवारें, रिवाल्वर और त्रिशूल हैं। तभी बिजली गुल हो जाती है। अँधेरे में दुःस्वप्न पीछा कर रहे हैं। एक दबी हुई रुलाई सुन पड़ती है। तभी प्रेमरंजन फूट-फूट कर रोने लगता है।

कहानी का आरम्भ और अन्त एक दूसरे के विलोम हैं। दंगों के दृश्य सारी कहानी बयान करते हैं। प्रेम को क्या-क्या देखना है। छूट गया है वह गहनतम चुम्बन। शेष रह गयी है रुलाई। अखिलेश मूर्ख चरित्र के समानान्तर रेहाना जैसी बुद्धिमान साहसी लड़की को दिखाकर क्या कहना चाहते हैं। अभी-अभी खबर है कि

एक गाँव में प्रेम करती लड़की के अपने प्रेमी के साथ भाग जाने पर पिता के आदेशानुसार परिवार के पाँच सदस्य आत्महत्या कर लेते हैं। यह कहानी का विषय नहीं। लड़की प्रेमी से विवाह करके माँ-बाप से आशीर्वाद लेने पहुँचती, तो यह हादसा नहीं होता। फिलहाल यह अखबार की सुर्खियाँ बनकर खत्म हो जाने वाली दास्तान है। अश्वेत लेखिका टोनी मारीसन ने जाति प्रथा के सकारात्मक मूल्य भी बताए हैं।

अखिलेश की कहानी 'अँधेरा' एक साथ प्रेम और साम्प्रदायिक दंगे की कहानी है। अखिलेश का खिलन्दड़ापन ट्रैजेडी का भी बयान कर सकता है। बिखराव के बीच संगठन, आगे-पीछे का गड्डमड्ड अखिलेश की कला है। कहानी के लगभग अन्त में अखिलेश लिखते हैं : "रोशनी और अँधेरे में क्या फर्क होता है? रोशनी में सब कुछ दिखता है, लेकिन वह खुद नहीं दिखती। अँधेरे में कुछ भी नहीं दिखता, सिर्फ अँधेरा ही दिखता है।" मगर रेहाना को दिख रहा था। स्मृतियाँ, कल्पनाएँ, स्वप्न और आशंकाएँ अँधेरे में ज्यादा स्पष्ट और चटख दिखती हैं। कहानी क्या है – तलघर के नोट्स। ऐसी ही कहानियाँ पुनःपाठ का विषय बनती हैं।

युद्ध और प्रेम के तनाव में 'युद्ध के साये में लड़की'

'पाठ' 'पुनःपाठ' 'अन्तर्पाठ' नयी आलोचना के वे प्रत्यय हैं, जो अन्तर्पाठीयता की देन हैं। 'कथाक्रम' (अप्रैल-जून, 2008) में कथा दस्तक खंड में इस बार युवा कथा लेखिका पंखुरी सिन्हा की कहानी है : 'युद्ध के साये में लड़की'। कारगिल युद्ध की रिपोर्टिंग के लिए युवा पत्रकार डिनी जाती है, तो मिलता है – दूसरा युवा पत्रकार – प्रवाल। एक ही तरह का उबाऊ काम करते वे एक दूसरे के लिए सहारा बनते हैं। अलग-अलग होकर भी एक। प्रवाल डिनी को मोटरसाइकिल पर सैर कराता, तो डिनी के बालों में उँगली फँसाकर कहता – 'आई एम द सनशाइन इन योर हेयर'। मणिपुर असम और कारगिल – ये स्थान स्मृति में आते हैं, तो भयानक चीख सुनाई देती है। यह इलेक्ट्रानिक मीडिया है – रिपोर्टिंग है, तो लाइव टेलीकास्ट भी है। लड़ाई कोई नहीं चाहता, फिर वह क्यों अनिवार्य हो जाती है। कहानी रवीन्द्र वर्मा के पाठ में मानवीय द्वन्द्व को कई स्तरों पर उठाती है। डिनी लाइव कवरेज में सोचती है – 'क्या होगा, इस दुनिया का जिसमें इस तरह बम फटते हैं।' प्रेमी प्रवाल दिल्ली छोड़ असम लौट गया है। डिनी भी अपने को 'आउटसाइडर' पाती है।

युद्ध सुर्खियों में है। सच कल्पना में भेद करना कठिन है। एक मिनट में सब कुछ नष्ट हो सकता है। सवाल यह है कि कहानी में कहानी कहाँ है : डिनी-प्रवाल के साहचर्य, या प्रेम, या व्यावसायिक सहयोग (सपोर्ट) में! पहले यह अंश : 'युद्ध फिर से सुर्खियों में है। युद्ध की खबरें, अखबारों में, रेडियो पर, टेलीविजन पर, सरहद के दोनों ओर जनता जनार्दन के दिलोदिमाग पर, किसी जुनून की तरह छाई हैं। पर ये सिर्फ खबरें हैं, काट-छाँट कर बिक्री के लिए तैयार की गयी खबरें। इनमें युद्ध की असलियत नहीं। युद्ध की असलियत डिनी देख रही है, हर रोज। अपनी आँखों से नहीं, कैमरे की आँखों से। एडिटिंग सूट में सारा दिन एक के बाद दूसरे टेप की लॉगिंग करते हुए। बगैर काट-छाँट, अनएडिटेड वर्जन'। यह है युद्ध-जैसी भयावह

त्रासदी में प्रोफेशनली रू-ब-रू होना। डर भी है, 'एक मिनट में धज्जियाँ उड़ सकती हैं, परखच्चे उड़ सकते हैं, खून का परनाला बह सकता है'। क्या यह डर प्रेम का कारक तत्व है। 'कीचड़ में मिली होती है जरा जरा-सी पिघली बर्फ'। अचानक एक विस्फोट, जब एक सिपाही खाना पका रहा होता है।

पंखुरी सिन्हा 'युद्ध के साये में लड़की' जैसी कहानी लिखते हुए सूक्ष्म ब्योरों में जाती हैं। 'धीरे-धीरे। हाँ, अभी जिन्दा था वह आदमी, मुस्कराता, अंगीठी के आगे खड़ा था, आग सुलगती थी और तसले में पकती थी दाल, शायद अरहर की दाल और पलक झपकते उस आदमी के अब सिर्फ चिथड़े बचे हैं और अब हम सब खूनी हैं'। क्यों, क्या 'सेन्स ऑफ गिल्ट'। 'तुम क्यों छोड़ गये मुझे' यह प्रवाल के लिए प्रच्छन्न सन्देश। अकेलापन। त्रासद। क्या टिकने के लिए पुरुष-मित्र का कन्धा जरूरी है! दूसरे पत्रकारों के लिए युद्ध की रिपोर्टिंग पिकनिक है। डिनी के लिए हादसा। दृश्य पर दरिन्दगी है, वहशत है, या दहशत। कश्मीर तो अपना है, फिर पुरानी लड़ाई क्यों! याद आता है, कभी के प्रोफेसर का कमेंट – 'तुम्हारी पीढ़ी का जीवन के साथ रिश्ता खत्म हो गया है'। तथ्य है कि जैसे ही गर्मियों में सियाचीन की बर्फ पिघली, तो कश्मीर में तैनात सिपाही ने देखा कि ग्लेशियर के उस पार की जमीन पर पाकिस्तानी कब्जा कर चुके हैं। किसी के लिए युद्ध त्रासदी है, तो कुछ के लिए मनोरंजन। क्या यही आज की इलेक्ट्रानिक पत्रकारिता है। क्या कारगिल जाना सम्भव है – डिनी अपने से पूछती है। डिनी ने यह चुनाव क्यों किया। सीमा पर चल रहे युद्ध की रिपोर्टिंग, डाक्यूमेंट्री, फीचर प्रोग्रामिंग। पर चुनाव इस क्षेत्र में कोई और करता है, जिसके पास मीडिया कंट्रोल के सर्वाधिकार सुरक्षित हैं।

स्मृति में है सिगरेट पर सिगरेट जलाता प्रवाल। डिनी भी इस लत में शामिल थी। प्रवाल की स्मृति में नार्थ-ईस्ट है – मणिपुर, असम। डिनी को उम्मीद नहीं है कि नार्थ-ईस्ट का विकास होगा। सीमान्त है, तो हाशिए पर रहे। प्रवाल हमेशा के लिए लौट गया। पर कहानी यहाँ खत्म नहीं हुई, क्योंकि युद्ध के साये में लड़की तो है। भयावह यथार्थ से मुठभेड़ के लिए। आवेश में प्रवाल कहता – दिल्ली कभी उसकी होने से रही। यह क्षेत्रीय हताशा से अधिक है। कहानी का एक और जरूरी अंश :

"मणिपुर नार्थ-ईस्ट है, आतंकियों का इलाका। उसका गुमशुदा रहना, हर रोज की खबरों से दूर रहना जरूरी है – उस आफयत के लिए, जिससे बाकी के कुछ प्रधान राज्यों का यह गणतंत्र, चैन की साँस ले सके"। आतंक खबर हो, तो डिनी के लिए पुकार होती है। यहीं एक और जरूरी अंश :

"तो क्या हम हताशा और निराशा की एक दुनिया बना लें? क्या हम कोई

दुनिया बना भी सकते हैं? या कि एक बनी बनाई दुनिया हमें दे दी जाती है, जीने के लिए कि लो, जितने हाथ पाँव मारने हों, मार लो, दुनिया नहीं बदलेगी?"

लेडीज रूम में डिनी का आत्म साक्षात्कार – 'कामकाजी लड़की। डेपों की लॉगिंग से धुआई आँखें। आइलाइनर से किंचित बड़ी हो गयीं आँखें। सिगरेट पीते रहने से कुछ स्याह पड़ गये, धनुषाकार होठ'। यह आत्मचित्र तो है ही, अपने से दूरी भी है।

याद करें, लाल बहादुर वर्मा जैसे इतिहासकार का उपन्यास – 'उत्तर-पूर्व'। श्रीप्रकाश मिश्र के उपन्यास : 'जहाँ बाँस फलते हैं' और 'रूपतिल्ली की कथा'। युद्ध पर अल्पना मिश्र की कहानी 'छावनी में बेघर' या वंदना राग की कहानी 'शहादत और अतिक्रमण'। यहाँ भी प्रेम है, तनाव भी युद्ध का। कुणाल सिंह की लम्बी कहानी 'रोमियो, जूलियट और अँधेरा'। मनोज अनुभा का प्रेम। हिंसा। क्षेत्रीय बर्बरता। कहानी को एक औपन्यासिक वृत्तान्त की तरह पढ़ा जा सकता है। प्रवाल बरूआ डिनी से पूछता है – 'क्या वह पत्रकारिता में रमी रहेगीं या घर-गिरस्ती विवाह भी सोच में शामिल है'। 'डिनी को अचानक लगा कि बातचीत में रूमान छाने की बजाय तनाव छा रहा है। उसका इंटरव्यू लिया जा रहा है। पहले की मिठास गुम थी। लगा कि श्रम का बँटवारा हो रहा है। कोई चाय बनाए कोई रात का खाना। अगर वह बॉस है – यानी प्रवीर को प्रबन्धन आता है, तो डिनी फेमिनिस्ट हो सकती है। लगा, 'यह शह और मात का खेल है। मीठा प्रेम नहीं किया जाएगा। डिनी अपनी सारी मधुरता बिखेरेगी, फिर भी नहीं। प्रवीर उसे स्वीकारेगा, डिनी उसे चुन नहीं सकती। वह सीढ़ियाँ फलाँग कर रूमान के घेरे में प्रवेश नहीं पा सकेगी'। एक ओर बहिर्गमन का रास्ता है, दूसरी ओर सँकरी सड़क।

'युद्ध के साये में लड़की' कहानी का अन्त संकेत भर है। प्रवीर की गर्लफ्रेंड नहीं थी, यानी डिनी ही गर्लफ्रेंड थी। 'और फिर वह अचानक उठ खड़ी हुई और चूँकि दाएँ हाथ में सिगरेट थी, बायाँ हाथ उसने पहले तो एक ऑफिशियल हैंडशेक की मुद्रा में और फिर प्रवीर तक पहुँचते-पहुँचते मुद्रा बदल कर कि जैसे थाम लो, कि यह अलविदा नहीं है।' आगे कहानी जहाँ कहानी बनती है – (यह कला चेखव के लिए जानी-पहचानी थी, या तुर्गनेव के लिए)।

"डिनी चाहती थी कि वह ढेर सारी नर्मी बिखेर कर जाय, टेलीविजन के उस 'जय' साबुन के विज्ञापन की तरह, जिसमें बेला या चमेली के फूल आसमान से झरने लगते थे, एक चहकदार गाने की तरह। 'पहला प्यार लाए जीवन में बहार'। पर क्योंकि बहार न थी, बिजनेस मीटिंग थी, इसलिए न बेला-चमेली के फूल झरे, न कोई मुस्कराया। पर दोनों रुखसत हुए। यही है कहानी!'

'युद्ध के साये में लड़की' युद्ध और प्रेम के तनाव की कहानी है। एक अर्थ में जिन कथाकृतियों का उल्लेख पहले किया गया है, उनसे अन्तर्पाठीयता का रिश्ता बन सकता है। यह असाधारण द्वन्द्व की कहानी है – जहाँ 'प्रेम' भी 'युद्ध' है। पंखुरी सिन्हा की खूबी उस बुनावट में है, जिसमें कहानी कभी कविता बनती है, कभी नाटक, कभी फिल्म। आश्चर्य नहीं कि किसी पटकथा लेखक का ध्यान 'युद्ध के साये में लड़की' की ओर जाय। कहानी बहुस्तरीय ऐसे ही होती है।

कहानी में साधारण और असाधारण का द्वन्द्व 'दूसरा' का अन्तर्पाठ

कहानियाँ, चाहे 'कफन', 'पूस की रात', 'ईदगाह', 'सद्‌गति' – जैसी कालजयी हों या इधर के लेखकों की 'चिट्ठी' (अखिलेश), 'खुशबू शबनम रंग सितारे' (प्रत्यक्षा), 'बेदखल' (अल्पना मिश्र) या अभी-अभी 'नया ज्ञानोदय' (अप्रैल, 2008) में प्रकाशित कथाकार हरि भटनागर की 'दूसरा' एकाधिक पाठ की माँग करती है। 'दूसरा' कहानी मामूलीपन में एक नये ढंग की अप्रत्याशित कहानी है। यह कला अमरकांत जैसे बड़े लेखकों की पहचान बनी। जैसे, उनकी कहानी 'दोपहर का भोजन'। कभी यशपाल की 'फूलो का कुरता' इसी दृष्टि और हुनर की देन है। यहाँ हम हरि भटनागर की कहानी 'दूसरा' के पाठ, पुनःपाठ, अन्तर्पाठ तक अपने को सीमित रखेंगे।

'दूसरा' का पहला वाक्य है : 'खंडेलवाल ने दरवाजा खोला तो सामने दीना जमादार था। खंडेलवाल को उसे देखते ही लगा, कि कुछ गड़बड़ है। दीना जब भी आता, माँगने के लिए आता। बहाने उसके कई होते। जैसे इस बार बेटे की बीमारी। बारह साल का बेटा। मलेरिया ग्रस्त। हाथ में दवा की पर्ची।' कहानी टीना का बयान सावधानी से करती है। जैसे :

'वह दुबला पतला हड़ीला था। चेहरा काला या चुचका हुआ, लेकिन आँखें नमकदार और बाहर को निकली पड़ती लगती थीं।' पैर पकड़ने को आतुर। पर खंडेलवाल उसे छूते कैसे!

दरअसल दीना काफी गन्दा था। कई दिनों की खिचड़ी दाढ़ी थी जो उसके काले झुर्रीदार चेहरे पर फैली हुई थी। मूँछें औसत से ज्यादा बेतरतीब बढ़ी हुई थीं। सिर के बाल उलझे, अस्तव्यस्त थे, जो लटिया गये थे। यह बयान दीना की मुफलिसी तो बताता ही है, बेतरतीबी भी बताता है। हरिभटनागर ने जमादार कह कर उसका वर्गचरित्र बता दिया है। एक भंगी–जिसे कुलीन लोग छू नहीं सकते। फिर एक

वाक्य : 'कुल मिलाकर वह एक गन्दे कुत्ते की तरह लग रहा था। ...जो दूर से बू छोड़ रहा था'। डॉक्टर की पर्ची थी। जाहिर है, वह खंडेलवाल को दयालु जानकर पैसे माँगने आया था। याद करें, प्रेमचन्द की कहानी 'कफन' के घीसू-माधव। 'चेहरे पर रिरियाहट'।

यहीं खंडेलवाल की पत्नी का जिक्र है। तुलना करके दीना के बयान से पत्नी के चेहरे की बनावट को। 'पत्नी का चेहरा एकदम सूखा और चुचका हुआ था। आँखें अन्दर को धँसी'। रेखांकन में सतर्क हरि भटनागर दीना के चेहरे को सूखा चुचका तो बता ही चुके हैं। पर उनकी निगाह में दीना की आँखें चमकदार और बाहर को निकली पड़ती लगती थीं। यह तुलना साभिप्राय है। खंडेलवाल की पत्नी के लिए यह संकेत काफी है – 'वह बहुत ही गुस्सैल औरत थी। बेवजह किसी से उलझ पड़ने में उसे महारत थी'। खंडेलवाल दयालु हों न हों, उन्हें पिंड छुड़ाना है इसलिए द्वन्द्व में भी पचास की जगह सौ दे देते हैं। दीना फिर एक पल नहीं रुकता। सीधे भागता है। खंडेलवाल दीना को रोते देखकर द्रवित हुए थे – 'गुस्सा काफूर था'। पत्नी से नोकझोंक भी हुई। जब खंडेलवाल ने पूछा कि दीना औरों के यहाँ का भी तो काम करता है, फिर उनसे क्यों नहीं लेता। दीना कहता है – 'हुजूर जिस कुएँ में पानी होगा, आदमी वहीं जाएगा, सूखे में कोई भला क्यों जाने चला'।

दीना अति साधारण है, पर अनुदार ग्राहकों के लिए 'सूखे कुएँ' कहना असाधारण कथन है, जिसकी व्यंजना दूर तक जाती है। बेटे की बीमारी का तो वह विशेषज्ञ जान पड़ता है – डॉक्टर के हवाले से वह बताता है कि मलेरिया लीवर में चला गया है। दवा न ली तो दिमाग में चला जाएगा। फिर किसी भी कीमत में जान बचने वाली नहीं। पचास का नोट खंडेलवाल ने फिर दिया। जब पत्नी मना करती है, खंडेलवाल लतियाने पर आ जाता है। दस-बीस और दे दिए। इस बार दीना की घर वाली भी थी। झुककर काँखते हुए नोट उठाती। आखिर अनहोनी हो गयी। बेटा चल बसा। रोना-धोना सुनाई दे रहा था। अबकी खंडेलवाल खुद दीना के दरवाजे पर था। घरवाली पछाड़ें खा रही थी। अब हरि भटनागर की कवि-दृष्टि जिससे प्रेमचन्द भी काम लेते थे। हरि भटनागर को इस दुर्घटना के बीच प्रकृति दिखाई देती है : 'आसमान में डुप-डुप तारे थे जो मृत्यु को अपनी उजास से दीप्त कर रहे थे। लगता था, वे अकेले मृत्यु के साक्षी और सौन्दर्य पारखी हैं।'

रोता हुआ दीना निकला, तो खंडेलवाल को पहचान लिया। दीना अब खुद खंडेलवाल को सान्त्वना दे रहा था – 'कतई दुखी न हों मालक! हमारी किस्म ही खराब है।' सान्त्वना रोते खंडेलवाल के लिए है। दीना हँसता है – 'भगवान की लीला अपरम्पार है। कोख का बच्चा (इशारा घर वाली की ओर है) आजकल में जन

जाएगा हुजूर, और हमारा दिल कहता है – भगवान यह बच्चा हमसे कभी नहीं छीनेगा। कभी नहीं छीनेगा।' जिनके पास कुछ नहीं है, उनमें यह ढाढस कहाँ से आता है। अब 'दूसरा' के निहितार्थ देखें। दूसरा 'बच्चा' भी है जो दीना की घरवाली की कोख में है। खंडेलवाल 'दूसरा' है पर दीना का अपना हो चला है। दीना 'दूसरा' था, तो खंडेलवाल का अपना। यह 'मेटामार्फिस' कहानी को अर्थवान बनाती है।

'दूसरा' का आरम्भ साधारण है। दीना रिरियाते हुए खंडेलवाल से बेटे के इलाज के लिए पैसे माँगने आया है। पर अन्त असाधारण है। बेटा नहीं रहा। दीना की घरवाली पछाड़ें खा कर विलाप कर रही है। उधर दीना अट्टहास कर रहा है, रोते खंडेलवाल को सान्त्वना दे रहा है कि घर वाली की कोख में 'दूसरा' है, जन जाएगा तो वही जिएगा। प्रेमचन्द की कहानी 'ईदगाह' में हामिद मेले जा रहा है। दादी अमीना, जो भी पाँच पैसे दे पा रही हैं, हामिद को सजा-सँवार कर मेले भेज रही हैं। अन्त असाधारण है – हामिद लाता है – चिमटा, कि रोटी सेंकते दादी के हाथ न जलें। प्रेमचन्द इसी अप्रत्याशित को शब्द देते हैं – 'बच्चे हामिद ने बूढ़े हामिद का पार्ट खेला था और दादी अमीना बच्ची की तरह रो रही है।' 'सद्गति' का आरम्भ सामान्य है कि दुखी चमार बेटे के लिए साइत पूछने पंडित जी के पास जाता है, पर वहाँ पंडित जी के आदेश पर लकड़ी का कुंदा काटते-काटते दम तोड़ देता है – यह अन्त अनहोनी या अप्रत्याशित है। इस अर्थ में असाधारण है। 'दूसरा' के पाठ की अनेक सम्भावनाएँ हैं। 'दूसरा' में दीना का हँसना, खंडेलवाल को सान्त्वना देना असाधारण है।

दूर और पास के कई उदाहरण चुने जा सकते हैं। महान कवि-कथाकार रवीन्द्र नाथ ठाकुर की कालजयी कहानी 'काबुलीवाला' का आरम्भ साधारण है और अन्त असाधारण। कहानी के आरम्भ में मिनी की शादी की तैयारी चल रही है। वही 'काबुलीवाले' की पुकार पर उसके थैले का अजूबा देखने चली आती है। अब तो शादी का दिन आ पहुँचा है, इसलिए काबुली वाला मिनी से मिल नहीं सकता। पिता उसे क्षण-भर के लिए बुलाते हैं तो काबुली वाले को अपनी बेटी याद आती है। अन्त अप्रत्याशित यों है कि मिनी के पिता द्रवित होकर मिनी के विवाहोत्सव का तामझाम कम कर देते हैं और काबुलीवाले के घर जाने की व्यवस्था कर देते हैं। यह अन्त असाधारण है। नये कथाकार अखिलेश की लम्बी औपन्यासिक कहानी 'जलडमरू मध्य' में यही होता है।

'दूसरा' कहानी में दीना के बेटे की मौत के बाद 'खंडेलवाल के प्राण नहों में समा गये। जिस बात का भय था, वह अनहोनी हो गयी लगती थी। थोड़ी देर तक वह सूने रास्ते को देखता रहा। दीना और उसकी घरवाली के लाचार चेहरे उसकी

आँखों के आगे तैर गये'। यह अन्त के ठीक पहले का प्रसंग है। सूना अँधेरा रास्ता, विलाप का स्वर। 'जैसी जर्जर हालत झुग्गियों की थी, वैसी ही उनके रहवासियों की भी थी'। कहने का अर्थ यह कि कहानी का आरम्भ अन्त किसी नियम के अधीन नहीं है। हम कुछ उदाहरणों से आरम्भ की साधारणता और अन्त की असाधारणता को चिह्नित कर सकते हैं। अगर प्रेमचन्द की कहानी 'पूस की रात' का यह सच है, तो उन्हीं की लम्बी कहानी 'शतरंज के खिलाड़ी' का भी। हरिभटनागर की कहानी 'दूसरा' पढ़ते हुए इस द्वन्द्व की ओर ध्यान गया। जैसे, एक रहस्य खुला हो। 'दूसरा' में दीना 'धरती मैया' की कसम खाता है और घर वाली क्योंकि खंडेलवाल के चरणों में गिर नहीं रही है, तो उसे 'कुत्ती' कहता है। भाषा यह है – 'तुझे हँकाकर इसलिए लाया कि तू साहब के पैरों पर गिरे और पैसे माँगे, लेकिन तू है कुत्ती मुझे उल्टे फँसा रही है। पैरों पर गिर नहीं, दो लात मारूँगा, झुग्गी में गिरेगी सीधे!' वही घर वाली बच्चा जनने वाली है, वह भी दो एक दिन में, पर दुत्कार ऐसी है। खंडेलवाल पत्नी को कम जलील नहीं करता – 'ये राँड़ तो और बम्बू किए हैं। जोरों से तिड़क कर बोला, तुझसे कौन पूछता है, तू चुप रह, नहीं लातें लगाऊँगा'। यह है, पुरुष सत्तात्मक समाज।

हरि भटनागर की कहानी 'दूसरा' के नये अन्तर्पाठ के बहाने हम कहानी के आरम्भ अन्त का फर्क देख पा रहे हैं। ऐसी कहानियाँ देर तक समय में टिकती हैं। अभी कुछ समय पहले पेरिस में जॉक देरीदा ने इतिहासकार सुधीरचन्द्र से कहा है – 'हर विधा का अपना अलग स्वतंत्र और स्वायत्त अस्तित्व है'। देरीदा लाकॉ के इस कथन की याद दिलाते हैं कि 'हर विधा का एक बुनियादी फिक्शन होता है। उस 'फिक्शन' को हटा दो, विधा ढह जाएगी'। क्या 'दूसरा' कहानी का फिक्शन ही वह आधार है, जिस पर कहानी टिकी है। देरीदा कहते ही हैं – 'पाठ' के बाहर कुछ नहीं है। 'दूसरा' स्वायत्त नहीं है, उसकी अपनी सामाजिकता है। मध्यवर्गीय खंडेलवाल और निम्नवर्गीय जमादार दीना। कहानी का अन्तर्पाठ हमें कहानी के मर्म के निकट ले जाता है।

□□